미국식
영작문
수업
어휘

미국식
영작문
수업
어휘

초판 1쇄 인쇄 ǀ 2023년 2월 13일
초판 3쇄 발행 ǀ 2024년 2월 15일

지은이 ǀ 최정숙
발행인 ǀ 김태웅
편집 ǀ 황준
본문디자인 ǀ Design MOON-C
마케팅 ǀ 나재승
제　작 ǀ 현대순

발행처 ǀ (주)동양북스
등　록 ǀ 제 2014-000055호
주　소 ǀ 서울시 마포구 동교로 22길 14 (04030)
구입 문의 ǀ 전화 (02)337-1737
　　　　　 팩스 (02)334-6624
내용 문의 ǀ 전화 (02)337-1763
dybooks2@gmail.com

ISBN 979-11-5768-848-7   13740

미국식 영작문 수업

어휘

최정숙 지음

동양북스

글쓰기와 말하기를 위한
영단어 학습법

오랜 시간과 노력을 투자해서 영어 공부를 해왔지만 매번 동일한 문장과 어휘를 사용하는 자신을 보며 왜 더 이상 발전하지 않는지 답답했던 적이 있을 겁니다. 글쓰기와 말하기의 이런 한계를 극복하기 위해서는 새로운 전략이 필요하죠. 앞선 책《미국식 영작문 수업》,《미국식 영작문 수업 : 입문》에서도 강조했듯이 영어는 모방을 기초로 하는 언어입니다. 즉 다른 사람이 말하는 문장을 외워서 내가 동일한 상황에 놓였을 때 그대로 말하는 식으로 영어가 발전합니다.

하지만 한국인은 영어를 배울 때 이 방법을 그대로 적용할 수 없어 난감합니다. 우리 머릿속에는 이미 한국어 구조가 자리하고 있어 아무리 영어다운 영어로 말하려고 해도 한국어 구조로 필터링되어 문장이 나오기 때문이죠. 그래서 영어도 아닌 한국어도 아닌 이상한 문장이 만들어지고 그럴 때마다 학습자들은 한계를 느끼게 됩니다.

그렇다면 한국어의 의미를 그대로 살리면서 영어식 문장으로 만들 수 있는 방법은 없을까요? 다행히도 있습니다! 혹자는 '영어식 사고'를 하라고 합니다. 이 말을 들으면 저는 한국인인데 어떻게 미국인처럼 사고하라는 것인지 다소 무책임하다고 느낍니다. 손에 잡히지 않는 애매모호한 설명보다는 행동으로 옮길 수 있는 기술적인 전략을 독자에게 제공할 때입니다.

이 기술적인 전략은 우선 두 언어 간의 구조적인 차이가 있음을 인지하는 데서 시작됩니다. 이들은 태생적으로 큰 차이가 있습니다. 그 차이는 단어 속성, 문장 구조, 문장 배치의 세 가지 차원에서 정리될 수 있죠. 이 중 단어 속성의 차이를 이 책에서 집중적으로 다루려고 합니다. 나머지 차이들은 다른 지면을 통해 소개할 기회가 있기를 기대해 봅니다. 그럼 이 책에서 풀어 갈 한국어와 영어 단어의 기본적인 차이는 무엇일까요?

첫째, 영어의 동사는 한국어에 비해 거의 절대적인 권력을 가지고 있습니다. 부정, 시제, 법을 주관하는 것은 물론이고 문장의 구조 자체를 결정합니다. 한국어 동사는 단지 주어의 동작이나 상태를 알려 주는 기능을 합니다. 이런 까닭에 영어를 공부할 때는 동사의 의미뿐만 아니라 어떤 문장 형식을 만들어 내는지 꼼꼼하게 정리할 필요가 있습니다. 이 작업의 표본을 제시하기 위해 이 책에서는 한국인에게 취약한 주요 핵심 동사 30개를 엄선하여 뜻과 형식을 면밀히 분석했습니다.

둘째, 영어 단어의 뜻은 한국어 단어에 비해 훨씬 구체적입니다. 글을 교정하다가 지적하는 것 중 열에 아홉은 잘못된 어휘 선택입니다. 이런 실수가 반복되는 것은 영어 단어의 구체성을 인지하지 못하고 있기 때문이죠. 예를 들어, 한국어의 '복잡한'을 영어로 쓸 때는 문맥에 따라, 사람이 많아 복잡하면 'crowded', 요소가 많아 복잡하면 'complex', 복잡해서 힘들면 'complicated', 섬세하게 복잡하면 'intricate'를 써야 합니다. 학습자들은 이런 문맥상 특징에 약합니다. 2장에서는 외국 논문의 글을 발췌하여 유사 어휘들을 문맥 안에서 분석해 보도록 하겠습니다.

셋째, 한국어는 한 단어가 보통 하나의 품사를 가지지만 영어는 한 단어가 여러 개의 품사를 가지는 경우가 많습니다. 그래서 단어의 대표 품사만 알고 문장에 활용한다면 단어 활용이 획일적이고, 그 단어들이 구성하는 문장도 단순해지죠. 예를 들어 'near'가 전치사가 아닌 부사, 형용사, 동사로 활용된다는 사실을 모르면 As the wedding date drew near, I became more nervous(결혼식 날이 점점 다가오자 나는 더욱 긴장되었다)라든지, The project is nearing completion(프로젝트가 거의 마무리되어 가고 있다)과 같은 문장은 만들 수 없습니다. 이렇듯 감초 역할을 하는 단어들은 예문과 함께 부록에 정리해 두었습니다.

단어 학습의 목적은 단어 자체를 알기 위함이 아니라, 문장에 들어갈 정확하고 매력적인 재료를 확보하는 데 있습니다. 단어와 문장은 따로 갈 수가 없습니다. 기존의 단어 학습은 단어를 배우기 위한 소재로 예문을 활용합니다. 하지만 이런 방식은 글쓰기와 말하기에 큰 도움이 되지 않습니다. 이를 극복하기 위해 이 책에 나온 예문을 별도로 테스트하고 외우기를 강력히 권합니다. 글쓰기와 말하기에 도움이 되는 어휘 공부, 그럼 지금부터 시작해 볼까요?

부록

100% 활용하는 필수 전치사 20

PART 1

세련된 영문의
빠른 구사를 위한
핵심 어휘 30

어휘의 쓰임을 따로 외우는 것은 언어를 지식으로 대하는 비효율적인 접근법입니다. 각각의 정보가 개별 지식으로 분리돼 있기 때문에 문장을 만들어 내는 속도도 자연히 떨어지고요. 이런 까닭에 어휘를 공부할 때는 의미만 아니라 어떤 문장 형식을 만들어 내는지도 꼼꼼하게 정리해야 합니다. 이 과정을 통해 머릿속에 문형이 차곡차곡 쌓이면 오래 지나지 않아 자유롭게 말하고 쓸 수 있을 겁니다.

advance
앞으로 나가는 발전!

'발전하다'라는 뜻의 advance에는 주요 유의어 두 개가 있습니다. 많은 사람이 발전이라고 하면 흔히 떠올리는 progress와 development입니다. 우선 development는 보통 '발전해 가는 구체적인 과정'에 초점이 맞춰져 있습니다.

Child development is typically viewed as having several facets.
아동 발달은 보통 여러 개의 측면이 있는 것으로 여겨진다.

이에 반해 progress와 advancement는 개선되고 더 나아지는 상태를 내포하고 있습니다. progress가 위로 상승해 가는 모양새라면, advancement는 앞으로 밀고 나가는 모양새입니다.

We are making significant progress in fighting gender inequality.
우리는 성차별 문제 해결에 큰 발전을 이루고 있다.

There is little advancement of your career.
당신 경력에 진전이 거의 없군요.

advance를 동사로 쓸 때도 이런 뉘앙스가 그대로 반영됩니다. 우선 앞으로 진행하는 물리적 이동을 표현할 수 있죠.

The fire is advancing toward the town, so all have been evacuated.

산불이 마을 쪽으로 번지고 있어 모두 대피했다.

이처럼 산불이 번지는 '물리적 이동'에 advance를 쓸 수 있습니다. 이때 advance는 일반적으로 알려진 spread와는 살짝 다릅니다. spread가 대상을 점유하는 면적이 넓어지며 번져 가는 것을 뜻한다면, advance는 추동력을 가지고 힘차게 앞으로 번져 나가는 모습을 나타냅니다. 그래서 군대가 진격한다고 할 때 이렇게 표현합니다.

The soldiers are advancing toward the enemy.

군인들이 적을 향해 진격한다.

당연히 물리적 이동 외에 일이 다음 단계로 진척되어 가거나 기술과 지식이 발전했을 때도 advance를 사용할 수 있습니다.

Here are several tips to help you advance to the next level.

다음 단계로 넘어가는 데 도움이 되는 몇 가지 팁이 여기 있다.

Technology is advancing so rapidly that people can't keep up.

기술이 너무 빨리 발전하고 있어 사람들이 따라가지 못한다.

진행에서 더 나아가 앞당긴다는 뜻도 있죠. 주로 일정이나 금전의 지급을 앞당길 때 활용합니다. 일정을 앞당길 때 Can I move it up a day?(하루만 앞당겨도 될까요?)가 일상 표현이라면, advance는 다소 격식을 갖춘 표현이라고 볼 수 있습니다.

The departure date has been advanced by a week.

출발 날짜가 일주일 앞당겨졌다.

방금 말한 대로 금전을 앞당겨 지급할 때도 advance를 사용합니다. 명사 advance에는 선급금이라는 뜻이 있기도 하죠. 아래 두 번째 예문은 명사로 advance를 사용했을 때입니다.

My boss advanced my salary so that I was able to pay my tuition.
사장님이 월급을 미리 주셔서 수업료를 낼 수 있었다.

The company will offer you an advance of five million dollars
after signing the contract.
계약서에 사인하면 회사는 당신에게 선급금 500만 달러를 지급할 겁니다.

발전에서 나아가 '상승'을 표현할 때도 advance를 사용합니다. 주가가 약진하여 상승세를 이어 갈 때는 첫 번째 예문처럼 표현할 수 있어요. 계속 나아가 성공을 이룰 때도 두 번째 예문처럼 사용합니다.

As the stock market is gaining momentum,
most of our share issues advanced.
주식 시장이 활기를 띠면서 대부분의 주가가 상승했다.

I found it difficult to advance my career without learning new skills.
새로운 기술의 습득 없이 직장에서 성공하기가 어렵다는 것을 알았다.

마지막으로 advance에는 발전과 성공만큼이나 적극적인 의미가 하나 더 있습니다. 즉 의견이나 새로운 이론 등을 적극적으로 개진하는 '제시'의 뜻으로도 활용할 수 있어요.

That way you can advance your innovative ideas.
이런 식으로 여러분의 혁신적인 의견을 내놓을 수 있다.

미국식 영작문을 위한 핵심 요약

전진	이동	1형식	The fire is advancing toward the town, so all have been evacuated. 산불이 마을 쪽으로 번지고 있어 모두 대피했다.
			The soldiers are advancing toward the enemy. 군인들이 적을 향해 진격한다.
	진행	1형식	Here are several tips to help you advance to the next level. 다음 단계로 넘어가는 데 도움이 되는 몇 가지 팁이 여기 있다.
	기술 지식	1형식	Technology is advancing so rapidly that people can't keep up. 기술이 너무 빨리 발전하고 있어 사람들이 따라가지 못한다.
		3형식	The discovery can advance our understanding of ancient dishes. 이번 발견으로 고대 음식에 대한 우리의 이해가 높아질 수 있다.
	상승 (증가)	1형식	As the stock market is gaining momentum, most of our share issues advanced. 주식 시장이 활기를 띠면서 대부분의 주가가 상승했다.
	성공	3형식	I found it difficult to advance my career without learning new skills. 새로운 기술의 습득 없이 직장에서 성공하기가 어렵다는 것을 알았다.
	제시	3형식	That way you can advance your innovative ideas. 이런 식으로 여러분의 혁신적인 의견을 내놓을 수 있다.
앞당 기다	일정	3형식	The departure date has been advanced by a week. 출발 날짜가 일주일 앞당겨졌다.
	금전	4형식	I advanced her some money and she repaid me a few days later. 나는 그녀에게 약간의 돈을 미리 지급했고 그녀는 며칠 후에 갚았다.
		3형식	My boss advanced my salary so that I was able to pay my tuition. 사장님이 월급을 미리 주셔서 수업료를 낼 수 있었다.

2

bear
동사에서 달라지는 쓰임새

bear는 아무래도 명사인 '곰'이 친숙하죠. 하지만 동사로 쓰일 때는 훨씬 더 많은 뜻을 가집니다. 우선 bear는 '견디다'를 의미합니다. 문장에서 아래 예문처럼 차례로 명사, 동명사, 부정사를 목적어로 취할 수도 있죠.

> You can't bear such scorching heat—you'd better stay home today.
> 이런 폭염을 견딜 수 없어요. 오늘은 집에 있는 게 좋겠네요.

> My kid can't bear being bored.
> 우리 집 아이는 지루함을 견디지 못한다.

> Can you bear to see your pet in pain?
> 고통 받고 있는 반려견을 지켜볼 수 있어요?

이처럼 고통이나 힘든 상황 외에 책임이나 무게를 감당하거나 견딜 때도 bear를 사용할 수 있습니다.

> The company couldn't bear the enormous cost
> of testing medical products.
> 회사는 새로운 의약품 실험에 드는 엄청난 비용을 감당할 수 없었다.

The bed is too fragile to bear my weight.
이 침대는 너무 허술해서 내 무게를 지탱하지 못한다.

이와 동시에 bear는 '가지다'의 뜻도 있습니다. 무언가를 품거나 안고 있다는 뉘앙스가 강하죠. 무언가를 안고 있는 사람처럼 가지고 있는 것이 겉으로 드러날 때 bear를 씁니다. 대표적인 표현이 첫 번째 예문처럼 닮은 겉모습을 의미할 때입니다. 두세 번째 예문처럼 각각 상처와 감정이 드러나 보일 때도 bear를 쓸 수 있어요.

He bears a resemblance to his father.
그는 아빠를 닮았다.

My father was wounded in the Korean War and still bears the scars.
아버지는 한국전쟁에서 부상을 입으셔서 아직도 상처가 있다.

I don't bear her any malevolence.
나는 그녀에게 그 어떤 악의적인 감정을 가지고 있지 않다.

bear 외에 '가지다'는 뜻을 가진 동사로 own, possess, retain이 있습니다. own은 '법적 권한'을, possess는 '소유'를, retain은 '계속 가진다'는 뜻이 있죠.

We own this house.
우리는 이 집을 가지고 있다.

Possessing a lot of money does not guarantee a happy life.
돈을 많이 가지는 것이 행복한 삶을 보장하는 것은 아니다.

bear는 '가지고 다니다' 또는 '나르다'라는 뜻으로 쓰이기도 합니다. 대표적인 유의어인 carry는 '다니다'에, bear는 '가지고 (품고)'에 방점이 찍히죠. 영화 〈반지의 제왕〉에서 프로도는 ring bearer, 다시 말해 '반지를 옮기는 사람'으로 불립니다. bearer가 약간 예스럽게 들리긴 하지만, 영화 분위기에 맞게 뭔가를 소중히 품고 다닌다는 의도를 잘 살린 것 같아요. 아래 예문에서는 bear가 '나르다'의 뜻으로 쓰였습니다.

I don't think Dave is the best choice to bear the ring.
반지를 나를 사람으로 Dave가 최선의 선택이라고 생각하지 않습니다.

또한 bear에는 '가지다'의 뜻을 넘어서 2세를 잉태하다는 뜻도 있습니다. 아마도 한국인에게 가장 익숙한 문장은 아래 첫 예문이 아닐까 싶네요. '낳다'의 bear를 과거 분사(bear-bore-born)로 바꿔 '낳음을 당한', 즉 '태어나다'의 뜻으로 사용했습니다. 그 아래 예문처럼 식물이 열매를 맺을 때도 같은 이유로 bear를 씁니다.

I was born in Seoul.
나는 서울에서 태어났습니다.

This tree never bears fruit.
이 나무는 절대 열매를 맺지 않는다.

마지막으로 bear에는 엉뚱한 뜻이 하나 있어요. 바로 '방향을 바꾸다'는 뜻인데요 엄밀히 말해 왼쪽 길을 가진다는 의미로 이해할 수 있습니다. 뜻을 알고 나니 쉽게 해석되지 않나요?

When you reach a fork in the road, bear left and run!

갈림길을 만나면 왼편으로 달려요!

미국식 영작문을 위한 핵심 요약

건디다	힘듦	3형식	You can't bear such scorching heat—you'd better stay home today. 이런 폭염을 견딜 수 없어요. 오늘은 집에 있는 게 좋겠네요.
	책임	3형식	The company couldn't bear the enormous cost of testing medical products. 회사는 새로운 의약품 실험에 드는 엄청난 비용을 감당할 수 없었다.
	무게	3형식	The bed is too fragile to bear my weight. 이 침대는 너무 허술해서 내 무게를 지탱하지 못한다.
가지다	소유	3형식	My father was wounded in the Korean War and still bears the scars. 아버지는 한국전쟁에서 부상을 입으셔서 아직도 상처가 있다.
		4형식	I don't bear her any malevolence. 나는 그녀에게 그 어떤 악의적인 감정을 가지고 있지 않다.
	잉태	3형식	She will have born five children by the time her next baby arrives. 다음 아기가 태어나면 그녀는 다섯 명의 아이를 출산한 것이다.
		4형식	I will be thrilled to death if you bear me a child. 당신이 나에게 아이를 낳아 주면 나는 좋아 미쳐 버릴 겁니다.
	운반	3형식	I don't think Dave is the best choice to bear the ring. 반지를 나를 사람으로 Dave가 최선의 선택이라고 생각하지 않습니다.
방향 전환		1형식	When you reach a fork in the road, bear left and run! 갈림길을 만나면 왼편으로 달려요!

3

beat
때림과 이김 사이

다음 두 예문에서 beat는 서로 다른 뜻으로 쓰입니다. 한번 살펴볼까요?

The inmates were regularly beaten by their guards.
그 수감자들은 교도관들에게 상습적으로 폭행을 당했다.

Nothing can beat my mom's homemade food.
그 어떤 것도 우리 엄마의 집 밥을 이길 수 없죠.

첫 번째 예문은 흔히 알고 있는 '때리다'라는 뜻으로 beat가 쓰였습니다. 뉴스나 보고서에 종종 등장하는 표현이기도 하죠. 하지만 두 번째 예문에서 beat를 '때리다'로 해석하면 이해하기 어려울 거예요. 광고나 영화 대사에 종종 나오는 이 표현에서 beat는 '이기다'는 뜻입니다. 어떤 연결 고리를 통해 beat가 이렇듯 다른 뜻으로 발전할 수 있었을까요?

우선 beat는 반복해서 어떤 대상을 심하게 때린다는 뜻이 있습니다. 그 대상이 사람일 수도, 사물일 수도 있죠.

They were beaten senseless and had to be sent to the hospital.
그들은 구타로 의식을 잃었고 병원으로 옮겨져야만 했다.

Hailstones were beating down on the roof so loudly I couldn't hear anything.
지붕을 때리는 우박 소리가 너무 시끄러워 아무것도 들을 수 없었다.

이런 반복성과 과격함은 다양한 문맥으로 표현됩니다. 반복해서 과격하게 움직인다는 의미(첫 번째 예문), 반복된 행위를 통해 소리를 낸다는 의미(두 번째 예문), 심지어 반복해서 강하게 섞는다는 의미(세 번째 예문)까지 가능하죠.

I was embarrassed to find my heart beating faster upon seeing her.
그녀를 보자마자 심장이 빠르게 뛰어 당황스러웠다.

The hummingbird beats its wings more than ten times a second.
벌새는 1초에 10회 이상 날갯짓을 한다.

I used an electric mixer to beat the eggs.
전자 거품기를 이용해 달걀을 휘저었다.

결국 beat는 이런 행위를 통해 어떤 대상을 제압하여 꼼짝 못 하게 한다는 의미까지 발전하게 됩니다. 아래 첫 번째 예문처럼 시합이나 경쟁에서 상대방을 제패한다는 뜻이나 두 번째 예문처럼 주도권을 잡고 통제한다는 뜻으로 쓰이기도 합니다. 세 번째 예문은 이와 살짝 다르게 '보란 듯이 미리 피하다'라는 뜻으로 beat가 쓰였습니다.

This team was narrowly beaten by two points in the first round.
이 팀은 1차전에서 2점 차이로 아깝게 패배했다.

He is teaching us how to beat internet addiction.
그는 우리에게 어떻게 하면 인터넷 중독을 이겨 낼지를 가르치고 있다.

We should be up early so that we can beat the traffic.

우리는 교통 체증을 겪지 않으려면 일찍 일어나야 한다.

한편 '때리다'라는 뜻의 영단어 중에 특정한 문맥을 가진 것이 꽤 있습니다. 먼저 pound는 부서질 정도의 엄청난 힘으로 계속해서 때린다는 의미이고, knock은 반복해서 때려 소음을 낸다는 의미입니다. 또한 thrash는 동물이나 사람을 벌하고자 때린다는 뜻이 있습니다.

It is thrilling to take pictures of storms pounding the coast.

해변을 강타하는 태풍을 사진에 담는 일이 정말 짜릿하다.

My teacher used to knock on a desk to attract the students' attention.

우리 선생님은 학생들의 관심을 끌기 위해 책상을 똑똑 치시곤 했다.

It is not a good idea to thrash children
when they are found doing something wrong.

옳지 못한 일을 했다고 아이에게 매를 드는 것은 좋지 못한 생각이다.

미국식 영작문을 위한 핵심 요약

때리다	사람	3형식	The inmates were regularly beaten by their guards. 그 수감자들은 교도관들에게 상습적으로 폭행을 당했다.
		5형식	They were beaten senseless and had to be sent to the hospital. 그들은 구타로 의식을 잃었고 병원으로 옮겨져야만 했다.
	사물	1형식	Hailstones were beating down on the roof so loudly I couldn't hear anything. 지붕을 때리는 우박 소리가 너무 시끄러워 아무것도 들을 수 없었다.
		3형식	Beating dust out of a rug is the quickest way to clean it without a vacuum. 먼지를 때려 터는 것은 청소기 없이 카펫을 청소하는 가장 빠른 방법이다.
	움직임	1형식	I was embarrassed to find my heart beating faster upon seeing her. 그녀를 보자마자 심장이 빠르게 뛰어 당황스러웠다.
	소리	3형식	The hummingbird beats its wings more than ten times a second. 벌새는 1초에 10회 이상 날갯짓을 한다.
	섞기	3형식	I used an electric mixer to beat the eggs. 전자 거품기를 이용해 달걀을 휘저었다.
이기다	경쟁	3형식	This team was narrowly beaten by two points in the first round. 이 팀은 1차전에서 2점 차이로 아깝게 패배했다.
	우수	3형식	Nothing can beat my mom's homemade food. 그 어떤 것도 우리 엄마의 집 밥을 이길 수 없죠.
	통제	3형식	He is teaching us how to beat internet addiction. 그는 우리에게 어떻게 하면 인터넷 중독을 이겨 낼지를 가르치고 있다.
	피함	3형식	We should be up early so that we can beat the traffic. 우리는 교통 체증을 겪지 않으려면 일찍 일어나야 한다.

4
blast
과격함의 대명사

blast는 우리에게 다소 낯선 단어입니다. 발사라면 shoot, 폭발이라면 explode를 먼저 떠올리는 한국인에게 blast는 알아볼 만한 단어라고 할 수 있어요. 저는 이 단어를 다음 두 예문으로 처음 접했습니다.

Squid blast out a black liquid.
오징어는 검은 액체를 발사한다.

We don't know when the volcano would blast.
화산이 언제 폭발할지 우리는 모른다.

'폭발하다'의 뜻을 가진 단어로는 blast, blow up, burst가 있습니다. 모두 다른 문맥을 가지죠. 우선 blast의 키워드는 '과격함'입니다. 탄약이나 화력과 같은 것이 터져서 굉음과 냄새를 발생시키는 폭발을 말합니다. 아래 예문처럼 총을 쏘거나 폭탄으로 터널을 뚫을 때 blast를 쓸 수 있습니다.

With the guns blasting away all night, we could not get to sleep.
밤새도록 총소리가 나서 우리는 잠을 잘 수가 없었다.

The workers are ready to blast a tunnel through the mountain.
인부들은 산에 터널을 뚫을 준비가 되었다.

blow up은 '완전한 파괴'입니다. up 외에 apart와 같은 부사를 사용하기도 합니다.

> My car was blown apart.
> 내 차가 산산조각이 났다.

burst는 압력과 관련이 있어요. '풍선이 터졌다'고 하면 보통 The balloon burst라고 말합니다. '강둑이 터지다'도 The river burst its bank로 표현하며 수량으로 압력이 증가해 둑이 터졌다고 이해할 수 있어요. 이밖에 참고 참다가 감정이 터져 버린다는 의미로도 얼마든지 쓸 수 있습니다.

> He looks like he is going to burst into tears.
> 그는 눈물을 터뜨릴 것처럼 보인다.

다시 blast로 돌아와 볼까요? '발사하다'는 의미의 blast는 총이나 로켓 발사가 아닌 액체나 기체를 발사할 때 사용합니다. 앞서 살펴본 예문처럼 오징어가 발사한 것은 먹물이지요. 경찰관 또한 첫 번째 예문처럼 액체를 발사할 때는 blast를 쓸 수 있지만, 총과 화살 같은 무기를 발사할 때는 fire 또는 shoot을 써야 합니다. 한편 로켓이나 위성을 발사할 때는 launch가 쓰입니다.

> The policeman blasted water toward the demonstrators.
> 그 경찰관은 시위자들을 향해 물 대포를 발사했다.

> Don't shoot! We are not armed.
> 쏘지 마세요. 우리는 무기를 소지하고 있지 않습니다.

The first communication satellite was launched decades ago.
첫 번째 통신위성이 수십 년 전에 발사되었다.

이외에 폭발이나 발사와 같은 느낌으로 누군가를 과격하게 비난할 때 (첫 번째 예문), 거칠게 타격을 가할 때(두 번째 예문)도 blast를 활용할 수 있습니다. 재미있는 사실을 하나 알려 드리면, 음악을 크게 틀어 주변을 놀라게 하거나 이와 유사한 청각적 폭발을 가할 때(세 번째 예문)도 blast를 쓸 수 있어요.

The president was blasted for not keeping his promises.
대통령은 약속을 지키지 못했다는 이유로 엄청난 비난을 받았다.

He blasted the ball and finally scored a goal.
그는 공을 강하게 쳐서 마침내 득점했다.

The music suddenly blasted out from the radio.
음악이 라디오에서 갑자기 터져 나왔다.

미국식 영작문을 위한 핵심 요약

과격하다	**폭파**	1형식	With the guns blasting away all night, we could not get to sleep. 밤새도록 총소리가 나서 우리는 잠을 잘 수가 없었다.
		3형식	The workers are ready to blast a tunnel through the mountain. 인부들은 산에 터널을 뚫을 준비가 되었다.
	발사	3형식	The policeman blasted water toward the demonstrators. 그 경찰관은 시위자들을 향해 물 대포를 발사했다.
	비난	3형식	The president was blasted for not keeping his promises. 대통령은 약속을 지키지 못했다는 이유로 엄청난 비난을 받았다.
	타격	3형식	He blasted the ball and finally scored a goal. 그는 공을 강하게 쳐서 마침내 득점했다.
	굉음	1형식	The music suddenly blasted out from the radio. 음악이 라디오에서 갑자기 터져 나왔다.
		3형식	He blasted rock music, startling the birds nearby. 그가 록 음악을 큰 소리로 틀자 근처 새들이 깜짝 놀라 달아났다.

5

bring
데려오다! 어디로?

bring하면 어떤 회사 직원의 일화가 떠오르네요. 바이어가 공항에 도착하자, 회사 직원이 책임자에게 전화를 걸어 "이 바이어를 호텔로 데려갈까요? 아니면 회사로 데려갈까요?"를 물어야 했는데 take와 bring 중 무엇을 써야 할지 몰라 당황했다고 하죠. 결론부터 말씀드리면 bring은 대화를 나누는 두 사람이 있는 장소에 데려갈 때 쓰고, take는 두 사람이 있는 곳이 아닌 제3의 장소로 데려갈 때 씁니다. 책임자가 회사에 있으니 bring, 호텔은 제3의 장소이니 take를 쓰는 것이 맞죠.

이렇듯 bring의 기본 뜻은 '무언가를 자신이 있는(있을) 곳으로 데려오다'입니다. 물리적인 대상만 아니라 경험이나 수익 같은 추상적 대상을 데려올 때도 얼마든지 쓸 수 있습니다.

I will bring my dog with me when I visit you.
네 집을 방문할 때 강아지를 데려가겠다.

We expect him to bring his many years' experience to our team.
그가 우리 팀에 자신의 수년간 경험을 알려 줄 것으로 기대한다.

Her novels bring her millions of dollars a year.
그녀는 소설로 매년 수백만 달러를 번다.

bring은 세련된 문형을 만들 때 요긴하게 쓸 수 있습니다. 예를 들어 '나는 내 딸 덕분에 너무나 행복했다'고 할 때, I was very happy thanks to my daughter가 아니라 bring을 활용해 다음과 같이 말할 수도 있어요.

> My daughter brought me so much happiness.
> 나는 내 딸 덕분에 너무나 행복했다.

마찬가지로 '그 폭발로 집 전체가 폭삭 내려앉아 버렸다'고 할 때도 bring을 사용해서 5형식 문형으로 충분히 나타낼 수 있습니다.

> The explosion brought the whole house collapsing to the ground.
> 그 폭발로 집 전체가 폭삭 내려앉아 버렸다

한편 bring은 다른 부사와 함께 쓰여 특정한 의미로 활용되는 대표 동사이기도 합니다. 모두 '가져오다'는 기본 뜻에 영향을 받고 있죠. 예를 들어 bring about은 '~을 초래하다'는 뜻이 있습니다. bring on도 이와 유사하지만 주로 바람직하지 못한 것을 초래할 때 종종 쓰입니다. 여기에 사람을 목적어로 취하면(세 번째 예문) 훈련을 통해 실력을 키운다는 다소 의외의 뜻을 나타내기도 합니다.

> They have made every effort to bring about changes in their relationship.
> 그들은 관계 변화를 가져오기 위해 할 수 있는 것은 다 했다.

> Stress can bring on serious diseases.
> 스트레스는 심각한 질병을 유발할 수 있다.

How can we bring him on?

어떻게 하면 그를 개선할 수 있을까요?

'~을 유발하다'는 bring about이나 bring on 외에도 result in, lead to 로도 표현할 수 있죠. result in은 결과로서 어떤 것을 유발했을 때 쓰이고, lead to는 어떤 상황을 이끌어 내어 유발할 때 쓰이는 편입니다.

The hostilities resulted in crisis.

교전은 위기 상황을 가져왔다.

The development of the steam engine led to the Industrial Revolution.

증기기관의 발명은 산업혁명을 이끌어 냈다.

미국식 영작문을 위한 핵심 요약

가져오다	위치	3형식	He used to bring his dog with him when he visited us. 그는 우리 집을 방문할 때 강아지를 데려오곤 했다.
		4형식	We brought him some food because he looked extremely hungry. 그가 너무나 배고파 보여서 우리는 그에게 약간의 음식을 가져갔다.
	제공	3형식	We expect him to bring his many years' experience to our team. 그가 우리 팀에 자신의 수년간 경험을 알려 줄 것으로 기대한다.
		4형식	Her novels bring her millions of dollars a year. 그녀는 소설로 매년 수백만 달러를 번다.
	상태	3형식	We need to bring the traffic under control. 우리는 교통을 통제할 필요가 있다.
		4형식	My daughter brought me so much happiness. 나는 내 딸 덕분에 너무나 행복했다.
		5형식	The explosion brought the whole house collapsing to the ground. 그 폭발로 집 전체가 폭삭 내려앉아 버렸다.

6

catch
움직이는 건 다 잡는다!

야구장의 함성을 잠재우는 앵커 멘트 중에서 '나이스 캐치(nice catch)'를 빼놓을 수 없습니다. 모두의 시선이 타자가 힘껏 쳐올린 공의 포물선을 따라 움직이지만 결국 상대편 선수의 글러브에 들어가면 어김없이 나오는 멘트가 바로 이 말입니다. 그만큼 catch는 우리 일상에 깊숙이 들어와 있습니다. 하지만 제대로 알지 못하고 있는 단어 중 하나이기도 하죠.

catch로 움직이는 것은 뭐든지 잡을 수 있습니다. 공중에 있는 물체나 도망가는 것을 잡을 때는 물론, 나쁜 짓을 하다가 잡힐 때도 catch로 해결할 수 있어요. 차례로 예문을 살펴볼까요?

Can you catch this plate before it hits the ground?
이 접시가 바닥에 떨어지기 전에 잡을 수 있나요?

Tribal people used to catch animals with poisoned arrows.
부족민들은 독화살로 동물을 잡곤 했다.

I was caught stealing money from my mom's purse.
나는 엄마 지갑에서 돈을 훔치다가 잡혔다.

대상을 훨씬 더 확장할 수도 있습니다. 다음 예문들처럼 주로 '놓치면 안 되는 것'들입니다. 이번을 놓치면 다음 편을 기다려야 하는 교통편, 이번에 못 보면 다음 시즌을 기다려야 하는 공연이나 전시, 일시적으로 나타나 곧 사라질 표정이나 시선, 이번에 듣지 못하면 사라질 발언까지 가능합니다.

They arrived at the station just in time to catch the train.
그들은 제시간에 역에 도착해서 열차를 탔다.

We have many exhibitions you should catch during the festival.
페스티벌 기간 동안 당신이 봐야 할 전시회가 많이 있습니다.

It was easy to catch the look of surprise on his face.
그의 얼굴에서 놀란 표정이 쉽게 보였다.

Reporters rushed up the stairs, trying to catch his remarks.
그의 발언을 놓치지 않으려고 기자들은 계단으로 앞다투어 달려갔다.

심지어 현재 유행하고 있는 질병에 걸렸을 때도 catch를 써서 표현할 수 있어요. 흥미롭게도 불을 피울 때도 catch를 쓸 수 있는데, 이때는 언젠가는 없어질 열기를 잡아챈다는 의미로 이해할 수 있습니다. 또한 단순히 어떤 것에 걸린다는 의미로도 쓰입니다.

Are you sure that it is me that you caught this cold from?
나로부터 감기에 걸렸다는 것이 확실한가요?

With such soggy wood, the fire won't catch.
이런 축축한 나무로는 불을 피울 수 없어요.

My new sweater caught on a nail.

나의 새 스웨터가 못에 걸렸다.

'무언가를 잡는다'고 할 때 catch 외에도 grab, grasp, cling 등의 단어를 쓸 수 있습니다. grab은 갑자기 과격하게 잡을 때, grasp은 강하게 꽉 잡을 때, 그리고 cling은 달라붙어 떨어지지 않을 정도로 붙잡고 있을 때 등장합니다.

She grabbed my arms to stop me from slapping her face.

그녀는 내가 자신의 뺨을 때리지 못하게 나의 팔을 갑자기 잡았다.

He grasped the pen and wrote his name.

그는 펜을 꼭 쥐고는 자신의 이름을 썼다.

He clung to my hand when we entered the haunted house.

우리가 유령의 집에 들어갈 때 그는 내 손에 매달려 있었다.

미국식 영작문을 위한 핵심 요약

잡다	**공중**	3형식	Can you catch this plate before it hits the ground? 이 접시가 바닥에 떨어지기 전에 잡을 수 있나요?
	도망	3형식	Tribal people used to catch animals with poisoned arrows. 부족민들은 독화살로 동물을 잡곤 했다.
	행위	5형식	I was caught stealing money from my mom's purse. 나는 엄마 지갑에서 돈을 훔치다가 잡혔다.
	교통	3형식	They arrived at the station just in time to catch the train. 그들은 제시간에 역에 도착해서 열차를 탔다.
	시선 표정	3형식	It was easy to catch the look of surprise on his face. 그의 얼굴에서 놀란 표정이 쉽게 보였다.
	듣기 보기	3형식	Reporters rushed up the stairs, trying to catch his remarks. 그의 발언을 놓치지 않으려고 기자들은 계단으로 앞다투어 달려갔다.
	공연	3형식	We have many exhibitions you should catch during the festival. 페스티벌 기간 동안 당신이 봐야 할 전시회가 많이 있습니다.
	점화	1형식	With such soggy wood, the fire won't catch. 이런 축축한 나무로는 불을 피울 수 없어요.
	걸림	1형식	My new sweater caught on a nail. 나의 새 스웨터가 못에 걸렸다.
		3형식	My hair was caught in the hairdryer this morning. 오늘 아침 헤어드라이어에 머리카락이 걸렸어요.
	질병	3형식	Are you sure that it is me that you caught this cold from? 나로부터 감기에 걸렸다는 것이 확실한가요?

7
charge
가득 채워 빵빵하게!

스마트폰이 널리 쓰이면서 배터리 충전은 일상이 되었죠. 충전이 완료되어 100%가 되면 이제 뭐든지 할 수 있을 듯한 느낌이 듭니다. charge는 이처럼 가득 채워지는 뉘앙스를 가지고 있습니다. 그래서 배터리를 충전할 때 이렇게 표현하곤 합니다.

> You need to charge your phone first before using it.
> 사용하기 전에 당신 휴대폰부터 충전해야 합니다.

charge는 무엇이든 '가득 채울 때' 다양하게 쓰이는 편입니다. 무기에 폭약을 가득 채울 때, 잔에 내용물을 가득 채울 때, 어떤 감정이나 분위기로 가득 채울 때 모두 charge로 표현할 수 있죠.

> It took time to charge musket with powder.
> 장총에 폭약을 채우는 데 시간이 걸렸다.

> They charged their glasses and toasted the success of the new business.
> 그들은 잔을 채워 새로운 사업의 성공을 위해 건배했다.

> The concert hall was charged with excitement.
> 콘서트홀은 흥분으로 가득 찼다.

흥미롭게도 특정 대상을 책임과 의무로 채운다는 표현도 가능합니다. 다음 예문을 살펴볼까요?

His team is charged with developing a plan
for a new operating system.
그의 팀은 새로운 운영체제 개발 계획을 책임지고 있다.

이렇게 charge를 사용하면 이 팀에 주어진 책임의 무게를 표현할 수 있어요. 또한 아래 세 예문 중 첫 번째처럼 특정 활동이나 서비스에 대한 지불 책임을 지운다는 의미도 있습니다. 두 번째 예문처럼 charge는 불법적이거나 옳지 못한 일에 대해 공식 책임을 지울 때도 등장합니다. 이때는 주로 고소나 기소를 당했다는 다소 무거운 뉘앙스를 띱니다. 세 번째 예문처럼 공식적으로 비난하다는 뜻도 가지고 있습니다.

They charged me $10 to park my car in their vacant lot.
그들은 자신의 공터에 주차하라고 나에게 10달러 요금을 청구했다.

He was arrested on the spot but not charged.
그는 현장에서 체포되었지만 기소되지는 않았다.

The article charged the company with releasing contaminated water.
그 기사는 회사가 오염수를 방출했다고 비난했다.

가득 채워져 뭐든지 할 수 있을 듯한 느낌이 들면 활력이 넘치고 힘이 생기죠. 그래서 다음에 이어지는 두 예문처럼 charge는 강력한 힘으로 거칠게 돌진하여 공격한다는 뜻으로 쓰이기도 합니다. 두 번째 예문처럼 급하게 여기저기 또는 특정 장소로 이동할 때도 charge를 사용해서 표현할 수 있습니다.

Wild boars charged into his farm and killed many of his livestock.

멧돼지가 농장에 쳐들어와 그의 가축들을 많이 죽였다.

He charged around all day, so he must be exhausted.

그는 하루 종일 정신없이 돌아다니느라 매우 피곤할 것이다.

공격적인 돌진을 뜻하는 단어는 charge 외에도 storm, march 등이 있습니다. storm은 수많은 사람이 어떤 장소를 쳐들어가 갑작스럽게 공격한다는 뜻을 가집니다. 반면 march는 화가 나서 빠르고 단호한 걸음걸이로 다가온다는 뜻이 있죠.

Police stormed the nightclub and captured several gangsters.

경찰은 나이트클럽에 쳐들어가 몇몇 폭력배들을 소탕했다.

He marched into my room and demanded an apology.

그는 단호하고 빠른 걸음으로 내 방에 쳐들어와 사과를 요구했다.

미국식 영작문을 위한 핵심 요약

채우다	충전	1형식	Feel free to let your battery charge. 배터리 충전은 얼마든지 하세요.
		3형식	You need to charge your phone first before using it. 사용하기 전에 당신 휴대폰부터 충전해야 합니다.
	화약	3형식	It took time to charge musket with powder. 장총에 폭약을 채우는 데 시간이 걸렸다.
	술잔	3형식	They charged their glasses and toasted the success of the new business. 그들은 잔을 채워 새로운 사업의 성공을 위해 건배했다.
	감정 분위기	3형식	The concert hall was charged with excitement. 콘서트홀은 흥분으로 가득 찼다.
	책임	3형식	His team is charged with developing a plan for a new operating system. 그의 팀은 새로운 운영체제 개발 계획을 책임지고 있다.
	지불 청구	1형식	How much do they charge a for this service? 그들은 이 서비스 이용에 얼마를 청구하나요?
		3형식	They charge a commission on trading shares. 그들은 주식 거래에 수수료를 청구한다.
		4형식	They charged me $10 to park my car in their vacant lot. 그들은 자신의 공터에 주차하라고 나에게 10달러 요금을 청구했다.
	비난	3형식	The article charged the company with releasing contaminated water. 그 기사는 회사가 오염수를 방출했다고 비난했다.
	기소	3형식	He was arrested on the spot but not charged. 그는 현장에서 체포되었지만 기소되지는 않았다.
돌진		1형식	Wild boars charged into his farm and killed many of his livestock. 멧돼지가 농장에 쳐들어와 그의 가축들을 많이 죽었다.
		3형식	The car charged a crowd of people in the park. 그 차가 공원에 있는 사람들에게 돌진했다.

8

cut

임금 삭감에도 쓰인다?

불경기가 되면 신문에 임금 삭감, 임금 동결 같은 용어가 자주 언급되곤 하지요. 임금 삭감을 영어로 pay cut, 임금 동결을 pay freeze라고 합니다. cut이 머리를 자르거나 잔디를 깎을 때만 쓰는 줄 알았다면, 이처럼 넓은 영역을 아우른다는 것도 알아두면 좋겠네요.

cut의 기본 뜻은 '칼이나 가위 같은 날카로운 도구를 사용해서 만들어 내다'입니다. 특정 모양일 수도 있고. 작은 조각일 수도 있고, 상처일 수도 있죠.

He cut a hole at the bottom of the door for his dog to pass through.
그는 강아지가 지나갈 수 있도록 문 아래에 구멍을 뚫었다.

Do you know how to cut nails without clippers?
손톱깎이 없이 손톱을 어떻게 자를 수 있는지 아세요?

He is so clumsy that he often cuts himself shaving.
그는 너무 서툴러서 면도할 때 종종 베인다.

이때 모든 대상은 목적어 자리에 들어가 3형식 구조를 가집니다. 하지만 다음 예문처럼 '잘리다'라는 수동의 의미로 1형식 구조를 만들기도 하죠.

We use a rock that cuts easily.
우리는 쉽게 잘리는 암석을 이용합니다.

하지만 1형식이 있어도 많은 사람이 We use rock that **is cut** easily처럼 목적어를 주어 자리로 보내서 수동태로 만드는 실수를 하곤 합니다. 이렇게 하면 한국어 구조와 같아지기 때문이죠. '이 차는 잘 팔린다'를 This car sells well이 아니라 This car is sold well이라고 하는 것도 유사한 실수라고 볼 수 있습니다.

cut은 잘라서 줄인다는 의미도 있습니다. 이때는 임금, 비용, 가격 등을 목적어로 받는 경우가 많습니다. 단칼에 자르는 것이니 급작스럽고 폭이 다소 크겠죠. 줄인다고 할 때 한국인이 선호하는 단어는 reduce입니다. 양, 크기, 정도, 중요성 등을 줄일 때 폭넓게 사용할 수 있어요. 하지만 다음 예문처럼 reduce가 아니라 cut을 사용하면 큰 폭과 급격함을 나타낼 수 있습니다. 이때 slash를 쓰면 강도는 더 높아집니다.

Office automation will allow us to
cut operating expenses by 10 percent.
우리는 사무 자동화로 운영 비용을 10퍼센트 정도 삭감할 것이다.

이외에도 제거나 정리의 뜻도 있어요. 여기서 정리는 일반적인 의미가 아닌 단칼로 깨끗하게 끝내는 정리입니다. 덤불로 엉켜 있는 길을 칼로 쳐내며 나가는 모습을 떠올리면 됩니다. 이때 다음 두 번째 예문처럼 부사 through와 함께 쓰이는 경우가 많습니다.

TV cuts out parts of a movie to fit broadcast standards.
방송 규정에 맞추려고 텔레비전에서는 영화 장면을 일부 잘라 낸다.

How can you cut through all the complex theory and get to the point?
어떻게 이 모든 복잡한 이론을 단칼에 정리해서 핵심을 찾아낼 수 있죠?

자른다는 뉘앙스를 살려 의미가 확장되기도 합니다. 움직이지 못하게 하는 것을 잘라서 탈출할 때도 cut을 사용하지만, 수업처럼 반드시 가야 할 곳을 빼먹었을 때도 cut을 사용하곤 합니다. 한국 비속어인 '수업을 째다'와 유사하죠.

A fifty-year-old man was cut
from the wreckage of a three-car crash yesterday.
50세 남성이 어제 발생한 삼중 충돌 사고의 잔해 속에서 구출되었다.

I am grounded now because I cut class and
went to the beach yesterday.
어제 수업 빼먹고 바닷가에 가서 지금 외출 금지 상태야.

미국식 영작문을 위한 핵심 요약

자르다	**상처 구멍**	3형식	He is so clumsy that he often cuts himself shaving. 그는 너무 서툴러서 면도할 때 종종 베인다.
	나눔	3형식	Preheat the pan and cut the tomatoes into small pieces. 팬을 달궈 놓고 토마토는 작은 크기로 잘라 주세요.
	모양	3형식	He cut a hole at the bottom of the door for his dog to pass through. 그는 강아지가 지나갈 수 있도록 문 아래에 구멍을 뚫었다.
	깎기	3형식	Do you know how to cut nails without clippers? 손톱깎이 없이 손톱을 어떻게 자를 수 있는지 아세요?
	가능	1형식	We use a rock that cuts easily. 우리는 쉽게 잘리는 암석을 이용합니다.
삭감		3형식	Office automation will allow us to cut operating expenses by 10 percent. 우리는 사무 자동화로 운영 비용을 10퍼센트 정도 삭감할 것이다.
제거		3형식	TV cuts out parts of a movie to fit broadcast standards. 방송 규정에 맞추려고 텔레비전에서는 영화 장면을 일부 잘라 낸다.
정리		3형식	How can you cut through all the complex theory and get to the point? 어떻게 이 모든 복잡한 이론을 단칼에 정리해서 핵심을 찾아낼 수 있죠?
탈출		3형식	A fifty-year-old man was cut from the wreckage of a three-car crash yesterday. 50세 남성이 어제 발생한 삼중 충돌 사고의 잔해 속에서 구출되었다.
		5형식	Soldiers are trained on how to cut themselves free after being trapped. 군인들은 포박된 후 탈출할 수 있는 방법을 배우는 훈련을 한다.
불참		3형식	I am grounded now because I cut class and went to the beach yesterday. 어제 수업 빼먹고 바닷가에 가서 지금 외출 금지 상태야.
방해		1형식	When the director shouts, "Cut!" everything should stop. 감독이 "컷!"이라고 외치면 모든 것을 멈춰야 한다.

9

direct
방향을 제시할 때

direct는 형용사로 많이 알려져 있습니다 중간의 멈춤이나 연결 고리 없이 '바로'라는 뜻이죠.

> Do they have a direct train to London?
> 런던으로 가는 직행 열차 있나요?

> If things go wrong, I will take direct control.
> 만약 일이 잘못되면 제가 바로 관리하겠습니다.

이처럼 보통 형용사로 쓰이다 보니 direct를 동사로 쓰는 게 낯설 수도 있어요. 하지만 동사 direct도 만만치 않게 중요합니다. direct의 키워드는 '방향 제시'입니다. 어느 쪽으로 갈지를 알려 준다는 것이죠. 그래서 특정 작업이나 조직을 책임지고 관리한다는 뜻으로 쓰이기도 합니다.

> A new commander has been appointed to direct special operations.
> 특별 작전을 총괄할 새로운 지휘관이 임명되었다.

> How was it possible to act and direct at the same time?
> 감독과 연기를 동시에 하는 것이 어떻게 가능했나요?

실제로 여기저기를 가리키며 방향을 제시하는 모습도 담을 수 있어요. 특히 경찰이 차량의 방향을 제시해 교통량을 통제할 때나 방향을 가리키며 길을 알려 줄 때 활용할 수 있습니다.

Police officers usually direct traffic during rush hour.
출퇴근 시간에는 보통 경찰들이 교통을 통제한다.

I asked someone to direct me to the airport.
나는 어떤 사람에게 공항 가는 길을 알려 달라고 부탁했다.

사실 저는 다음 예문을 만났을 때 direct가 공부해 볼 만한 단어라고 생각하게 됐어요.

Please direct any questions to customer service.
문의 사항은 고객센터로 돌려주세요.

이때 direct는 방향을 돌려 특정 대상을 겨냥한다는 의미를 가지는데요. 그 대상이 조직이나 사람일 수도 있고 특정 활동이나 목표일 수도 있습니다.

The principal, Mr. Smith, directed his gaze straight at the noisy boys.
스미스 교장 선생님은 떠드는 아이들 쪽으로 시선을 바로 돌렸다.

All our efforts were directed towards
getting the clients to sign the contracts.
계약서에 고객 서명을 받는 데 우리의 모든 노력을 집중했다.

마지막으로 direct는 지시와 명령의 뜻을 가집니다. 방향 제시보다 강경한 표현으로 볼 수 있죠.

They were directed to keep searching.
그들은 계속해서 수색하라는 지시를 받았다.

명령과 지시의 단어는 direct 외에도 order, instruct 등이 있어요. 세 단어는 어떤 식으로 명령과 지시를 하는지에 따라 차이가 있습니다. direct가 앞서 살펴본 대로 구체적인 방향과 활동에 대한 명령이라면, order는 권위를 가진 자의 명령, instruct는 공식적으로 하는 명령으로 볼 수 있어요.

He ordered the soldiers to leave the building.
그는 군인들에게 건물을 떠나라고 명령했다.

Tourists are instructed not to touch any items in the museum.
관광객들은 박물관 내 어떤 물건도 만지지 않도록 되어 있다.

미국식 영작문을 위한 핵심 요약

방향 제시	관리 책임	3형식	A new commander has been appointed to direct special operations. 특별 작전을 총괄할 새로운 지휘관이 임명되었다.
	연극 영화	1형식	How was it possible to act and direct at the same time? 감독과 연기를 동시에 하는 것이 어떻게 가능했나요?
		3형식	A famous old actor directed this play. 유명 노배우가 이 연극을 감독했다.
	교통	3형식	Police officers usually direct traffic during rush hour. 출퇴근 시간에는 보통 경찰들이 교통을 통제한다.
	길	3형식	I asked someone to direct me to the airport. 나는 어떤 사람에게 공항 가는 길을 알려 달라고 부탁했다.
	겨냥	사람	The principal, Mr. Smith, directed his gaze straight at the noisy boys. 스미스 교장 선생님은 떠드는 아이들 쪽으로 시선을 바로 돌렸다.
		활동	All our efforts were directed towards getting the clients to sign the contracts. 계약서에 고객 서명을 받는 데 우리의 모든 노력을 집중했다.
	명령	5형식	They were directed to keep searching. 그들은 계속해서 수색하라는 지시를 받았다.

10
fix
날짜를 '픽스'한다?

한때 제가 몸담았던 조직의 상사는 fix라는 말을 입에 달고 다녔습니다. "날짜가 '픽스'되면 논의를 계속해 보도록 하죠." 이런 식이었죠. 이런 대화가 반복되다 보니 어느 순간 날짜가 정해진다는 말보다 '픽스'된다는 말이 더 친근하게 느껴졌어요. 하지만 fix는 '고정'이라는 뜻 외에도 여러 뜻을 가지고 있습니다. 날짜를 '픽스'한다는 말도 정확한 표현인지 함께 알아보면 재미있겠네요.

우선 fix는 '물건을 특정한 곳에 고정하다'라는 의미로 쓰입니다. 흥미롭게도 굳이 물건이 아니라 시선을 한곳에 고정할 때나 생각이 어떤 기억이나 상상에 고정되어 있을 때도 얼마든지 fix를 사용할 수 있어요.

How about having security cameras fixed in each corner of the room?
천장 모퉁이에 보안 카메라를 설치하는 게 어떨까요?

My son's eyes were fixed on the candies in my hand.
내 아들의 시선은 내 손에 있는 사탕에 고정되어 있었다.

It is fixed in his mind that he is meant to marry her.
그녀와 결혼할 운명이라는 생각이 그의 머릿속에 박혀 있다.

그렇다면 저의 보스가 사용했던 fix는 어떨까요? 다행히 날짜, 시간,

장소 등을 확실히 정한다는 뜻도 있어서 틀린 표현은 아닙니다.

We tried to fix a day to suit us both but failed to find one.
서로에게 맞는 날짜를 정하려고 했지만 찾지 못했다.

'정하다'의 fix는 여기서 더 발전해 어떤 것을 준비하고 조직해 나간다는 의미를 가집니다. 아래 예문처럼 목적어를 취해서 표현할 수 있어요.

Just give me a list of attendees, and I will fix things up for the conference.
참석자 명단만 주세요. 컨퍼런스 준비는 제가 하겠습니다.

한편 fix는 '수리하다'라는 뜻도 있어요. 어쩌면 고정보다는 수리로 알고 있는 사람이 많을 수도 있겠네요. 우리가 흔히 알고 있는 repair가 repair and maintenance service(유지 보수 서비스)처럼 격식을 갖춘 단어라면, fix는 구어체나 가벼운 문맥에서 자주 등장합니다.

Everything in the fridge has frozen—we need to get it fixed.
냉장고 안의 음식이 다 얼었어요. 냉장고를 수리해야 해요.

물건 수리뿐 아니라 관계나 원칙상 문제를 수리, 즉 해결한다는 뜻도 가지고 있습니다. 심지어 두 번째 예문처럼 특정인에 유리하게 경기나 선거 등을 조작할 때도 fix를 사용할 수 있어요.

Don't' make any effort to fix things between the two—it never works.
그 두 사람 간의 문제를 해결하려고 하지 마세요. 쓸데없는 일이예요.

He was arrested on suspicion of fixing the election.
그는 선거 조작이라는 혐의로 체포되었다.

미국식 영작문을 위한 핵심 요약

고정	**물건**	3형식	How about having security cameras fixed in each corner of the room? 천장 모퉁이에 보안 카메라를 설치하는 게 어떨까요?
	시선	3형식	My son's eyes were fixed on the candies in my hand. 내 아들의 시선은 내 손에 있는 사탕에 고정되어 있었다.
	생각	3형식	It is fixed in his mind that he is meant to marry her. 그녀와 결혼할 운명이라는 생각이 그의 머릿속에 박혀 있다.
	날짜	3형식	We tried to fix a day to suit us both but failed to find one. 서로에게 맞는 날짜를 정하려고 했지만 찾지 못했다.
조직	3형식		Just give me a list of attendees, and I will fix things up for the conference. 참석자 명단만 주세요. 컨퍼런스 준비는 제가 하겠습니다.
수리	**물건**	3형식	Everything in the fridge has frozen—we need to get it fixed. 냉장고 안의 음식이 다 얼었어요. 냉장고를 수리해야 해요.
	상황	3형식	Don't' make any effort to fix things between the two—it never works. 그 두 사람 간의 문제를 해결하려고 하지 마세요. 쓸데없는 일이에요.
조작	3형식		He was arrested on suspicion of fixing the election. 그는 선거 조작이라는 혐의로 체포되었다.

11
flash
빛처럼 빠르게!

flash라고 하면 섬광과 불빛이 떠오르죠. 한 차례 순간적으로 내리꽂는 벼락을 a flash of lightning이라고 합니다. 이렇듯 flash의 핵심은 '순간적'에 있습니다. 물론 빛을 비춘다는 의미도 담겨 있지만, 빛을 비추는 시간이 보통 짧죠. 다음 예문들처럼 짧게 빛나며 깜빡이는 신호, 스크린이나 전광판에 메시지가 뜰 때 flash로 표현합니다.

Don't cross the street when the STOP sign starts to flash.
정지 신호가 깜빡이기 시작하면 길을 건너지 마세요.

In times of emergency,
this message flashes on employees' computer screens.
응급 상황일 때 직원들의 컴퓨터에 이 메시지가 나타나죠.

순간적이라는 키워드에서 발전해 '빛과 같이 휙 빠르게 움직이다'는 뜻도 있습니다. 달리는 기차 창밖으로 풍경이 빠르게 지나가는 것도 flash로 표현할 수 있어요.

I saw something white flash by.
뭔가 하얀 게 휙 지나가는 것을 봤다.

The breathtaking view of the surrounding region
flashed past the train windows.
기차 창으로 주변 지역의 숨 막히는 풍경이 빠르게 지나갔다.

또한 무언가를 순간적으로 보여 줄 때, 생각이나 아이디어가 순간적으로 떠오를 때도 flash를 사용해서 갑작스러운 느낌을 살릴 수 있어요.

She flashed her ID and dashed to the gate.
그녀는 신분증을 힐끗 보여 주고 게이트 쪽으로 달려갔다.

The terrible thought flashed through her mind that he might be dead.
그가 죽었을 수도 있다는 끔찍한 생각이 그녀의 머릿속을 스쳐 갔다.

flash처럼 특정한 움직임을 나타내는 단어들은 꽤 있죠. 예를 들어 정신없이 움직일 때는 rush, 한 방향으로 빠르게 움직일 때는 dash, 활기차게 움직일 때는 bounce를 쓸 수 있습니다.

They rushed down the hallway and around the tables.
이들은 복도를 내달리고 테이블 주변을 정신없이 돌아다녔다.

Hundreds of baby turtles dash into the sea after hatching.
부화 후 새끼 거북이들은 바다를 향해 돌진한다.

Jack bounced into the room, full of excitement.
Jack은 한껏 흥분된 상태로 방안을 활기차게 들어왔다.

미국식 영작문을 위한 핵심 요약

순간적	비춤	1형식	Don't cross the street when the STOP sign starts to flash. 정지 신호가 깜빡이기 시작하면 길을 건너지 마세요.
		3형식	The security guard flashed a light into every room. 보안 요원은 방 하나하나에 불을 비쳤다.
	화면	1형식	In times of emergency, this message flashes on employees' computer screens. 응급 상황일 때 직원들의 컴퓨터에 이 메시지가 나타나죠.
		3형식	The name of this year's best player is going to be flashed up on the screen. 올해 최고의 선수 이름이 스크린에 뜰 겁니다.
	이동	1형식	The breathtaking view of the surrounding region flashed past the train windows. 기차 창으로 주변 지역의 숨 막히는 풍경이 빠르게 지나갔다.
	보임	3형식	She flashed her ID and dashed to the gate. 그녀는 신분증을 힐끗 보여 주고 게이트 쪽으로 달려갔다.
	생각	1형식	The terrible thought flashed through her mind that he might be dead. 그가 죽었을 수도 있다는 끔찍한 생각이 그녀의 머릿속을 스쳐 갔다.

12

flood
엄청난 양과 강력한 힘으로!

이상기후에 따른 끔찍한 홍수로 많은 나라가 큰 고통을 받고 있죠. 엄청난 양의 물줄기가 건물을 쓸고 지나가는 장면은 말문이 막힐 정도로 공포스럽습니다. 명사로 '홍수'를 뜻하는 flood는 이렇듯 엄청난 양과 강력한 힘을 지닌 단어입니다. 동사로 활용될 때도 이런 뉘앙스가 그대로 나타나죠.

동사 flood의 기본 뜻은 특정 지역을 물로 잠기게 한다는 것입니다.

> Houses in the area often flood when it rains heavily.
> 비가 많이 오면 이 지역 가옥들은 종종 물에 잠깁니다.

> The dam burst, flooding the whole village and costing hundreds of lives.
> 댐 붕괴로 마을이 물에 잠겼고 수백 명이 목숨을 잃었다.

물이 밀려들어 손쓸 수 없는 것처럼 flood는 주변에서 어떤 대상이나 상황이 물밀 듯이 밀려올 때 사용할 수 있습니다. 다음 예문들처럼 대량의 정보가 정신없이 쏟아질 때, 사무실에 전화가 폭주할 때, 사람들이 물밀 듯이 밀려올 때, 시장에 물건이 넘쳐 날 때 모두 flood로 해결할 수 있어요.

Messages of support are flooding in from all over the world.

응원 메시지가 전 세계에서 쏟아지고 있다.

The office was flooded with calls of customer complaints.

고객 불만 전화가 사무실에 폭주했었다.

Poor peasants were flooding into the cities in search of jobs.

가난한 농노들이 직업을 찾아 도시로 밀려들고 있었다.

Electric appliances made in China have flooded the market.

중국산 가전제품이 시장에 넘쳐 난다.

흥미롭게도 어떤 감정이나 생각이 물밀 듯이 밀려올 때도 flood가 가능합니다. 세 번째 예문처럼 빛이 창가에 홍수처럼 밀려들어 올 때도 flood로 표현할 수 있어요.

A great sense of guilt flooded over me.

엄청난 죄책감이 밀려왔다.

He was flooded with despair after repeated failure.

그는 반복되는 실패로 엄청난 좌절감에 빠졌다.

As soon as he drew the curtains, the bright sunlight flooded in.

그가 커튼을 걷자마자 눈부신 햇빛이 밀려들어 왔다.

많은 양이 빠르게 이동하는 모습을 flood만큼 역동적으로 표현할 수 있는 단어는 아마 없을 겁니다. 물과 관련된 또 다른 동사인 flow는 flood와 달리 안정적으로 계속해서 흐르는 물줄기 같은 뉘앙스를 띱니다.

Did you see a lot of traffic flowing into the stadium?

스타디움으로 많은 차량이 들어가는 것 보셨어요?

It seems that conversation between the two flowed freely.

두 사람의 대화가 잘 진행된 것 같습니다.

미국식 영작문을 위한 핵심 요약

넘쳐 나다	물	1형식	Houses in the area often flood when it rains heavily. 비가 많이 오면 이 지역 가옥들은 종종 물에 잠깁니다.
		3형식	The dam burst, flooding the whole village and costing hundreds of lives. 댐 붕괴로 마을이 물에 잠겼고 수백 명이 목숨을 잃었다.
	정보	1형식	Messages of support are flooding in from all over the world. 응원 메시지가 전 세계에서 쏟아지고 있다.
		3형식	The office was flooded with calls of customer complaints. 고객 불만 전화가 사무실에 폭주했었다.
	사람	1형식	Poor peasants were flooding into the cities in search of jobs. 가난한 농노들이 직업을 찾아 도시로 밀려들고 있었다.
	상품	3형식	Electric appliances made in China have flooded the market. 중국산 가전제품이 시장에 넘쳐 난다.
	감정 생각	1형식	A great sense of guilt flooded over me. 엄청난 죄책감이 밀려왔다.
		3형식	He was flooded with despair after repeated failure. 그는 반복되는 실패로 엄청난 좌절감에 빠졌다.
	빛	1형식	As soon as he drew the curtains, the bright sunlight flooded in. 그가 커튼을 걷자마자 눈부신 햇빛이 밀려들어 왔다.

13

hold
무엇을 어떻게 쥘까?

hold는 손이나 팔과 친한 단어입니다. 손에 잡은 것은 언젠가는 놓아야 하고, 팔에 안은 것도 언젠가는 풀어야 합니다. 이런 까닭에 손과 팔은 일시성의 뉘앙스를 강하게 띠는 hold와 함께하는 경우가 많죠. 다음 예문처럼 손에 든 가방을 언젠가는 놓거나 다시 나에게 돌려주어야 하므로 hold가 쓰였습니다.

> She held my bag while I opened the cabinet.
> 내가 사물함을 여는 동안 그녀가 내 가방을 들고 있었다.

굳이 손과 팔이 아니더라도 일시적으로 가지고 있으면 hold가 등장하죠. 다음 예문들은 일시적인 의미의 hold를 사용한 대표적인 문장으로, 모두 서로 다른 대상을 일시적으로 가지거나 담은 경우입니다. 순서대로 지위, 정보, 해당 시점에는 가지고 있던 의견, 언젠가는 끝날 행사입니다.

> This company still holds the lead in the security market.
> 이 회사가 경비업계에서는 여전히 주도권을 잡고 있다.

> The computer holds a tremendous amount of information.
> 이 컴퓨터는 엄청난 양의 정보를 담고 있다.

She held a strange view on morality.
그녀는 도덕성에 대해 이상한 견해를 가지고 있었다.

The next general election is going to be held in August.
다음 총선은 8월에 열릴 예정이다.

가지고 있는다는 뜻 외에도 분실하지 않게 일시적으로 보관한다는 의미로 hold를 쓸 수 있습니다. 흥미롭게도 두 번째 예문처럼 사람을 목적어로 취해서 달아나지 못하게 일시적으로 가둬 둔다는 의미로 표현할 수 있습니다.

The librarian held my belongings until I finished searching.
조사를 마칠 때까지 사서가 나의 소지품을 보관해 줬다.

Several people are being held in custody after the riot.
폭동 후 몇몇 사람이 유치장에 갇혀 있다.

hold는 보관과 비슷하게 유지한다는 의미도 가지고 있습니다. 여기서는 일시성의 뉘앙스를 살려 '특정 기간 동안 일시적으로 유지된다'는 것을 뜻합니다. 두 번째 예문처럼 목적어를 취하기도 하고, 세 번째 예문처럼 주격 보어 true를 취하는 세련된 문형도 만들 수 있습니다.

If our luck holds, we will advance to the next level.
우리 행운이 계속된다면, 다음 단계로 갈 수 있을 거야.

The company is holding sales at its present level.
회사는 현재 수준의 판매를 유지하고 있다.

Many old maxims still hold true today.
많은 옛날 격언이 오늘날에도 여전히 유효하다.

여기서 좀 더 나아가면 일시적으로 무게를 지탱한다는 뜻도 hold로 표현할 수 있어요.

I am afraid that the table won't hold the weight of all these books.
이 테이블은 이 모든 책의 무게를 버틸 수 없을 겁니다.

앞서 일시적으로 이어지는 것들을 표현했다면, 여기서 더 나아가 일시적으로 중단되는 상황도 hold로 표현할 수 있습니다. 전화 통화에서는 다음 예문처럼 hold로 일시적인 통화 대기나 멈춤을 표현하기도 합니다.

Could you please hold on a second?
잠시만 기다려 주실 수 있을까요?

숨을 잠깐 쉬지 않거나 특정 행위를 일시적으로 멈출 때도 hold를 사용할 수 있죠.

He can hold his breath for three minutes.
그는 3분 동안 숨을 멈출 수 있다.

미국식 영작문을 위한 핵심 요약

	가지다	손/팔	3형식	She held my bag while I opened the cabinet. 내가 사물함을 여는 동안 그녀가 내 가방을 들고 있었다.
			5형식	Could you hold the door open for me? 문을 잡아 주실 수 있나요?
		지위	3형식	This company still holds the lead in the security market. 이 회사가 경비업계에서는 여전히 주도권을 잡고 있다.
		담음	3형식	The computer holds a tremendous amount of information. 이 컴퓨터는 엄청난 양의 정보를 담고 있다.
일시성		의견	3형식	She held a strange view on morality. 그녀는 도덕성에 대해 이상한 견해를 가지고 있었다.
			5형식	If it goes wrong, he will hold you responsible. 이것이 잘못되면, 그는 당신의 책임이라고 생각할 겁니다.
		행사	3형식	The next general election is going to be held in August. 다음 총선은 8월에 열릴 예정이다.
	보관	사물	3형식	The librarian held my belongings until I finished searching. 조사를 마칠 때까지 사서가 나의 소지품을 보관해 줬다.
		사람	3형식	Several people are being held in custody after the riot. 폭동 후 몇몇 사람이 유치장에 갇혀 있다.
	유지		1형식	If our luck holds, we will advance to the next level. 우리 행운이 계속된다면, 다음 단계로 갈 수 있을 거야.
			2형식	Many old maxims still hold true today. 많은 옛날 격언이 오늘날에도 여전히 유효하다.
			3형식	The company is holding sales at its present level. 회사는 현재 수준의 판매를 유지하고 있다.

미국식 영작문을 위한 핵심 요약

지탱	3형식	I am afraid that the table won't hold the weight of all these books. 이 테이블은 이 모든 책의 무게를 버틸 수 없을 겁니다.
대기	1형식	Could you please hold on a second? 잠시만 기다려 주실 수 있을까요?
멈춤	3형식	He can hold his breath for three minutes. 그는 3분 동안 숨을 멈출 수 있다.

14
judge
엄숙한 단어가 아니야!

judge라는 단어를 들으면 근엄하게 앉아 있는 판사가 떠오르지 않나요? 왠지 격식을 차리고 행동거지를 조심해야 할 것 같은 이 단어는 실제로도 재판장에서 판결을 내릴 때 쓰입니다. 논리적이고 증거에 기반한 판단이기 때문에 judge를 사용하는 거죠. judge의 키워드는 '확실한 근거'입니다. 이 키워드를 충족하면 어느 문맥에서나 쓸 수 있죠.

judge의 기본 뜻은 근거에 따라 옳고 그름, 좋고 나쁨을 판단하는 것입니다. 재판 판결은 judge를 써서 이렇게 표현하곤 합니다.

The case was finally judged in favor of the plaintiff.
사건은 원고에 유리하게 판결 났다.

They have judged him not guilty of tax evasion.
그들은 그의 탈세 혐의를 무죄로 판결했다.

경연장에서 참가자의 실력도 다음 예문처럼 얼마든지 표현할 수 있습니다. 전문성이라는 확실한 근거에 기반하기 때문이죠.

The essay competition was judged by a panel of experts in the field.
이번 글쓰기 대회는 이 분야의 전문가 패널들에게 평가되었다.

이처럼 어떤 사실에 대한 판단이 충분한 근거에 바탕을 두고 있다면 얼마든지 judge를 사용할 수 있습니다. 다음 예문들처럼 표정이든, 기준이든, 추론이든 판단의 근거가 명확하면 됩니다.

Judging by your look, you must have had a good time.
너의 표정을 보아하니, 좋은 시간을 보낸 게 틀림없군.

People judge their success by different standards.
사람들은 자신의 성공을 다른 기준으로 판단한다.

He judged it wise to leave before the crowd went wild.
그는 군중이 흥분하기 전에 자리를 뜨는 게 현명하다고 판단했다.

기준과 근거라고 하면 빼놓을 수 없는 것이 척도이죠. 높이, 길이, 너비 등 분명한 기준에 따라 확실한 수치로 나타내므로 당연히 judge를 쓸 수 있습니다. 연령도 하나의 척도이니 judge로 표현할 수 있겠네요.

Can you judge how long this pipe is?
이 파이프의 길이를 가늠할 수 있겠어요?

We had judged her to be about 30, but she was in her 50s.
우리는 그녀를 서른 정도로 생각했지만 50대였다.

확실한 근거가 없을 때는 judge 대신에 보통 find가 쓰입니다. 다음 예문들처럼 3형식, 5형식으로 다양하게 활용할 수 있어요.

We came home to find that someone had broken into the house.
우리는 집에 도착해서 누군가 집을 침입했다는 것을 알게 되었다.

We found this tribe displaying a unique food culture.
우리는 이 부족이 독특한 음식 문화를 보인다는 사실을 알게 되었다.

미국식 영작문을 위한 핵심 요약

판단	판결	3형식	The case was finally judged in favor of the plaintiff. 사건은 원고에 유리하게 판결 났다.
		5형식	They have judged him not guilty of tax evasion. 그들은 그의 탈세 혐의를 무죄로 판결했다.
	경연	3형식	The essay competition was judged by a panel of experts in the field. 이번 글쓰기 대회는 이 분야의 전문가 패널들에게 평가되었다.
	의견	1형식	Judging by your look, you must have had a good time. 너의 표정을 보아하니, 좋은 시간을 보낸 게 틀림없군.
		3형식	People judge their success by different standards. 사람들은 자신의 성공을 다른 기준으로 판단한다.
		5형식	He judged it wise to leave before the crowd went wild. 그는 군중이 흥분하기 전에 자리를 뜨는 게 현명하다고 판단했다.
	척도	3형식	Can you judge how long this pipe is? 이 파이프의 길이를 가늠할 수 있겠어요?
		5형식	We had judged her to be about 30, but she was in her 50s. 우리는 그녀를 서른 정도로 생각했지만 50대였다.

15

lock

맞물려 들어가다?

lock은 명사로 자물쇠를 뜻합니다. 자물쇠로 일단 잠그면 열쇠 없이는 열 수 없죠. 그래서 동사로는 자물쇠로 무언가를 잠그거나 닫아 버린다는 뜻으로 자주 활용되곤 합니다. 그러다 언젠가 다음 문장에서 lock이 쓰인 것을 보고 당황한 적이 있습니다.

> The teeth of one wheel lock into those of the next.
> 한 바퀴의 이가 다음 바퀴의 이에 맞물려 들어간다.

여기서 주목할 점은 '들어간다'는 의미를 into가, '맞물려'를 lock이 담당하고 있다는 것이죠. lock에 어떤 뜻이 있길래 이런 식으로 활용될 수 있는 걸까요?

우선 lock은 '잠금'을 뜻합니다. 두 번째 예문처럼 목적어를 취할 수도 있고, 세 번째 예문처럼 잠가서 안전한 곳에 보관한다는 의미로도 쓸 수 있습니다.

> The door locked as soon as he stepped into the cell.
> 그가 독방에 발을 들여 놓자마자 문이 잠겼다.

> He forgot to lock the suitcase.
> 그는 여행가방을 잠근다는 것을 깜빡했다.

It is important to lock your passport in a cabinet when you are abroad.
외국에 있을 때 여권은 캐비닛에 넣어 잠가 두는 것이 중요하다.

재미있는 점은 lock에 부정적인 뉘앙스도 있다는 거예요. 어쩔 수 없이 어려운 상황에 발목이 잡혀 곤란해졌거나 벗어날 수 없는 공간에 가둬 둘 때도 lock을 사용합니다.

I feel locked into relationships that I don't want.
내가 원치 않은 관계에 갇힌 기분이야.

He used to lock his dog in for the night.
그는 자기 개를 야간에는 안에 가둬 두곤 했다.

그럼 '맞물려 들어가다'의 lock을 어떻게 이해할 수 있을까요? 여기서 주목할 점은 앞서 다룬 예문에서 lock이 움직이는 것에 뭔가를 걸어서 이동하지 못하게 한다는 의미로 쓰였다는 것입니다. 다시 말해 바퀴의 이들이 일시적으로 작은 공간에 들어가 고정되므로 그 상황을 lock으로 설명할 수 있는 거죠.

사실 뭔가에 걸려 움직이지 않는다고 할 때는 많은 사람이 stick이라는 단어를 쓰곤 합니다. lock이 특정 위치나 공간에 고정된 것을 강조한다면, stick은 빠져나오기 힘듦을 강조하는 편이며 보통 수동태로 쓰입니다.

They were stuck in the mud.
그들은 진흙탕에 빠졌다.

미국식 영작문을 위한 핵심 요약

걸리다	**잠금**	1형식	The door locked as soon as he stepped into the cell. 그가 독방에 발을 들여 놓자마자 문이 잠겼다.
		3형식	He forgot to lock the suitcase. 그는 여행가방을 잠근다는 것을 깜빡했다.
	보관	3형식	It is important to lock your passport in a cabinet when you are abroad. 외국에 있을 때 여권은 캐비닛에 넣어 잠가 두는 것이 중요하다.
	고정	1형식	It is no use trying to move the wheels—they have locked. 바퀴들을 움직이려고 해봐도 소용없어요. 완전히 걸렸어요.
		3형식	Make sure to lock your chair in a static position! 의자를 움직이지 않는 고정된 위치에 반드시 두세요.
	상황	3형식	I feel locked into relationships that I don't want. 내가 원치 않은 관계에 갇힌 기분이야.
	감금	3형식	He used to lock his dog in for the night. 그는 자기 개를 야간에는 안에 가둬 두곤 했다.

16
mark
무언가를 표시할 때

예전에는 불량품이 워낙 많아서 제품에 KS 마크가 있어야 제대로 만든 제품이라고 믿는 풍토가 있었다고 하네요. 제 어머니도 물건을 살 때 이 마크를 확인하시곤 했죠. mark는 명사로 쓰일 때 이처럼 '특정 정보를 전달하는 표시'의 뜻을 가집니다. KS 마크도 정부가 정한 규정을 통과한 좋은 제품이라는 표시로 볼 수 있죠. 동사 mark는 정보를 표시하거나 보여 준다는 의미로 다양한 문맥에서 쓰입니다.

먼저 특정 정보를 표시한다는 뜻의 mark를 살펴보겠습니다. 다음 예문들처럼 성과, 위치, 날짜 등 다양한 정보를 mark를 사용해서 표시할 수 있습니다.

> The employees are required to mark their progress on the chart.
> 직원들은 자신의 성과를 차트에 표시해야 한다.

> The circle marks the spot where they are supposed to assemble.
> 동그라미는 그들이 모이기로 한 지점을 표시한 것이다.

> A ceremony was held to mark
> the 10th anniversary of the signing of the treaty.
> 조약 체결 10주년을 기념하는 행사가 열렸다.

여기서 더 발전하여 특정 대상의 특징이나 의의를 표시하거나 보여 준다는 뜻도 있습니다. 두 번째 예문처럼 새로운 일이 일어날 수도 있다는 전망을 보여 준다는 뜻도 지닙니다.

The new treaty marks a significant milestone in the relationship between the two countries.
새로운 조약은 양국 간 관계에 획기적인 사건이다.

The president's speech may mark a change in his policy toward North Korea.
대통령 연설은 앞으로 대북 정책에 변화가 있으리라는 점을 보여 준다.

흥미로운 점은 mark가 학생의 성적을 매긴다는 뜻도 있다는 겁니다.

He stayed up all night marking his students' papers.
그는 학생들의 과제를 평가하느라 밤을 샜다.

학생의 실력을 숫자나 코멘트로 보여 주기 때문에 mark는 여기서 정보를 전달하는 표시의 기능을 한다고 볼 수 있죠. 주로 영국식 영어에서 많이 볼 수 있는데, 미국식 영어에서는 mark 대신에 grade를 쓰는 경향이 있습니다.

한편 명사 mark는 정보 표시 외에 '외관을 망치는 흠이나 자국'이라는 뜻도 있어요. 그래서 동사로도 유사한 의미를 가지는데요. 이를 살려서 첫 번째 예문처럼 1형식으로 표현하거나 두 번째 예문처럼 목적어를 취해서 표현할 수 있습니다.

A black coat doesn't mark as easily as a white one.
검은색 코트가 흰색 코트보다는 쉽게 더러워지지 않는다.

The movers were careful not to mark the walls while moving the furniture.
이삿짐 직원들은 가구를 옮기는 동안 벽에 흠이 남지 않게 주의했다.

미국식 영작문을 위한 핵심 요약

표시 하다	정보	3형식	The employees are required to mark their progress on the chart. 직원들은 자신의 성과를 차트에 표시해야 한다.
	위치	3형식	The circle marks the spot where they are supposed to assemble. 동그라미는 그들이 모이기로 한 지점을 표시한 것이다.
	기념	3형식	A ceremony was held to mark the 10th anniversary of the signing of the treaty. 조약 체결 10주년을 기념하는 행사가 열렸다.
	의의	3형식	The new treaty marks a significant milestone in the relationship between the two countries. 새로운 조약은 양국 간 관계에 획기적인 사건이다.
	전망	3형식	The president's speech may mark a change in his policy toward North Korea. 대통령 연설은 앞으로 대북 정책에 변화가 있으리라는 점을 보여 준다.
	채점	3형식	He stayed up all night marking his students' papers. 그는 학생들의 과제를 평가하느라 밤을 샜다.
	흠	1형식	A black coat doesn't mark as easily as a white one. 검은색 코트가 흰색 코트보다는 쉽게 더러워지지 않는다.
		3형식	The movers were careful not to mark the walls while moving the furniture. 이삿짐 직원들은 가구를 옮기는 동안 벽에 흠이 남지 않게 주의했다.

17 melt
아이스크림이 녹아요!

melt라고 하면 녹아서 흘러내리는 아이스크림(a melting ice cream)
이 떠오르죠. 우리에게 이런 모습으로 익숙한 melt의 기본 뜻은 '고체
를 액체로 만든다'입니다. 다음 두 예문에서 melt는 이러한 기본 뜻으
로 쓰였습니다. 두 번째 예문처럼 목적어를 취할 수도 있죠.

How long will it take for all the snow to melt?
이 눈이 다 녹으려면 얼마나 걸릴까?

The steam of the simmering water gently melts the butter.
끓는 물에서 나오는 김이 버터를 부드럽게 녹입니다.

기본 뜻에서 나아가면 아주 재미있는 방식으로 예상치 못한 표현이 가
능합니다. 우리는 종종 고기가 너무 맛있으면 입에서 녹는다고 표현하
기도 하죠? 영어로도 마찬가지로 melt를 사용해서 충분히 강조할 수
있습니다. 날씨가 너무 더워서 몸이 녹을 것 같다는 말도 가능합니다.

The meat is cooked so well that it is melting in my mouth.
고기를 너무 잘 구어서 입에서 녹는다.

Today is extremely hot—I feel like I am melting.
오늘 너무 덥다. 마치 내 몸이 녹는 기분이야.

이외에 꽁꽁 얼은 눈이 녹아 따뜻한 봄날이 오듯 격한 감정이나 분위기가 완화된다는 의미도 담겨 있습니다. 냉랭한 분위기나 긴장이 개선될 기미가 보이지 않을 때도 The tension showed no sign of melting처럼 표현할 수 있습니다.

This book teaches us how to melt anger and boost love.
이 책은 어떻게 화를 다스리고 사랑을 키울 수 있는지를 우리에게 가르쳐 준다.

얼음이 녹아 물로 바뀌었다가 증발되어 사라지는 과정을 비유해 melt는 부사 away와 함께 어떤 대상이나 특정 감정이 서서히 사라짐을 의미하기도 합니다. 다음 예문을 보면 얼음이 녹아 없어지듯 사람이 서서히 사라지는 광경이 떠오르지 않나요?

The crowd started to melt away as they found nothing interesting.
재미가 없어지자 사람들은 자리를 뜨기 시작했다.

사라진다고 할 때 가장 많이 쓰이는 disappear입니다. 이 단어는 단순히 시야에서 보이지 않을 때 쓰이는 편입니다. 또 다른 유의어인 vanish는 뿅하고 갑자기 사라질 때 쓰이죠. melt away와 서서히 사라진다는 면에서 유사한 성격을 가진 drift away는 정처 없이 여기저기로 사라져 없어진다는 뜻을 지닙니다.

My boat disappeared when the storm hit the beach.
태풍이 해변을 덮쳤을 때 내 보트가 사라졌다.

The magician said something and then he vanished in a puff of smoke.
마술사가 뭐라고 말하니 그가 연기와 함께 사라졌다.

People drifted away from the scene of the accident in twos and threes.

사람들이 두세 명씩 사고 현장에서 자리를 떴다.

미국식 영작문을 위한 핵심 요약

녹다	액화	1형식	How long will it take for all the snow to melt? 이 눈이 다 녹으려면 얼마나 걸릴까?
		3형식	The steam of the simmering water gently melts the butter. 끓는 물에서 나오는 김이 버터를 부드럽게 녹입니다.
	강조	1형식	The meat is cooked so well that it is melting in my mouth. 고기를 너무 잘 구워서 입에서 녹는다.
	날씨	1형식	Today is extremely hot—I feel like I am melting. 오늘 너무 덥다. 마치 내 몸이 녹는 기분이야.
	완화	1형식	The tension showed no sign of melting. 긴장이 완화될 기미가 전혀 보이지 않았다.
		3형식	This book teaches us how to melt anger and boost love. 이 책은 어떻게 화를 다스리고 사랑을 키울 수 있는지를 우리에게 가르쳐 준다.
	사라짐	1형식	The crowd started to melt away as they found nothing interesting. 재미가 없어지자 사람들은 자리를 뜨기 시작했다.

18

pass
통과의 모든 것

pass는 한국에서 평상시에 자주 사용하는 영어 단어 중 하나입니다. 왠지 pass의 사용법을 충분히 알고 있는 듯한 느낌이 들 정도이죠. 하지만 저에게는 이런 믿음을 흔들어 버린 한 문장이 있었는데, 바로 '그는 유아기를 벗어나 아동기 초반에 들어섰다'였어요. '벗어나', '들어서다'와 같은 아는 동사를 동원해 문장을 마무리하려 했지만, 당황스럽게도 pass 하나로 끝나더군요. 왜 그런지는 차차 알아보도록 하죠.

pass의 키워드는 '통과'입니다. 특정한 장소, 지점, 수준을 통과해서 지나갈 때 쓸 수 있죠. 세 번째 예문처럼 시간이 지나간다는 뜻도 있고, 네 번째 예문처럼 통과해서 지나가는 것을 거절의 의미로 해석해서 표현할 수도 있습니다.

We used to pass a small toy shop on the way to the school.
우리는 학교 가는 길에 자그마한 장난감 가게를 지나치곤 했다.

I often bought goods that had passed the sell-by date.
나는 유통기한이 지난 제품을 종종 샀다.

Three months have passed, but little progress has been made.
석 달이 지났지만 진척이 거의 없다.

We were so full that we had to pass on dessert.

우리는 너무 배불러서 디저트는 패스했다.

대상을 관통할 때도 pass를 쓸 수 있어요. 아래 첫 번째 예문처럼 통로를 관통해 지나간다는 단순한 의미로도 사용하지만, 두 번째 예문처럼 시험을 통과하여 해내는 과정으로 확장할 수도 있습니다. 세 번째 예문처럼 법이나 제안서 등 통과시키는 대상을 목적어로 취해서 표현할 수도 있어요.

The aisle is so narrow that no one can pass.

통로가 좁아서 누구도 지나갈 수가 없다.

He has finally passed his driving test after several attempts.

여러 차례 시도 끝에 그는 마침내 운전면허 시험을 통과했다

Congress passed a bill that bans illegal file-sharing.

의회는 불법 파일 공유를 금지하는 법안을 통과시켰다.

한편 pass는 '물리적인 전달'의 키워드도 있습니다. 이에 따라 첫 번째 예문처럼 3형식, 두 번째 예문처럼 4형식으로 문장을 만들 수 있어요. 흥미롭게도 세 번째 예문처럼 물건 전달을 넘어서 공식 발언이나 의사를 전달할 때도 pass로 표현하곤 합니다.

Jack asked me to pass the soy sauce to him.

Jack은 나에게 간장을 건네 달라고 부탁했다

Someone passed her the note and she shoved it into her bag.

누군가 그녀에게 노트를 전달했고 그녀는 가방 안에 구겨 넣었다.

He wasn't able to pass any remark on the latest cabinet reshuffle.

그는 최근 내각 개편에 대해 그 어떤 발언도 할 수 없었다.

다시 처음 이야기로 돌아오자면, pass는 통과, 관통, 전달의 의미 외에 특정 상태에서 다른 상태로 옮겨 간다는 의미도 있습니다. 따라서 pass 하나면 충분했던 거죠. 이것만 봐도 pass는 우리가 알고 있는 단순한 수준의 단어가 아닌 것 같죠?

He has passed from infancy to early childhood.

그는 유아기를 벗어나 아동기 초반에 들어섰다.

미국식 영작문을 위한 핵심 요약

통과	**위치**	1형식	The aisle is so narrow that no one can pass. 통로가 좁아서 누구도 지나갈 수가 없다.
		3형식	We used to pass a small toy shop on the way to the school. 우리는 학교 가는 길에 자그마한 장난감 가게를 지나치곤 했다.
	지점	3형식	I often bought goods that had passed the sell-by date. 나는 유통기한이 지난 제품을 종종 샀다.
	시간	1형식	Three months have passed, but little progress has been made. 석 달이 지났지만 진척이 거의 없다.
		3형식	While waiting, I did some window shopping to pass the time. 기다리는 동안 시간을 때우려고 윈도쇼핑을 했다.
	거절	1형식	We were so full that we had to pass on dessert. 우리는 너무 배불러서 디저트는 패스했다.
	상태	1형식	He has passed from infancy to early childhood. 그는 유아기를 지나 아동기 초반에 들어섰다.
	시험	1형식	Did you expect that you could pass your first time? 첫 번째 시도에서 통과할 거라고 기대했나요?
		3형식	He has finally passed his driving test after several attempts. 여러 차례 시도 끝에 그는 마침내 운전면허 시험을 통과했다.
	안건	3형식	Congress passed a bill that bans illegal file-sharing. 의회는 불법 파일 공유를 금지하는 법안을 통과시켰다.
전달	**사물**	3형식	Jack asked me to pass the soy sauce to him. Jack은 나에게 간장을 건네 달라고 부탁했다.
		4형식	Someone passed her the note and she shoved it into her bag. 누군가 그녀에게 노트를 전달했고 그녀는 가방 안에 구겨 넣었다.
	발언	3형식	He wasn't able to pass any remark on the latest cabinet reshuffle. 그는 최근 내각 개편에 대해 그 어떤 발언도 할 수 없었다.

19

pay
이익인가, 손해인가?

pay는 상품이나 서비스를 이용하고 돈을 지불한다는 뜻을 가집니다. 명사로는 급료나 보수의 의미도 있죠. 돈과 관련된 대표적인 단어이지만, 문제는 그 의미가 문맥에 따라 확장된다는 것이죠. 어떤 경우에는 혜택을 준다는 뜻으로 쓰이고, 다른 경우에는 피해를 입힌다는 뜻으로도 쓰입니다. 문맥을 정확히 알지 못하면 반대로 이해해서 실수를 내고 말 수도 있어요.

우선 pay는 지불한다는 기본 뜻으로 다양한 형식을 만듭니다. 첫 번째 예문처럼 1형식을 만들기도 하고, 3형식일 때는 목적어 자리에 돈을 받는 사람(두 번째 예문), 비용(세 번째 예문)이 모두 올 수 있어요.

Are you willing to pay more for better service?
더 나은 서비스를 위해 돈을 더 지불하실 의향이 있나요?

Did you pay the taxi driver by cash or credit card?
택시기사에게 현금으로 지불했나요, 신용카드로 지불했나요?

Nobody knew that Jack had paid the bill at the restaurant.
아무도 Jack이 레스토랑에서 음식 값을 냈다는 것을 몰랐다.

한편 4형식 문형으로 쓰일 때는 다음 첫 번째 예문처럼 목적어를 두 개 취할 수도 있습니다. 아니면 두 번째 예문처럼 목적격 보어 자리에 to 부정사를 취할 수도 있고요.

He is paying the landlord $1,500 per month for this apartment.
그는 집주인에게 매달 1,500달러의 집세를 내고 있다.

Remember that I am paying you to do your job!
네 일을 하라고 내가 돈을 주고 있다는 사실을 명심해!

흥미로운 점은 pay가 돈을 받는 상황을 가정하여 이익이나 도움이 된 다는 뜻을 보인다는 겁니다. 이러한 표현은 첫 번째 예문이나 목적어를 취해서 두 번째 예문처럼 표현할 수 있습니다. 반대로 세 번째 예문처 럼 돈을 주는 입장을 대변해 pay를 사용하기도 합니다.

Cheating doesn't pay!
속임수는 도움이 되지 않아!

It would pay you to get help from experts.
전문가에게 도움을 얻는 것이 너에게 좋을 거야.

He didn't know he would pay for that remark.
그는 그 말로 고초를 겪을 것이라는 사실을 몰랐다.

pay는 또한 특정 목적어와 함께 '~을 하다'라는 관용 표현으로 쓰이기 도 합니다. 첫 번째 예문에는 pay attention으로 '집중하다'를 표현했 고, 두 번째 예문에는 '방문하다'를 pay you a visit로 나타냈습니다.

No one paid attention to what I was saying.

내가 하는 말에 아무도 집중하지 않았다.

I will make a point of paying you a visit when I am back home.

집에 다시 돌아오면 꼭 너를 만날 거야.

미국식 영작문을 위한 핵심 요약

지불하다	지불	1형식	Are you willing to pay more for better service? 더 나은 서비스를 위해 돈을 더 지불하실 의향이 있나요?
		사람 (3형식)	Did you pay the taxi driver by cash or credit card? 택시기사에게 현금으로 지불했나요, 신용카드로 지불했나요?
		비용 (3형식)	Nobody knew that Jack had paid the bill at the restaurant. 아무도 Jack이 레스토랑에서 음식 값을 냈다는 것을 몰랐다.
		4형식	He is paying the landlord $1,500 per month for this apartment. 그는 집주인에게 매달 1,500달러의 집세를 내고 있다.
		5형식	Remember that I am paying you to do your job! 네 일을 하라고 내가 돈을 주고 있다는 사실을 명심해!
	이익	1형식	Cheating doesn't pay! 속임수는 도움이 되지 않아!
		3형식	It would pay you to get help from experts. 전문가에게 도움을 얻는 것이 너에게 좋을 거야.
	손해	1형식	He didn't know he would pay for that remark. 그는 그 말로 고초를 겪을 것이라는 사실을 몰랐다.
	특정 행동	3형식	No one paid attention to what I was saying. 내가 하는 말에 아무도 집중하지 않았다.
		4형식	I will make a point of paying you a visit when I am back home. 집에 다시 돌아오면 꼭 너를 만날 거야.

20
roll
둥글게 움직이기!

1988년 서울 올림픽에서 한 아이가 굴렁쇠를 굴리며 운동장을 가로지르던 모습을 한 번쯤 본 적이 있을 텐데요. 이것을 영어로는 hoop-rolling이라고 합니다. 이렇듯 roll의 기본 뜻은 '굴리다'입니다. 두 번째 예문처럼 목적어를 취해서 표현하기도 하죠.

The pen rolled off the table and landed on her lap.
펜이 탁자에서 굴러 떨어져 그녀의 무릎 위에 놓였다.

The wheels were so heavy that we had to roll them across the yard.
바퀴들이 너무 무거워 우리는 마당을 가로질러 굴려야 했다.

하지만 roll은 이렇게 간단하지만은 않습니다. 둥글게 움직이는 것은 모두 표현할 수 있거든요. 우선 원을 그리며 방향을 전환하는 것도 roll로 표현합니다.

He rolled over onto his back and looked at stars in the sky.
그는 등을 대고 돌아누워 하늘의 별을 봤다.

위의 예문은 가장 대표적인 예로, 원을 그리며 방향을 돌렸기 때문에 roll over onto his back이 필요합니다. 다음 예문처럼 목적어가 사람일 때도 다음과 같이 표현할 수 있습니다.

She rolled her baby over to feed him.
그녀는 젖을 먹이려고 아이를 돌려 안았다.

배가 좌우로 흔들릴 때도 반구 모양을 띠기 때문에 roll이 사용됩니다. 반죽을 둥글게 밀어 평평하게 만들 때나 옷을 둥글게 말아 올릴 때도 roll을 쓸 수 있죠.

The boat rolled heavily from side to side,
so many suffered from seasickness.
보트가 심하게 흔들려서 많은 사람이 뱃멀미를 했다.

Roll the dough until it becomes pressed into a thin sheet.
반죽을 종이처럼 얇아질 때까지 밀어 주세요.

He took off his jacket and rolled up his sleeves.
그는 재킷을 벗더니 소매를 걷어 올렸다.

roll은 원과 같이 움직입니다. 모서리가 없어서 부드럽고 편안하게 이동하죠. 이에 따라 roll은 어떤 것이 수월하고 부드럽게 움직인다는 의미도 가집니다. 다음 예문처럼 roll을 사용하면 안개가 수월하게, 어떻게 보면 거침없이 마을로 들어오는 모습을 나타낼 수 있죠.

Crazy morning fog was rolling in over the town.
엄청난 아침 안개가 마을 쪽으로 천천히 밀려들어 오고 있었다.

마지막으로 roll에는 '무거운 소리를 연속으로 낸다'는 의외의 뜻이 있습니다. 대표적인 것이 천둥소리인데, 큰 바위가 굴러 내려오는 우렁찬 소리로 기억하면 이해하기에 훨씬 좋을 거예요.

When thunder rolls, lightning strikes.

천둥소리가 날 때 번개가 친다.

미국식 영작문을 위한 핵심 요약

구르다	이동	1형식	The pen rolled off the table and landed on her lap. 펜이 탁자에서 굴러 떨어져 그녀의 무릎 위에 놓였다.
		3형식	The wheels were so heavy that we had to roll them across the yard. 바퀴들이 너무 무거워 우리는 마당을 가로질러 굴려야 했다.
	방향 전환	1형식	He rolled over onto his back and looked at stars in the sky. 그는 등을 대고 돌아누워 하늘의 별을 봤다.
		3형식	She rolled her baby over to feed him. 그녀는 젖을 먹이려고 아기를 돌려 안았다.
	편한 이동	1형식	Crazy morning fog was rolling in over the town. 엄청난 아침 안개가 마을 쪽으로 천천히 밀려들어 오고 있었다.
		3형식	You can roll the bag into the room because it has wheels. 가방에 바퀴가 있어서 방 안으로 쉽게 옮길 수 있어요.
	좌우	1형식	The boat rolled heavily from side to side, so many suffered from seasickness. 보트가 심하게 흔들려서 많은 사람이 뱃멀미를 했다.
	밀기	3형식	Roll the dough until it becomes pressed into a thin sheet. 반죽을 종이처럼 얇아질 때까지 밀어 주세요.
	옷	3형식	He took off his jacket and rolled up his sleeves. 그는 재킷을 벗더니 소매를 걷어 올렸다.
	소리	1형식	When thunder rolls, lightning strikes. 천둥소리가 날 때 번개가 친다.

21
shake
춤을 출 때만?

가요 노랫말 중에는 'shake it' 같이 흥을 돋우는 후렴구가 군데군데 등장합니다. 보통 춤을 추거나 몸을 흔들라는 식이죠. 또한 밀크셰이크는 우유에 설탕이나 각종 향료를 넣고 흔들어 만드는 음료입니다. 두 예시에 쓰인 shake는 흔든다는 공통점이 있습니다. 그것도 적극적으로 강하게 흔들어야 하죠.

이처럼 shake의 키워드는 '적극적인 흔들기'입니다. 두 번째 예문처럼 목적어를 취해서 쓰기도 하고, 세 번째 예문처럼 5형식으로 만들 수도 있습니다.

> The windows shook badly when the explosion hit the city.
> 폭발이 도시를 강타했을 때 창문이 심하게 흔들렸다.

> I used to climb up the tree and shake its branches to catch persimmons.
> 나는 감을 따려고 이 나무에 기어올라 가지를 흔들곤 했다.

> My mom knelt down and shook me awake.
> 엄마는 무릎을 꿇고 앉아 나를 흔들어 깨웠다.

흔들어서 어떤 것을 제거할 때도 shake를 씁니다. 단순한 물질부터 눈에 보이지 않는 이미지나 생각을 떨쳐 버릴 때까지 다양하게 활용할 수 있어요.

She shook the snow off her coat.
그녀는 코트의 눈을 털어 냈다.

It seems to be difficult for her to shake off her "dumb blonde" image.
그녀는 자신의 어리석은 금발 이미지를 벗어나기 힘들어 보인다.

뭔가를 적극적으로 흔들면 헐거워져 기반이 약해지겠죠. 그래서 어떤 믿음이나 확신을 약화한다는 뜻도 있습니다. 두 번째 예문처럼 너무 세게 흔들려 충격을 받은 상태도 나타낼 수 있어요.

The announcement has shaken public confidence in the credit market.
이 발표로 채권 시장에 대한 일반 대중의 신뢰가 약화되었다.

The news has shaken the whole local community.
이 뉴스는 지역사회 전체를 흔들어 놓았다.

한편 shake는 우리 몸과 관련이 깊습니다. 악수할 때, 머리를 흔들어 슬픔, 거절, 의심 등의 감정을 표현할 때, 공포나 추위로 몸을 떨 때도 shake로 해결할 수 있죠.

Why did you refuse to shake hands with me?
당신은 왜 나와의 악수를 거절했나요?

He shook his head when I asked him to drink more.
내가 술을 더 마시자고 권하자 그는 머리를 흔들었다.

Her kids were shaking with fear.
그녀의 아이들이 두려움에 떨고 있었다.

shake에는 tremble, vibrate, quiver, rock 등 유의어가 많습니다. shake가 적극적인 흔들기라면 tremble은 '어쩔 수 없는 흔들림', 다시 말해 그만두고 싶어도 그럴 수 없는 흔들림을 뜻합니다. vibrate는 느낌으로만 알 수 있는 경미한 흔들림, quiver는 격해진 감정으로 인한 흔들림을 일컫습니다. 마지막으로 rock은 규칙적인 흔들림을 보통 나타냅니다.

Her voice always trembles when she makes a speech.
연설을 하면 그녀의 목소리는 항상 떨린다.

The hall vibrates as trains underneath the building pass through.
건물 밑으로 열차가 지나가면 홀은 흔들린다.

His defiance made his mother quiver with anger.
그의 반항으로 그의 어머니는 화가 나서 몸을 떨었다.

Jack picked up my baby and rocked him gently in his arms.
Jack은 내 아기를 안아 그의 품에서 부드럽게 흔들었다.

흔들다	흔듦	1형식	The windows shook badly when the explosion hit the city. 폭발이 도시를 강타했을 때 창문이 심하게 흔들렸다.
		3형식	I used to climb up the tree and shake its branches to catch persimmons. 나는 감을 따려고 이 나무에 기어올라 가지를 흔들곤 했다.
		5형식	My mom knelt down and shook me awake. 엄마는 무릎을 꿇고 앉아 나를 흔들어 깨웠다.
	제거	물건 3형식	She shook the snow off her coat. 그녀는 코트의 눈을 털어 냈다.
		상징 3형식	It seems to be difficult for her to shake off her "dumb blonde" image. 그녀는 자신의 어리석은 금발 이미지를 벗어나기 힘들어 보인다.
	약화	3형식	The announcement has shaken public confidence in the credit market. 이 발표로 채권 시장에 대한 일반 대중의 신뢰가 약화되었다.
	충격	3형식	The news has shaken the whole local community. 이 뉴스는 지역사회 전체를 흔들어 놓았다.
	몸	악수 3형식	Why did you refuse to shake hands with me? 당신은 왜 나와의 악수를 거절했나요?
		거절 3형식	He shook his head when I asked him to drink more. 내가 술을 더 마시자고 권하자 그는 머리를 흔들었다.
		공포 추위 3형식	Her kids were shaking with fear. 그녀의 아이들이 두려움에 떨고 있었다.

22

shoot
총알을 쏠 때

미국에서는 종종 총기 난사 사고가 일어나곤 합니다. 이때 신문에서는 총기 난사를 shooting spree라고 표현하는데요. shooting은 발사를, spree는 한바탕의 난리법석을 뜻합니다. 여기서 눈여겨볼 점은 발사가 fire가 아니라 shoot이라는 것입니다. shoot은 이러한 차이 외에도 챙겨 봐야 할 점이 꽤 많답니다.

우선 shoot은 총알, 화살, 미사일과 같은 무기를 쏜다는 의미를 가집니다. 무기를 쏘아 동물이나 사람을 다치게 하거나 죽인다, 총을 쏘아 무언가를 파괴한다는 의미까지 포함하죠. 총기 난사는 총으로 사람을 해하는 상황이기 때문에 shoot이 필요합니다. fire는 Who fired a gun into the air?(누가 공중으로 총을 쏘았죠?)처럼 단지 총을 쏜다는 의미만 있어서 총기 난사에는 맞지 않습니다.

You should not have shot—he was not armed.
당신은 총을 쏘지 말았어야 했어요. 그는 무장한 상태가 아니었어요.

You can shoot the lock off and enter the building.
총으로 자물쇠를 부수고 건물에 들어가면 됩니다.

발사된 화살이나 총알은 특정한 방향으로 급하고 빠르게 이동합니다. 여기서 착안하여 어떤 것이 어느 방향으로 빠르게 이동할 때도 shoot

을 사용할 수 있어요. 두 번째 예문에는 목적어를 취해서 표현했고, 세 번째 예문처럼 시선을 갑자기 던질 때도 쓰입니다.

He was so late for the meeting that he had to shoot out of the office.
그는 회의에 너무 늦어서 사무실을 급하게 나가야만 했다.

He shot his hand out of his pocket and grabbed the food.
그는 주머니에서 손을 재빨리 꺼내 음식을 가져갔다.

She shot me an unpleasant look.
그녀는 갑자기 기분 나쁜 시선을 나에게 보냈다.

여기서 더 나아가 스포츠 경기에서 공을 강하게 때려 보낼 때도 shoot 을 씁니다. 축구 경기에서 '슛! 골인!'은 한국어라고 해도 크게 어색하지 않을 만큼 익숙해진 표현이죠. 첫 번째 예문 또는 목적어를 취한 두 번째 예문처럼 표현할 수도 있습니다.

He shot and scored in the last minute of the game.
그는 경기 막판에 슈팅을 해서 득점했다.

You should have shot the ball instead of passing it.
패스하지 말고 슛을 날려야 했어요.

마지막으로 shoot은 이어지는 두 예문처럼 영화나 사진 등 영상물을 찍는다는 뜻도 있습니다. 사진을 찍을 때 흔히 쓰이는 동사 take보다 순간 포착의 느낌을 살릴 수 있죠. 참고로 광고 촬영은 advertisement shooting이라고 말합니다.

These scenes were shot in black and white.

이 장면들은 흑백으로 찍었다.

I shot a photo of the owls before they flew away.

그 부엉이들이 날아가기 전에 사진을 찍었다.

미국식 영작문을 위한 핵심 요약

쏘다	사람 동물	1형식	You should not have shot—he was not armed. 당신은 총을 쏘지 말았어야 했어요. 그는 무장한 상태가 아니었어요.
		3형식	He was in so much pain that he decided to shoot himself. 그는 고통이 너무 심해 자살하기로 결심했다.
	파괴	3형식	You can shoot the lock off and enter the building. 총으로 자물쇠를 부수고 건물에 들어가면 됩니다.
	이동	1형식	He was so late for the meeting that he had to shoot out of the office. 그는 회의에 너무 늦어서 사무실을 급하게 나가야만 했다.
		3형식	He shot his hand out of his pocket and grabbed the food. 그는 주머니에서 손을 재빨리 꺼내 음식을 가져갔다.
		4형식	She shot me an unpleasant look. 그녀는 갑자기 기분 나쁜 시선을 나에게 보냈다.
	영화	3형식	These scenes were shot in black and white. 이 장면들은 흑백으로 찍었다.
	사진	3형식	I shot a photo of the owls before they flew away. 그 부엉이들이 날아가기 전에 사진을 찍었다.
	공	1형식	He shot and scored in the last minute of the game. 그는 경기 막판에 슈팅을 해서 득점했다.
		3형식	You should have shot the ball instead of passing it. 패스하지 말고 슛을 날려야 했어요.

23
snap
순간적인 소리

한국에서 스냅사진(snapshot)으로 알려진 snap은 '순간적인 소리'로 기억하는 것이 좋습니다. 일상을 '찰칵'하고 순간 포착하는 사진을 스냅사진으로 부르듯, '순간적'과 '소리'가 연결될 때 snap이 자주 등장합니다. 다음 예문처럼 순간적인 부서짐과 '탁'하는 소리가 합쳐질 때도 snap으로 표현합니다.

I put so much pressure on the rope that it suddenly snapped.
내가 로프에 너무 강한 힘을 줘서 탁하고 끊어졌다.

격식을 갖춰 재빠르게 차렷 자세를 취할 때도 snap을 씁니다. 차렷 자세를 하면 소리가 나기 때문이죠. 바람에 문이 닫힐 때나 책을 세게 덮을 때도 소리가 나기 때문에 snap이 필요합니다.

The soldiers snapped to attention and saluted the commander.
군인들은 차렷 자세를 취하고 사령관에게 경례했다.

The door snapped shut with a sudden gust of wind.
바람이 갑자기 불더니 문이 획하고 닫혔다.

He snapped the book shut and left in the middle of class.
그는 책을 덮고 수업 중에 나가 버렸다.

snap을 활용한 재미있는 문장도 많습니다. 첫 번째 예문처럼 티켓이 빠른 속도로 '획획' 소리를 내며 팔려 나가는 것을 표현하기도 하고, 무언가를 '덥석' 물 때도 어김없이 snap이 등장합니다.

The tickets were snapped up within one hour of going on sale.
티켓이 판매 한 시간 만에 모두 팔렸다.

He panicked as the dog snapped at his heels.
개가 그의 발뒤꿈치를 물자 그는 겁에 질렸다.

동사 snap에는 순간적으로 사진을 찍는다는 뜻도 있습니다. 두 번째 예문처럼 목적어를 취해서 표현할 수도 있어요.

She was snapping away during the whole trip.
여행 내내 그녀는 사진을 찍고 돌아다녔다.

Snapping photos of confidential documents will get you in trouble.
기밀문서를 사진으로 찍으면 당신은 위험에 처할 것이다.

snap으로 순간적으로 튀어나오는 말이나 감정을 표현하기도 합니다. 첫 번째 예문을 보면 순간적으로 튀어나오는 날카로운 목소리가 연상되는데요. 날카로운 감정도 두 번째 예문처럼 말할 수 있습니다.

I don't know why he snapped back at me.
그가 왜 내게 화난 목소리로 답하는지 모르겠다.

When mom asked me to quit school and help do housework, I snapped.
엄마가 나에게 학교를 그만두고 집안일을 도우라고 했을 때 나는 정말 화가 났다.

미국식 영작문을 위한 핵심 요약

순간적인 소리	**부러짐**	1형식	I put so much pressure on the rope that it suddenly snapped. 내가 로프에 너무 강한 힘을 줘서 탁하고 끊어졌다.
		3형식	Can you snap the apple in two? 이 사과를 두 쪽으로 쪼갤 수 있나요?
	움직임	1형식	The soldiers snapped to attention and saluted the commander. 군인들은 차렷 자세를 취하고 사령관에게 경례했다.
		2형식	The door snapped shut with a sudden gust of wind. 바람이 갑자기 불더니 문이 획하고 닫혔다.
		3형식	The tickets were snapped up within one hour of going on sale. 티켓이 판매 한 시간 만에 모두 팔렸다.
		5형식	He snapped the book shut and left in the middle of class. 그는 책을 덮고 수업 중에 나가 버렸다.
	물기	1형식	He panicked as the dog snapped at his heels. 개가 그의 발뒤꿈치를 물자 그는 겁에 질렸다.
	촬영	1형식	She was snapping away during the whole trip. 여행 내내 그녀는 사진을 찍고 돌아다녔다.
		3형식	Snapping photos of confidential documents will get you in trouble. 기밀문서를 사진으로 찍으면 당신은 위험에 처할 것이다.
	화남	감정 3형식	When mom asked me to quit school and help do housework, I snapped. 엄마가 나에게 학교를 그만두고 집안일을 도우라고 했을 때 나는 정말 화가 났다.

미국식 영작문을 위한 핵심 요약

		말투	4형식	I don't know why he snapped back at me. 그가 왜 내게 화난 목소리로 답하는지 모르겠다.
			3형식	"I can't stand your nagging anymore!" he snapped. "당신 잔소리 더 이상 못 참겠어!"라며 그가 화를 냈다.

24

squeeze
짜서 홀쭉하게!

squeeze를 보면 최근 읽었던 기사의 제목이 생각납니다. Seoul gets squeezed between the U.S. and China라는 제목의 어느 유명 외신 기사로 기억하는데요. 안보적 혜택과 경제적 이익 사이에서 한국이 중국과 미국 사이에 껴 있다는 것이죠. 많은 사람이 squeeze를 젖은 옷이나 치약을 짠다는 뜻으로 알고 있을 텐데요. squeeze로 이 같은 문장은 어떻게 가능한 걸까요?

squeeze의 기본 뜻은 '짜다'입니다. 손으로 짜서 어떤 대상의 형체를 바꾸거나 줄일 때, 또는 뭔가를 강하게 붙잡아서 짜는 것에 빗댈 때 사용합니다.

He took hold of a toothpaste tube and squeezed.
그는 치약을 집어 들어서 짰다.

My mother squeezed my hand and wished me good luck.
엄마는 내 손을 꼭 잡으며 행운을 빌었다.

'짜다'는 뜻의 squeeze는 보통 액체를 빼낼 때 많이 등장합니다. 다음의 두 번째 예문처럼 dry를 목적격 보어 자리에 넣어 5형식을 만들기도 합니다.

He squeezed the juice out of the half-cut lemon
and sprinkled it on the steak.
그는 반으로 자른 레몬의 즙을 짜내 스테이크 위에 뿌렸다.

He took off his wet shirt and squeezed it dry.
그는 젖은 셔츠를 벗어 물기를 완전히 짜냈다.

squeeze는 비유적으로도 많이 쓰이는데요. 첫 번째 예문처럼 짜듯이 누군가를 세게 안을 때 쓰기도 하지만, 독특하게도 두 번째 예문처럼 '갈취'의 뉘앙스로 사용하곤 합니다. 다시 말해 누군가에게서 금품이나 이익을 짜낸다는 것이죠. 여기서 더 나아가 돈줄을 쥔다는 구체적인 문맥도 만들어 냅니다.

He squeezed me so tight that I couldn't breathe.
그가 너무나 세게 안아서 나는 숨을 쉴 수 없었다.

He is notorious for squeezing tenants mercilessly.
그는 세입자들을 무자비하게 갈취하는 것으로 악명이 높다.

Heavy taxation has squeezed the industry hard.
과도한 세금 징수로 업계가 재정적으로 큰 어려움을 겪고 있다.

짜내서 부피가 줄어든 좁은 공간에 뭔가를 집어넣는다면 어떨까요? 그러면 불편하고 답답해질 겁니다. 이처럼 squeeze로 '껴 있다'는 뉘앙스를 표현할 수 있습니다. 앞서 말한 기사 제목은 이런 뉘앙스를 살려 squeeze를 사용했습니다. 비슷한 맥락에서 비좁은 공간을 간신히 지나가거나, 좁은 공간에 뭔가를 어렵게 집어넣는 것도 squeeze로 표현할 수 있습니다.

She squeezed into a tight dress.

꽉 끼는 드레스에 몸을 쑤셔 넣었다.

He is squeezing through the crowd.

그는 관중 사이를 간신히 뚫고 지나가고 있다.

We managed to squeeze several bulky bags into the trunk.

우리는 부피가 큰 가방 여러 개를 트렁크에 간신히 집어넣었다.

짜다	형체	1형식	He took hold of a toothpaste tube and squeezed. 그는 치약을 집어 들어서 짰다.
		3형식	My mother squeezed my hand and wished me good luck. 엄마는 내 손을 꼭 잡으며 행운을 빌었다.
	액체	1형식	He squeezed the juice out of the half-cut lemon and sprinkled it on the steak. 그는 반으로 자른 레몬의 즙을 짜내 스테이크 위에 뿌렸다.
		5형식	He took off his wet shirt and squeezed it dry. 그는 젖은 셔츠를 벗어 물기를 완전히 짜냈다.
	갈취	3형식	He is notorious for squeezing tenants mercilessly. 그는 세입자들을 무자비하게 갈취하는 것으로 악명이 높다.
	재정	3형식	Heavy taxation has squeezed the industry hard. 과도한 세금 징수로 업계가 재정적으로 큰 어려움을 겪고 있다.
	포옹	3형식	He squeezed me so tight that I couldn't breathe. 그가 너무나 세게 안아서 나는 숨을 쉴 수 없었다.
	좁은 공간	1형식	She squeezed into a tiny space but ended up in trouble. 그녀는 좁은 공간으로 어렵게 들어갔지만 끝내 난관에 봉착했다.
		3형식	We managed to squeeze several bulky bags into the trunk. 우리는 부피가 큰 가방 여러 개를 트렁크에 간신히 집어넣었다.

25
stretch
최대한 길게 늘리다

스트레칭(stretching)은 근육을 이완하여 몸을 부드럽게 해주는 맨손 체조입니다. 스트레칭을 할 때 우리는 관절 운동을 위해 최대한 몸을 길게 뻗습니다. 이렇듯 stretch에는 '한계점까지 최대한 길게 늘린다'는 뉘앙스가 있다는 걸 꼭 기억해야 합니다. 단순히 몸을 잡아당겨 뻗을 때만 쓰는 단어가 아닌 것이죠.

우선 옷이나 신발 같은 물건을 늘어트릴 때 stretch를 사용합니다. 스트레칭 외에 어떤 목적으로 몸의 일부를 최대한 뻗을 때도 쓸 수 있습니다.

This sweater stretches easily.
이 스웨터는 쉽게 늘어납니다.

Is there any way of stopping him from stretching his sleeves?
그가 소매를 잡아당겨 늘리는 것을 막을 방법이 있나요?

He stretched out his hand and picked up the phone.
그는 손을 뻗어 전화기를 집었다.

'최대한'의 뜻을 살려 이어지는 예문과 같은 표현도 가능합니다. 특정 자원을 최대한 이용할 때(첫 번째 예문), 자기의 기술이나 능력을 한계

점까지 총동원할 때(두 번째 예문)입니다.

Our budget has already been stretched to the breaking point.
우리 예산은 이미 한도 지점까지 오고 말았습니다.

A job that stretches you helps you find your potential.
능력을 최대한 발휘할 수 있는 직장에서 당신의 잠재력을 발견한다.

흥미롭게도 어떤 것이 장소에 넓게 펼쳐져 있다는 의미까지 stretch가 담당합니다. 두 번째 예문처럼 시간이 길게 이어진다는 의미를 담아 stretch를 사용할 수 있습니다.

A vast desert stretched out to the horizon.
드넓은 사막이 수평선까지 넓게 뻗어 있었다.

This course stretches over a period of 12 months.
이 코스는 12개월에 걸쳐 계속됩니다.

무언가 뻗는다고 할 때 종종 등장하는 단어로는 spread와 extend가 있습니다. 앞서 살펴본 대로 stretch가 잡아당겨 길게 만든다는 뜻이라면, spread는 다른 장소로 뻗어 나간다는 의미만 있고 의도적으로 잡아당긴다는 뜻은 없습니다. extend는 더 넓은 지역까지 놓여 있다는 뉘앙스가 있습니다.

Within an hour, the fire spread to encompass the whole park.
한 시간 만에 불은 공원 전체를 에워싸며 뻗어 갔다.

The river extends beyond the boundary between the two villages.

강은 두 마을의 경계선 너머까지 뻗어 있다.

미국식 영작문을 위한 핵심 요약

늘리다	물건	1형식	This sweater stretches easily. 이 스웨터는 쉽게 늘어납니다.
		3형식	Is there any way of stopping him from stretching his sleeves? 그가 소매를 잡아당겨 늘리는 것을 막을 방법이 있나요?
	사지	1형식	It is a good idea to stretch every morning. 아침마다 스트레칭을 하는 것은 좋은 생각입니다.
		3형식	He stretched out his hand and picked up the phone. 그는 손을 뻗어 전화기를 집었다.
	자원	3형식	Our budget has already been stretched to the breaking point. 우리 예산은 이미 한도 지점까지 오고 말았습니다.
	능력	3형식	A job that stretches you helps you find your potential. 능력을 최대한 발휘할 수 있는 직장에서 당신의 잠재력을 발견한다.
	장소	1형식	A vast desert stretched out to the horizon. 드넓은 사막이 수평선까지 넓게 뻗어 있었다.
	시간	1형식	This course stretches over a period of 12 months. 이 코스는 12개월에 걸쳐 계속됩니다.

swallow
꿀꺽 삼키다

swallow는 개구리가 파리를 꿀꺽 삼키는 장면을 연상케 합니다. 기본 뜻은 목 근육을 이용해 입속에 있는 음식물을 위까지 보낸다는 것입니다.

> A sore throat makes it difficult for you to swallow.
> 목이 아프면 삼키기가 힘들다.

> Did you see her put a big burger into her mouth and swallow it?
> 그녀가 커다란 햄버거를 입에 집어넣어 삼키는 거 봤어요?

우리는 음식물을 목구멍에 넘길 때뿐만 아니라 긴장되거나 불편한 사실을 말해야 할 때도 마른침을 삼킵니다. 이렇게 긴장된 상황에서 마음먹고 무언가를 말할 때도 swallow를 씁니다.

> His secretary swallowed hard and said, "Your mother is very sick."
> 그의 비서는 침을 삼키더니 "어머니가 매우 편찮으십니다"라고 말했다.

이외에도 음식을 꿀꺽 삼키는 모습을 상징적으로 해석하여 사용되는 문맥이 몇 가지 있습니다. 우선 첫 번째 예문처럼 어떤 대상이 더 작은 대상을 완전히 덮거나 가려서 별도로 존재하지 못하게 만든다는 뜻을 지닙니다. 두 번째 예문처럼 누군가의 돈이나 가치 있는 물건을 꿀꺽 삼킬 때도 swallow를 씁니다. 한국어와 꽤 유사하다는 점이 재미있네요.

The countryside of this region has been swallowed up by new towns.
이곳의 전원 지역이 새로운 도시가 들어서면서 사라져 버렸다.

Most of my pay is swallowed by the rent here.
이곳 집세로 내 월급의 대부분이 날아간다.

swallow는 '어떤 사실을 질문이나 의심 없이 있는 그대로 받아들이다'는 뜻도 있습니다. 내용물을 자세히 살펴보지 않고 꿀꺽 삼켜 소화시킨다는 것에서 확장된 표현으로 볼 수 있겠네요.

He swallowed the pack of lies they were telling.
그들이 말하는 장황한 거짓말을 그는 그대로 받아들였다.

이 같은 맥락에서 타인의 비판이나 모욕을 불평이나 저항 없이 참아낸다는 뜻으로도 swallow를 쓸 수 있습니다. 또한 원치 않음에도 일의 진행을 위해 자기 감정을 꿀꺽 삼켜 숨긴다는 뜻도 있죠.

We had to sit before him and swallow all his offensive remarks.
우리는 그의 앞에 앉아 그의 모욕적인 발언을 모두 참아 내야 했다.

If I were you, I would swallow my pride and ask him to help again.
내가 만약 너라면 자존심은 버리고 그에게 도와 달라고 요청할 거야.

미국식 영작문을 위한 핵심 요약

삼키다	**섭취**	1형식	A sore throat makes it difficult for you to swallow. 목이 아프면 삼키기가 힘들다.
		3형식	Did you see her put a big burger into her mouth and swallow it? 그녀가 커다란 햄버거를 입에 집어넣어 삼키는 거 봤어요?
	긴장	3형식	His secretary swallowed hard and said, "Your mother is very sick." 그의 비서는 침을 삼키더니 "어머니가 매우 편찮으십니다"라고 말했다.
	잠식	3형식	The countryside of this region has been swallowed up by new towns. 이곳의 전원 지역이 새로운 도시가 들어서면서 사라져 버렸다.
	탈취	3형식	Most of my pay is swallowed by the rent here. 이곳 집세로 내 월급의 대부분이 날아간다.
	수용	3형식	He swallowed the pack of lies they were telling. 그들이 말하는 장황한 거짓말을 그는 그대로 받아들였다.
	참기	3형식	We had to sit before him and swallow all his offensive remarks. 우리는 그의 앞에 앉아 그의 모욕적인 발언을 모두 참아 내야 했다.
	감춤	3형식	If I were you, I would swallow my pride and ask him to help again. 내가 만약 너라면 자존심은 버리고 그에게 도와 달라고 요청할 거야.

27
sweep
무엇을 어떻게 쓸어 낼까?

sweep은 '빗자루로 무언가를 쓴다'는 뜻이 있습니다. 보통은 주변을 깨끗하게 하려고 빗질을 하지만, 어떤 이유냐에 따라 빗질의 강도가 갈라집니다. 쌓인 눈을 갓길로 쓸어 낼 때는 휙휙 소리가 날 정도로 빗질이 세고, 먼지를 훔칠 때는 먼지가 공중에 날아가지 않도록 조심스럽게 쓸어 내죠. 이렇듯 sweep은 무엇을 어떻게 쓸어 내냐에 따라 다양한 문맥을 가집니다. 또한 빗질하는 모습과 유사한 효과를 갖는 문맥에서도 얼마든지 사용할 수 있죠.

우선 sweep의 기본 뜻은 '깨끗하게 만들기 위해' 빗질한다는 것입니다. 두 번째 예문처럼 목적격 보어를 취해서 표현하기도 합니다.

> My dad was sweeping the leaves into a pile when I arrived.
> 내가 도착했을 때 아버지는 낙엽을 쓸어 모으고 계셨다.

> The room was first emptied and then immediately swept clean.
> 방을 우선 비우고 나서 바로 깨끗하게 빗자루로 쓸었다.

이런 기본 뜻에서 발전하여 상징적인 문맥에서는 '강력하게 쓸어 넘기는' 뉘앙스를 내포할 때가 많습니다. 첫 번째 예문처럼 강력하게 쓸어서 제거해 버린다는 뜻으로 쓰이기도 하고, 두 번째 예문처럼 엄청난 힘으로 빗질하듯 어떤 것이 이동한다는 뜻으로 쓰입니다. 세 번째 예문에는 목적어를 취해서 두 번째 예문과 비슷한 뜻을 표현했습니다.

Our car was swept away by a huge tidal wave.
큰 해일에 우리 자동차가 휩쓸려 갔다.

The fire swept through the area with a strong wind.
강한 바람에 화재가 이 지역을 휩쓸었다.

Heavy rain regularly sweeps the southern part of this country.
이 나라의 남부 지역에 집중 호우가 주기적으로 덮친다.

어떤 것이 빠른 속도로 전파되거나 유행할 때도 sweep을 써서 다음과 같이 활용할 수 있어요.

Rumors of his adultery were sweeping through this town.
그의 불륜 소문이 이 동네에 쫙 퍼지고 있었다.

Avant-garde fashion styles swept America in the 1970s.
1970년대 아방가르드 패션 스타일이 미국 대륙을 휩쓸었다.

sweep로 '상대방을 빗자루로 강하게 쓸어 내듯 기진맥진하게 만든다'는 재미있는 표현도 가능합니다. 예를 들어 피로가 갑자기 나를 덥치거나 경기에서 상대팀에게 확실한 패배를 안겨 주었을 때도 sweep을 활용할 수 있죠.

A wave of tiredness swept over me when I arrived at the hotel.
호텔에 도착했을 때 피로가 갑자기 빠르게 밀려왔다

His team swept the series over the previous year's champion.
그의 팀은 지난해 우승 팀과의 경기에서 압승했다.

마지막으로 부드럽게 쓸어 내려가는 뉘앙스도 있습니다. 첫 번째 예문을 보면 강이 지면을 부드럽게 쓸고 내려가는 모습이 떠오르지 않나요? 또한 두 번째 예문처럼 빗자루로 훑듯이 뭔가를 주의 깊게 살펴본다는 뜻도 나타낼 수 있습니다.

Can you see the river sweeping down to the sea?
강의 물길이 구불구불 돌아 바다로 들어가는 것이 보이나요?

His gaze swept rapidly around the car.
그는 차 주변을 재빠르게 훑어보았다.

미국식 영작문을 위한 핵심 요약

쓸다	깨끗하게		3형식	My dad was sweeping the leaves into a pile when I arrived. 내가 도착했을 때 아버지는 낙엽을 쓸어 모으고 계셨다.
			5형식	The room was first emptied and then immediately swept clean. 방을 우선 비우고 나서 바로 깨끗하게 빗자루로 쓸었다.
	강력하게	제거	3형식	Our car was swept away by a huge tidal wave. 큰 해일에 우리 자동차가 휩쓸려 갔다.
		이동	1형식	The fire swept through the area with a strong wind. 강한 바람에 화재가 이 지역을 휩쓸었다.
			3형식	Heavy rain regularly sweeps the southern part of this country. 이 나라의 남부 지역에 집중 호우가 주기적으로 덮친다.
		전파	1형식	Rumors of his adultery were sweeping through this town. 그의 불륜 소문이 이 동네에 쫙 퍼지고 있었다.
			3형식	Avant-garde fashion styles swept America in the 1970s. 1970년대 아방가르드 패션 스타일이 미국 대륙을 휩쓸었다.
		영향	1형식	A wave of tiredness swept over me when I arrived at the hotel. 호텔에 도착했을 때 피로가 갑자기 빠르게 밀려왔다.
		우승	3형식	His team swept the series over the previous year's champion. 그의 팀은 지난해 우승 팀과의 경기에서 압승했다.
	부드럽게	지형	1형식	Can you see the river sweeping down to the sea? 강의 물길이 구불구불 돌아 바다로 들어가는 것이 보이나요?

미국식 영작문을 위한 핵심 요약

			1형식	His gaze swept rapidly around the car. 그는 차 주변을 재빠르게 훑어보았다.
		살핌	3형식	They swept the sky with searchlights. 그들은 서치라이트를 이용해 하늘을 샅샅이 살펴보았다.

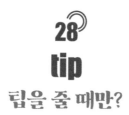

tip
팁을 줄 때만?

팁을 주는 것은 한국인에게 꽤 낯선 문화이죠. 외국에 머무를 때면 식사를 하고 나서 현지인에게 테이블에 팁을 얼마나 두어야 하는지 물어보곤 했던 것 같습니다. 또한 어떤 일을 성공적으로 잘 해낼 수 있도록 알려 주는 유용한 정보를 팁이라고 합니다. tip이 우리에게 주로 이렇게 알려져 있다 보니, 이 단어가 나타낼 수 있는 다른 표현들을 놓칠 때가 많습니다.

물론 tip은 '팁을 준다'는 뜻이 있습니다. 두 번째 예문처럼 목적어를 취하기도 하고, 세 번째 예문처럼 4형식 문장으로도 구성할 수 있습니다.

Waiters always welcome visitors who tip heavily.
웨이터들은 팁을 많이 주는 방문객은 언제든지 환영한다.

The porter was so rude that we didn't tip him.
짐꾼이 무례해서 우리는 그에게 팁을 주지 않았다.

He tipped the taxi driver a dollar.
그는 택시 기사에게 1달러의 팁을 줬다.

tip은 얇고 긴 물체의 뾰족한 끝부분을 뜻하기도 합니다. 그래서 펜의 끝부분은 the tip of the pen으로 표현하죠. 둥근 물체의 테두리는 rim

을 써서 the rim of the cup과 같이 표현하고, 각이 있는 물체는 edge
를 써서 the edge of the table처럼 표현합니다. 그래서 긴 물체의 끝
에 무언가를 바르거나 부착할 때 tip을 쓸 수 있어요. 다음 예문에도 긴
물체인 창의 뾰족한 끝에 독을 발라 놓았으니 tip을 활용했습니다.

A spear that was tipped with poison was used to hunt animals.
끝에 독이 있는 창들은 동물 사냥에 쓰였다.

이런 맥락과 결을 같이하여 끝을 위로 올리거나 아래로 낮춰 기울일 때
도 tip을 쓸 수 있습니다. 여기서 발전해 두 번째 예문처럼 내용물을 기
울여 밖으로 쏟아부을 때도 활용할 수 있어요.

We had to tip the bed up to get it through the window.
창문을 통해 넣으려면 침대를 위로 기울여야 했다.

He asked me to tip the contents of my bag out onto the table.
그는 나에게 가방 속 내용물을 테이블 위에 부으라고 했다.

무언가를 기울인다고 할 때 활용할 수 있는 단어는 tip 외에도 slant,
slope, tilt 등을 들 수 있습니다. slant와 slope는 모두 경사면을 뜻하는
명사이지만, slant는 주로 수직을 기준으로 기울어진 경우, slope는 수
평을 기준으로 기울어진 경우를 말합니다. 이런 까닭에 slant는 수직의
기준선을 벗어나 특정 입장으로 기울어졌다는 의미로도 쓰일 수 있죠.
반면 slope는 물리적으로 수평선에서 기울어져 있을 때 쓰입니다. tilt
는 주로 의자나 고개를 기울이듯 일상에서 폭넓게 사용됩니다.

His point of view is heavily slanted in favor of the ruling party.
그의 입장은 여당 쪽에 지나치게 치우쳐 있다.

The roof slopes down.

지붕이 아래로 기울어져 있다.

He was humming with his chair tilted backward.

그는 의자를 젖힌 채 콧노래를 부르고 있었다.

미국식 영작문을 위한 핵심 요약

팁		1형식	Waiters always welcome visitors who tip heavily. 웨이터들은 팁을 많이 주는 방문객은 언제든지 환영한다.
		3형식	The porter was so rude that we didn't tip him. 짐꾼이 무례해서 우리는 그에게 팁을 주지 않았다.
		4형식	He tipped the taxi driver a dollar. 그는 택시 기사에게 1달러의 팁을 줬다.
뾰족한 끝		3형식	A spear that was tipped with poison was used to hunt animals. 끝에 독이 있는 창들은 동물 사냥에 쓰였다.
기울다	기울어짐	3형식	She screamed as the boat tipped to one side. 배가 한쪽으로 기울자 그녀는 비명을 질렀다.
		1형식	We had to tip the bed up to get it through the window. 창문을 통해 넣으려면 침대를 위로 기울여야 했다.
	붓다	3형식	He asked me to tip the contents of my bag out onto the table. 그는 나에게 가방 속 내용물을 테이블 위에 부으라고 했다.

29
thread
요리조리 빠져나가다

thread는 실을 뜻합니다. 바늘에 실을 꿰는 것은 나이가 들수록 만만치 않죠. 이런 일상적인 단어를 의학 관련 자료에서 목격한 적이 있습니다. 금속선을 동맥에 삽입해서 심장으로 보낸다고 할 때 thread를 동사로 활용하던 것인데요. 어떤 이유인지 차차 살펴보도록 하죠.

우선 thread는 '실로 어떤 물질을 꿰다'는 뜻이 있습니다. 주로 바늘에 실을 꿸 때를 의미하지만, 바늘 말고도 구슬 같은 물건을 꿸 때도 thread로 표현할 수 있어요.

My grandmother showed me how to thread a needle and tie a knot.
할머니는 실을 바늘에 꿰고 매듭 맺는 방법을 보여 주셨다.

Threading beads has numerous benefits for a child's development.
실에 구슬을 꿰는 활동은 아동 발달에 많은 이점을 가지고 있다.

이러한 뜻에서 확장해 실에 구슬을 꿰듯 좁은 틈을 비집고 들어가 연결한다는 뉘앙스가 생겨났습니다. 그래서 의학 관련 자료에 등장한 다음 예문에서 thread가 좁은 동맥 안으로 금속선이 요리조리 비집고 들어가 심장까지 이어진다는 뉘앙스를 전할 수 있었던 것이죠. 이처럼 thread로 좁은 통로에 무언가를 집어넣어 통과시킨다는 의미까지 가능합니다. 이 정도면 공부할 필요가 있는 단어겠죠?

Tiny wire was threaded through his arteries until it reached his heart.
작은 금속선이 그의 동맥을 통해 삽입되어 심장까지 갔다.

여기서 더 나아가 복잡한 장소에서 사람이나 물건을 요리조리 피해 이동한다는 의미도 갖게 되었죠. 두 번째 예문처럼 목적어를 취해서 표현할 수도 있습니다.

The restaurant was so crowded that we had to thread between tables.
식당이 너무 혼잡해서 우리는 테이블 사이를 요리조리 피해 갔다.

It is such a hassle threading my way through a busy marketplace.
분주한 시장을 비집고 지나가는 것은 번거로운 일이다.

thread은 명사로서 유사한 주제를 묶어 낸다는 '가닥'의 뜻도 있습니다. 그래서 동사로 쓰일 때 두 번째 예문처럼 유사한 주제를 묶어 정리한다는 뜻으로 활용되기도 하죠.

The conflict between the two main characters is
one of the main threads of the plot.
두 주인공 사이의 불화는 이 이야기의 주요 줄기 중에 하나다.

They have developed a new system for threading messages.
그들은 메시지를 주제에 맞게 정리하는 새로운 방식을 개발했다.

미국식 영작문을 위한 핵심 요약

꿰다	**구멍**	3형식	My grandmother showed me how to thread a needle and tie a knot. 할머니는 실을 바늘에 꿰고 매듭 맺는 방법을 보여 주셨다.
	좁은 공간	3형식	Tiny wire was threaded through his arteries until it reached his heart. 작은 금속선이 그의 동맥을 통해 삽입되어 심장까지 갔다.
	이동	1형식	The restaurant was so crowded that we had to thread between tables. 식당이 너무 혼잡해서 우리는 테이블 사이를 요리조리 피해 갔다.
		3형식	It is such a hassle threading my way through a busy marketplace. 분주한 시장을 비집고 지나가는 것은 번거로운 일이다.
	엮기	3형식	We threaded the cubes of beef and sliced mushrooms onto skewers. 우리는 소고기 조각과 얇게 썬 버섯을 꼬챙이에 꽂아 엮었다.
	정리	3형식	They have developed a new system for threading messages. 그들은 메시지를 주제에 맞게 정리하는 새로운 방식을 개발했다.

30
wind
바람과 곡선의 단어

wind는 명사로 바람을 뜻하죠. 바람이 일고 있다(Wind is rising), 바람이 세게 불었다(Wind blew hard) 같이 평상시에 자주 쓰이는 단어입니다. 동사로 활용할 때도 바람과 관련된 뜻을 가집니다. 복부를 가격해서 순간적으로 숨을 쉬지 못하게 할 때(첫 번째 예문), 바람을 넣어 아이가 트림하게 만들 때(두 번째 예문)처럼 말이죠.

> The blow to his stomach winded him temporarily.
> 복부의 타격으로 인해 그는 잠시 숨을 쉴 수가 없었다.

> He sat his baby on his lap to wind her.
> 그는 아기가 트림할 수 있게 자신의 무릎 위에 앉혔다.

동사 wind는 바람과 전혀 관련 없는 뜻으로 훨씬 더 쓰이는 편입니다. 키워드는 '곡선'입니다. 우선 '둥글게 감는다'는 뜻이 있습니다.

> It was so cold that I had to wind a scarf around my neck.
> 너무 추워서 목에 스카프를 돌돌 감아야만 했다.

비슷한 뜻을 가진 wrap은 보호를 위해 감거나 싼다는 목적을 지니지만, wind는 '반복해서 감는다'는 뉘앙스를 띱니다. loop는 곡선이나 고리를 만들며 감는다는 뜻이 있고, coil은 뱀이 똬리를 틀 듯 여러 겹 둥글게 감아 놓는다는 의미입니다.

The cable was looped over the device.
그 장치에 케이블이 감겨 있었다.

He panicked when he saw a snake coiling up in his backyard.
그는 뒷마당에서 똬리를 틀고 있는 뱀을 보고 겁에 질렸다.

다음으로 회전의 뜻이 있습니다. 반복해서 둥글게 감아 회전시키는 맥락에서 자주 등장하는데요. 예를 들어 시계태엽을 감거나, 자동차 창문을 돌려 내리거나, 영화나 음악의 테이프를 회전시켜 감는 등 특정 문맥에서 활용됩니다.

I prefer an old-fashioned watch because it is fun to wind it.
나는 시계태엽 감는 것이 재미있어서 옛날 시계를 선호한다.

She wound up the window as the rain was pounding.
비가 쏟아지자 그녀는 차 창문을 위로 올려 닫았다.

Wind backward to the part where they met for the first time.
그들이 처음 만났던 그 장면으로 뒤로 돌려 보세요.

길이나 물줄기가 구불구불하게 지나간다는 의미를 나타낼 때도 wind 를 쓸 수 있죠. 첫 번째 예문처럼 표현하기도 하고, 두 번째 예문처럼 목적어를 취하기도 합니다.

This stream winds down through an alpine meadow.
이 시냇물은 고산 초원을 뚫고 구불구불 내려간다.

The river wound its way down to the beach.

강은 구불구불 흘러 해변가로 이어졌다.

유의어인 twist는 곡선의 구부러진 간격이 더 복잡하고 자주 발생할 때
쓰이는 편입니다.

This place is famous for its narrow, twisting streets.

이곳은 좁고 꼬불꼬불한 길로 유명하다.

미국식 영작문을 위한 핵심 요약

바람	**호흡 곤란**	3형식	The blow to his stomach winded him temporarily. 복부의 타격으로 인해 그는 잠시 숨을 쉴 수가 없었다.
	트림	3형식	He sat his baby on his lap to wind her. 그는 아기가 트림할 수 있게 자신의 무릎 위에 앉혔다.
곡선	**감기**	3형식	It was so cold that I had to wind a scarf around my neck. 너무 추워서 목에 스카프를 돌돌 감아야만 했다.
	시계	3형식	I prefer an old-fashioned watch because it is fun to wind it. 나는 시계태엽 감는 것이 재미있어서 옛날 시계를 선호한다.
	회전	1형식	Wind backward to the part where they met for the first time. 그들이 처음 만났던 그 장면으로 뒤로 돌려 보세요.
		3형식	She wound up the window as the rain was pounding. 비가 쏟아지자 그녀는 차 창문을 위로 올려 닫았다.
	구부 러짐	1형식	This stream winds down through an alpine meadow. 이 시냇물은 고산 초원을 뚫고 구불구불 내려간다.
		3형식	The river wound its way down to the beach. 강은 구불구불 흘러 해변가로 이어졌다.

PART 2

고급 영문의
자연스러운 구사를 위한
유사 어휘 50

고급 영문을 구사하려면 유사 어휘라는 또 다른 산을 넘어야 합니다. 영작의 기본은 문맥에 맞는 정확한 어휘 선택입니다. 어휘의 의미는 문장 속에서 비로소 살아납니다. 예를 들어 특징을 영어로 옮길 때 뜻만 보면 nature, feature, quality, characteristic 등을 모두 쓸 수 있을 것 같지만 이 중 무엇이 가장 적절한지는 문맥이 결정합니다. 그래서 단어 뜻만 따로 외우면 문맥에 동떨어진 엉뚱한 말을 쓰기 쉽죠.

1 인식 perception, cognition, awareness, realization

Professional image is the **aggregate** of others' **perceptions** of an individual's **competence** and character in the workplace. Because of the implications for achieving social **approval**, power, and career success, employees invest considerable time and energy into constructing their professional images.[1]

전문가다운 이미지는 직장에서 한 개인의 능력과 특성에 대해 타인이 가지는 인식들의 모음이다. 사회적 인정, 권력, 커리어 성공을 얻는 데 미칠 파급 효과 때문에 직장인들은 자신의 전문가 이미지를 만들고자 상당한 시간과 에너지를 투자한다.

국어사전에 따르면 인식은 '분별하여 판단하고 알다'라는 뜻입니다. 다시 말해 어떤 사실을 알게 되는 거죠. 이 인용문에서는 인식의 의미로 perception을 선택했습니다. 그 이유는 바로 '알게 되는 방식'에 있습니다. 시각, 청각, 촉각, 미각, 후각과 같은 감각을 통해서 알게 됐을 때는 perception을 사용합니다.

Your perception of reality depends on where you are and who you are with.
현실에 대한 당신의 인식은 당신이 어디에 있고 누구와 함께 있는지에 달려 있다.

즉 이 인용문에서는 다른 직원들이 눈으로 보고, 귀로 듣고, 대화를 나누며 해당 대상을 알게 되었으니 perception이 알맞습니다. 반면 cognition은 정신 작용(mental process)을 통해 알게 될 때 쓰입니다.

This article concerns the theories of human cognition.
이 글은 인간의 정신 인지 이론에 대한 것이다.

awareness와 realization은 성격이 다소 다릅니다. awareness가 정보와 경험을 통해 특정 상황이나 활동을 충분히 이해하고 있음을 의미한다면, realization은 몰랐던 사실을 알게 되는 시작점을 강조하는 단어입니다.

> We are working to promote public awareness of
> the environmental problem.
> 우리는 대중의 환경 문제에 대한 인식을 높이기 위해 일하고 있다.

> The realization of what he had done came as a shock.
> 그가 무슨 짓을 했는지 알게 되자 충격으로 다가왔다.

한편 사전에서 알고 있음의 뜻으로 정의하는 의외의 두 단어가 있습니다. recognition과 discernment죠. recognition은 이전에 알던 것을 '다시 알아차림'을 의미하고, discernment는 대상을 현명하게 잘 알아보는 것을 의미합니다.

> He left the room without a sign of recognition.
> 그는 아는 척도 하지 않고 방을 나갔다.

> He is a man of discernment.
> 그는 훌륭한 식견을 가진 사람입니다.

또한 이 인용문에서는 '모음'을 뜻하는 aggregate가 등장합니다. 모음이라면 흔히 collection을 떠올리는데요. collection은 유사한 종류를 모아 놓았다는 뜻이라 인용문의 맥락과는 맞지 않습니다.

인용문을 다시 한번 읽어 볼까요? 여기서는 직원들이 인식한 부분을 모아 한 개인의 전체 이미지가 형성된 것이니, 이런저런 부분을 모아 하나의 완성체를 만든다는 개념인 aggregate가 필요합니다.

The tribe is an aggregate of small independent clans.
이 부족은 독립된 작은 씨족들을 모은 것이다.

여기서는 능력을 표현할 때 competence를 썼지만, 이밖에 ability, command라는 유의어가 있습니다. 먼저 competence는 '일을 잘하는 능력'을 말합니다. 한국인에게 익숙한 ability는 특정 기술 능력을 가지고 있을 때 사용합니다. 반면 command는 경험과 지식을 통해 통제하는 능력을 뜻하며 주로 언어 구사력이 좋을 때 쓰입니다.

No one doubts his competence as a doctor.
의사로서 그의 능력을 의심하는 사람은 없다.

He has an excellent ability to teach students.
그는 학생을 잘 가르치는 탁월한 능력을 가지고 있다.

He has a good command of English.
그는 영어 실력이 매우 우수하다.

이 인용문에서 인상적인 부분을 꼽자면 '사회적인 인정'을 social approval로 표현한 것입니다. approval은 '승인'이라는 딱딱한 뜻으로 알려져 있지만, 간혹 Yes! It is quite good!(그래! 이 정도면 좋아!)처

럼 '그래, 잘하고 있어'의 느낌을 살려 쓰이기도 합니다. 이때 approval
은 다음 예문처럼 사회적으로 인정받는 것을 의미합니다.

He always needs the approval of his mother for fear of losing her love.
그는 어머니의 사랑을 잃을지도 모른다는 두려움에
어머니의 인정을 항상 필요로 한다.

사회적 인정으로 social recognition은 가능하냐는 질문을 받곤 하는
데요. recognition은 잘한 일에 대한 감사의 뉘앙스가 강해서 다소 과
할 수 있겠네요.

The company gave her a gold watch in recognition of her hard work.
회사는 그녀의 노고에 감사하며 금시계를 선사했다.

1 현실에 대한 당신의 인식은 당신이 어디에 있고 누구와 함께 있는지에 달려 있다.

Your **(perception / cognition / awareness / realization)** of reality depends on where you are and who you are with.

2 그가 무슨 짓을 했는지 알게 되자 충격으로 다가왔다.

The **(perception / cognition / awareness / realization)** of what he had done came as a shock.

3 우리는 대중의 환경 문제에 대한 인식을 높이기 위해 일하고 있다.

We are working to promote public **(perception / cognition / awareness / realization)** of the environmental problem.

4 이 글은 인간의 정신 인지 이론에 대한 것이다.

This article concerns the theories of human **(perception / cognition / awareness / realization)**.

5 그는 아는 척도 하지 않고 방을 나갔다.

He left the room without a sign of **(recognition / discernment)**.

6 그는 훌륭한 식견을 가진 사람입니다.

He is a man of **(recognition / discernment)**.

7 이 부족은 독립된 작은 씨족들을 모은 것이다.

The tribe is an **(aggregate / collection)** of small independent clans.

8 그는 값비싼 옛날 도자기 소장품을 가지고 있다.

He has a valuable **(aggregate / collection)** of old pottery.

9 의사로서 그의 능력을 의심하는 사람은 없다.

No one doubts his **(competence / ability / command)** as a doctor.

10 그는 영어 실력이 매우 우수하다.

He has a good **(competence / ability / command)** of English.

11 그는 학생을 잘 가르치는 탁월한 능력을 가지고 있다.

He has an excellent **(competence / ability / command)** to teach students.

12 그는 어머니의 사랑을 잃을지도 모른다는 두려움에 어머니의 인정을 항상 필요로 한다.

He always needs the **(approval / recognition)** of his mother for fear of losing her love.

13 회사는 그녀의 노고에 감사하며 금시계를 선사했다.

The company gave her a gold watch in **(approval / recognition)** of her hard work.

2 설명 account, explanation, description, instruction

While lively debate has continued over whether **traditional** economic and religious cleavages have declined, disappeared, or **endured** in new forms, a separate literature **puts forward** a very different **account** of social and political change—one focused less on the fate of traditional cleavages and more on the emergence of a new dimension of political conflict **cutting across** the old divisions and restructuring the basis of political competition.[2]

기존의 경제, 종교에 관한 균열이 쇠퇴, 소멸, 또는 새로운 형태로 지속되는지 열띤 토론이 계속되어 왔지만, 별개의 새로운 접근이 사회적·정치적 변화에 대해 매우 다른 설명을 제시하고 있다. 이것은 전통적 균열의 주어진 방식보다는 과거의 구분을 초월하고 정치 경쟁의 근간을 재편하는 정치적 분쟁의 새로운 국면 등장에 더 집중하고 있다.

정당 정치는 이익집단들의 이해 충돌에서 시작하죠. 중심과 주변, 종교와 세속, 자본과 노동, 도시와 농촌 등을 축으로 충돌의 균열이 발생했다는 것이 기존 입장이라면, 이 인용문은 21세기 현대 사회의 정치적 균열의 축은 무엇인가에 대한 답을 찾고자 합니다. 이와 같은 문맥을 이해했다면 '설명'의 단어로 왜 account를 사용했는지 쉽게 파악할 수 있겠죠.

account는 이유를 설명할 때 쓸 수 있습니다. 다시 말해 '사회적·정치적 변화'의 이유를 알려 주는 설명인 것이죠. 동사로 쓰일 때도 for와 함께 이유를 설명하다는 뜻을 가집니다. 우리가 가장 많이 쓰는 explanation은 이해를 돕기 위한 설명을 말합니다.

Global warming can account for this year's prolonged cold spell.
지구 온난화가 올해 유난히 길었던 한파(이유)를 설명할 수 있다.

He gave me a quick explanation of what I should do first.
그는 내가 무엇을 먼저 해야 하는지 빨리 설명해 주었다.

또한 description은 모양, 상태, 외관 등을 설명할 때 사용하고, instruction은 가르치기 위한 설명을 의미합니다.

The police asked me for a detailed description of the burglars.
경찰은 나에게 도둑놈들의 인상착의를 구체적으로 설명해 달라고 했다.

This manual provides instructions on how to assemble a kitchen table.
이 매뉴얼은 주방 테이블 조립 방법을 알려 준다.

한편 '기존의'라는 의미를 traditional이 맡고 있는 게 눈에 띄네요. 한국인이라면 아마 existing을 생각했을 겁니다. 하지만 traditional이 기존을 뜻하는 문맥이 훨씬 많습니다. existing은 언급된 시점, 즉 특정 시점에만 존재한다는 의미입니다. 반면 traditional은 옛날부터 있어 온 방식이나 생각, 또는 오랜 기간 존재한 것을 뜻하죠. 따라서 existing보다 훨씬 자주 쓰이는 편입니다.

His new theory conflicts with the existing literature.
그의 새로운 이론은 기존 접근과 상충된다.

We prefer a traditional book format to an electronic one.
우리는 전자책보다는 기존 종이책을 선호한다.

'지속되다'에 의외의 단어인 endure가 쓰였네요. 보통 계속과 지속의 단어는 continue와 last입니다. continue는 활동이나 과정이 계속되는 것이고, last는 계속되어 끝나는 시점까지 포함합니다. 즉 다음의 두 번째 예문에서는 프로그램이 2주가 되면 끝난다는 것을 알 수 있죠. continue를 썼다면 종료 여부는 알 수 없습니다. endure은 견뎌 내며 이어 간다는 의미로, 쇠퇴 또는 소멸되지 않고 살아남아 계속되었다는 이 인용문의 의미를 담을 수 있는 적절한 단어입니다.

He continued stalking her despite the court's restraining order.
법원의 접근 금지 명령에도 불구하고 그는 계속 그녀를 스토킹했다.

This program lasts two weeks.
이 프로그램은 2주간 계속된다.

The ancient city established in 450 BC endured until AD 79.
기원전 450년에 건립된 이 고대 도시는 서기 79년까지 존속했다.

put forward는 아침 드라마에서 아들의 결혼을 반대하는 어머니가 불쌍해 보이는 여성에게 테이블 위로 돈 봉투를 내미는 장면으로 쉽게 이해할 수 있습니다. 다시 말해 앞으로 내밀어 강하게 제시하는 적극성을 강조할 수 있죠. suggest나 propose는 새로운 아이디어나 계획을 제시할 때, present는 살펴보고 검토해 보라고 제시할 때 각각 등장합니다.

The immigration officers asked him to present his passport.
출입국 관리관이 그에게 여권을 제시하라고 요청했다.

'초월하다'는 곧 어떤 것을 뛰어넘는다는 뜻이죠. 이 어떤 것은 대상을 구분하는 것일 수 있고, 범위나 한계를 규정하는 것일 수도 있습니다. '초월하다'의 대표 단어인 transcend는 후자에 속합니다. 이 인용문은 정치적 균열에 대한 과거의 '구분'을 초월하는 것이므로 cut across가 맞습니다. 이외에 불우한 상황이나 환경을 초월한다고 의미로 rise above를 쓰기도 하죠.

Love for humanity transcends individual interest.

인류애는 개인의 이해를 초월한다.

We have to cut across lines of race, sex and religion.

우리는 인종, 성별, 종교의 구분을 넘어서야 한다.

He rose above his unpleasant childhood and became a lawyer.

그는 불우한 유년기를 이겨 내고 변호사가 되었다.

1 지구 온난화가 올해 유난히 길었던 한파(이유)를 설명할 수 있다.

Global warming can **(account / explanation / description / instruction)** for this year's prolonged cold spell.

2 경찰은 나에게 도둑놈들의 인상착의를 구체적으로 설명해 달라고 했다.

The police asked me for a detailed **(account / explanation / description / instruction)** of the burglars.

3 그는 내가 무엇을 먼저 해야 하는지 빨리 설명해 주었다.

He gave me a quick **(account / explanation / description / instruction)** of what I should do first.

4 이 매뉴얼은 주방 테이블 조립 방법을 알려 준다.

This manual provides **(accounts / explanations / descriptions / instructions)** on how to assemble a kitchen table.

5 우리는 전자책보다는 기존 종이책을 선호한다.

We prefer a **(traditional / existing)** book format to an electronic one.

6 그의 새로운 이론은 기존 접근과 상충된다.

His new theory conflicts with the **(traditional / existing)** literature.

7 법원의 접근 금지 명령에도 불구하고 그는 계속 그녀를 스토킹했다.

He **(endured / continued / lasted)** stalking her despite the court's restraining order.

8 기원전 450년에 건립된 이 고대 도시는 서기 79년까지 존속했다.

The ancient city established in 450 BC **(endured / continued / lasted)** until AD 79.

9 이 프로그램은 2주간 계속된다.

This program **(endures / continues / lasts)** two weeks.

10 출입국 관리관이 그에게 여권을 제시하라고 요청했다.

The immigration officers asked him to **(put forward / present)** his passport.

11 인류애는 개인의 이해를 초월한다.

Love for humanity **(cut across / transcends / rises above)** individual interest.

12 그는 불우한 유년기를 이겨 내고 변호사가 되었다.

He **(cut across / transcended / rose above)** his unpleasant childhood and became a lawyer.

13 우리는 인종, 성별, 종교의 구분을 넘어서야 한다.

We have to **(cut across / transcend / rise above)** lines of race, sex and religion.

퀴즈 정답 / 1 account 2 description 3 explanation 4 instructions 5 traditional 6 existing 7 continued 8 endured 9 lasts 10 present 11 transcends 12 rose above 13 cut across

133 /////

3 규정하다 define, characterize, shape, stipulate

We **define** corporate sovereignty as a **performative** claim to power undertaken by (individuals aligned to) corporate entities with profit-making objectives within a state-**sanctioned** permissive space. This **contrasts** with claims made by other non-state actors, such as rebels and vigilante groups, who operate in a 'permissive space' that lacks this legally **grounded** relationship with the state.[3]

우리는 국가가 승인한 허가된 공간 안에서 이윤 추구를 목적으로 하는 기업체(또는 이들과 뜻을 같이하는 개인들)가 가진 권력의 행위적 권리를 기업 주권이라고 규정한다. 이는 국가와의 법에 기반한 관계 형성이 결핍된 '허가된 공간'에서 활동하는 반란 무리나 자경단체 같은 비국가 활동 세력의 권리와는 매우 다르다.

대상의 성격, 의미, 내용 등을 밝혀 정하는 것을 '규정하다'라고 합니다. 의미의 범위가 매우 포괄적이죠. 영어는 이 중 무엇을 규정하는가에 따라 각각 다른 단어를 씁니다. 이 인용문에서는 국가 권력으로만 알고 있었던 주권이 다소 생경한 '기업주권'이라는 개념으로 재탄생했죠. 즉 단어의 의미를 규정했기 때문에 define이 필요합니다.

한편 규정을 뜻하는 유의어로는 특성을 규정하는 characterize, 내용과 구성을 규정하는 shape, 의무 사항을 규정하는 stipulate가 있습니다.

These are important features that characterize men and women.
이것들은 남성과 여성을 규정하는 주요 특징이다.

No one can shape their own destiny.
그 누구도 자신의 운명을 규정할 수 없다.

This law stipulates that everyone of us be free of discrimination.
이 법은 우리 모두가 차별로부터 자유로워야 한다고 규정하고 있다.

이 인용문에는 '행위적'을 performative가 담당하고 있죠. act, action, behavior 등 활동을 뜻하는 대표 단어 대신 왜 performance의 형용사를 사용했을까요? 일단 act는 행동 그 자체, action은 보통 목적이 있는 행동, behavior는 행동 방식에 사용됩니다.

He was ashamed of his selfish act.
그는 자신의 이기적인 행동이 부끄러웠다.

This is an action we need to take now.
이것이 우리가 지금 해야 할 행동이다.

His behavior is sometimes very rude.
그의 행동은 때때로 매우 무례하다.

반면 performance는 '효과를 수반한 행동'이라고 정의할 수 있습니다. 그래서 업무 실적이나 공연이라는 뜻도 있죠. performance는 performative claim 같이 형용사로 바뀌면 행위적인 효과를 수반하는 주장으로 해석할 수 있습니다. 결혼식장에서 수백 명의 하객 앞에 평생 가정에 충실하겠다고 맹세하면 그에 영향을 받아 스스로 노력하게 되는 것을 대표적인 예로 들 수 있습니다.

다른 단어도 살펴볼까요? sanction은 '제재를 가하다', '공식적으로 승인하다'라는 매우 다른 두 가지 뜻을 지녔습니다. 따라서 문맥을 잘 파악해서 정확히 해석해야 하는데요. 보통 공식적, 법적 상황에 state-sanctioned violence(국가가 묵인한 폭력)처럼 state와 함께 쓰이면 '국가가 승인/묵인하다'라는 뜻을 가집니다. 승인의 대표 단어인 approve은 이보다 좀 더 전반적인 문맥에서 사용됩니다.

많은 사람이 contrast를 명사로만 알고 있지만 동사의 기능도 합니다. '대조하다'와 '차이가 있다'로 해석되는 경우가 많죠. 이 인용문에는 후자에 해당합니다. 차이가 극명할 때 주로 사용하는데, 일반적으로 쓰이는 different의 동사형 differ는 단순한 차이를 나타내지만, contrast는 그 차이를 강조할 수 있습니다.

> Her views differ from those of her colleagues.
> 그녀의 입장은 그녀의 동료들과 다르다.

> Your actions contrast with your words.
> 당신은 말과 행동이 완전히 다르다.

그러고 보니 인용문에서는 '기반하다'를 grounded가 담당하고 있네요. 이 단어는 땅과 관련이 있어 비행기나 배가 땅에 발이 묶여 있을 때, 땅에 발을 디디고 있듯 아주 현실적일 때 쓰입니다. 물리적으로 가지 못하도록 묶여 있다, 즉 외출 금지의 뜻도 있습니다.

> The heavy storm resulted in all the airplanes being grounded.
> 엄청난 태풍으로 모든 비행기가 공항에 발이 묶였다.

> He is very grounded although he was born with a silver spoon in his mouth.
> 그는 부잣집에 태어났지만 매우 현실적이다.

> He has been grounded for weeks.
> 그는 몇 주 째 외출 금지다.

1 이것들은 남성과 여성을 규정하는 주요 특징이다.

These are important features that **(define / characterize / shape / stipulate)** men and women.

2 이 법은 우리 모두가 차별로부터 자유로워야 한다고 규정하고 있다.

This law **(defines / characterizes / shapes / stipulates)** that everyone of us be free of discrimination.

3 그 누구도 자신의 운명을 규정할 수 없다.

No one can **(define / characterize / shape / stipulate)** their own destiny.

4 그는 자신의 이기적인 행동이 부끄러웠다.

He was ashamed of his selfish **(performance / act / action / behavior)**.

5 그의 행동은 때때로 매우 무례하다.

His **(performance / act / action / behavior)** is sometimes very rude.

6 이것이 우리가 지금 해야 할 행동이다.

This is an **(performance / act / action / behavior)** we need to take now.

7 당신은 말과 행동이 완전히 다르다.

Your actions **(contrast / differ)** with your words.

8 그녀의 입장은 그녀의 동료들과 다르다.

Her views **(contrast / differ)** from those of her colleagues.

4 간접적 implicitly, indirectly, obliquely, secondhand

Non-verbal communications, particularly body posture, may also **implicitly** convey and **reinforce** gender stereotypes. In public situations, men and women tend to **adopt** different body postures, with men displaying more expansive and open postures (arms and legs spread up or out, **taking up** physical space), whereas women are more likely to show closed and contractive postures (crossed arms and legs, squeezing in).[4]

말로 하지 않는 소통, 특히 몸의 자세와 같은 것도 성 고정관념을 간접적으로 전달하고 강화할 수 있다. 공개석상에서 남자와 여자는 다른 신체 자세를 취하는 경향이 있는데, 남자는 널찍하게 열린 자세(팔과 다리를 위나 밖으로 뻗어 물리적인 공간을 차지하는)를 보이는 반면, 여성들은 닫혀 있는 수축된 자세(팔과 다리를 꼬아 비집고 들어가 있는)를 보이는 경우가 더 많다.

'간접적으로'에 implicitly가 등장합니다. 왜 그럴까요? 직접 말하지 않고 간접적인 시그널을 보내 표현한다는 의미를 가지기 때문이죠. 다시 말해 '여자는 조용하고 수동적이어야 해'라고 말하지 않고 의견을 당당히 제시하는 여성을 뚫어져라 쳐다보거나 갑자기 한숨을 쉬는 겁니다. 이러한 간접적인 태도가 성 고정관념을 전달하고 강화한다는 의미이니 implicitly가 필요하죠.

By announcing new standards,
he implicitly pressed his workers to follow his direction.
새로운 기준을 발표해서 노동자들이 그의 지시를 따르도록
간접적으로 압력을 가했다.

'간접적으로'의 대표 단어인 indirectly는 직접적이지 않아 복잡하고 불분명하다는 의미를 가집니다. 다음 예문처럼 된다면 보고 라인도 복

잡해지고 누구에게 보고해야 할지도 종종 불분명할 테죠.

> She ruled her kingdom indirectly through her adopted son.
> 그녀는 입양한 아들을 통해 자신의 왕국을 간접적으로 통치했다.

obliquely도 직접적으로 말하지 않아 상황이나 의미를 파악하기 어렵다는 뉘앙스를 가집니다. 다음 첫 번째 예문은 obliquely를 써서 분명히 집고 넘어가지 않아 뇌물 공모 사건의 실체를 알 길이 더욱 묘연해졌다는 것을 나타내죠. secondhand는 '중고로'의 뜻으로 알려져 있지만 어떤 사실을 관련자가 아닌 제3자를 통해 간접적으로 들었을 때도 사용할 수 있습니다.

> In his speech,
> he referred to the alleged bribery conspiracy only obliquely.
> 그는 연설에서 뇌물 공모 주장에 대해 간접적으로만 언급하고 넘어갔다.

> I bought this car secondhand.
> 나 이 차 중고로 샀다.

> I heard it secondhand, so it might not be true.
> 다른 사람 입을 통해 들어서 사실이 아닐 수도 있다.

한편 이 인용문은 '강화하다'에 reinforce를 쓴 것이 인상적인데요. reinforce는 근거를 지속적으로 제공해 기존의 생각, 의견, 느낌 등을 확고하게 만든다는 의미라서 이 인용문에 딱 맞습니다. 즉 자세와 같은 간접 소통으로 근거를 생산해서 사람들의 성 고정관념을 굳힌다는 의도로 볼 수 있죠.

Artificial intelligence can reinforce human prejudice.
인공지능이 인간의 선입견을 강화할 수 있다.

'강화하다'의 또 다른 단어인 strengthen은 더 강력하고 효과적으로 만든다는 의미를 가집니다. consolidate는 지속적으로 공고하게 만든다는 뜻이고, intensify는 강화를 뛰어넘어 격화된다는 뜻이 있습니다.

They built the art center to strengthen cultural ties with other communities.
이들은 다른 지역과의 문화적인 유대를 강화하고자 이 아트센터를 건립했다.

They hastened to marry in the hope of consolidating their relationship.
자신들의 관계를 확실히 굳히고 싶은 마음에 결혼을 서둘렀다.

The war intensified the poverty of developing countries.
전쟁으로 개발도상국의 빈곤이 더욱 격화되었다.

'취하다'를 adopt가 담당하고 있네요. 이 단어는 특정 태도나 방식을 '활용하려고 취할 때'를 뜻하기 때문에, 특정 자세로 어떤 목적을 채우려는 이 인용문의 의도를 살릴 수 있습니다. 이와 비슷한 단어인 assume은 권력이나 책임을 취한다는 뜻입니다. '차지하다'의 take up은 공간을 차지할 때 쓰이는 편입니다. 비율을 차지한다는 표현인 account for도 기억해 두세요.

They have adopted a more pessimistic stance on the issue of abortion.
그들은 낙태 문제에 더욱 비관적인 입장을 취했다.

He has assumed the responsibility of a new program.
그가 새로운 프로그램의 책임자가 되었다.

This desk takes up too much space.

이 책상은 공간을 너무 많이 차지한다.

Teenage girls accounted for the majority of the participants.

10대 여성 참가자가 대다수를 차지했다.

1 다른 사람 입을 통해 들어서 사실이 아닐 수도 있다.

I heard it **(implicitly / indirectly / obliquely / secondhand)**, so it might not be true.

2 그녀는 입양한 아들을 통해 자신의 왕국을 간접적으로 통치했다.

She ruled her kingdom **(implicitly / indirectly / obliquely / secondhand)** through her adopted son.

3 그는 연설에서 뇌물 공모 주장에 대해 간접적으로만 언급하고 넘어갔다.

In his speech, he referred to the alleged bribery conspiracy only **(implicitly / indirectly / obliquely / secondhand)**.

4 새로운 기준을 발표해서 노동자들이 그의 지시를 따르도록 간접적으로 압력을 가했다.

By announcing new standards, he **(implicitly / indirectly / obliquely / secondhand)** pressed his workers to follow his direction.

5 인공지능이 인간의 선입견을 강화할 수 있다.

Artificial intelligence can **(reinforce / strengthen / consolidate / intensify)** human prejudice.

6 자신들의 관계를 확실히 굳히고 싶은 마음에 결혼을 서둘렀다.

They hastened to marry in the hope of **(reinforcing / strengthening / consolidating / intensifying)** their relationship.

7 이들은 다른 지역과의 문화적인 유대를 강화하고자 이 아트센터를 건립했다.

They built the art center to **(reinforce / strengthen / consolidate / intensify)** cultural ties with other communities.

8 전쟁으로 개발도상국의 빈곤이 더욱 격화되었다.

The war **(reinforced / strengthened / consolidated / intensified)** the poverty of developing countries.

9 그들은 낙태 문제에 더욱 비관적인 입장을 취했다.

They have **(adopted / assumed)** a more pessimistic stance on the issue of abortion.

10 그가 새로운 프로그램의 책임자가 되었다.

He has **(adopted / assumed)** the responsibility of a new program.

11 10대 여성 참가자가 대다수를 차지했다.

Teenage girls **(took / accounted)** for the majority of the participants.

12 이 책상은 공간을 너무 많이 차지한다.

This desk **(takes / accounts)** up too much space.

5 상당하다 considerable, significant, marked, substantial

There is **considerable** evidence for sex differences in learning. Among adults, men generally score higher on spatial problems, whereas women are frequently better on semantic tests. Although, for some tasks, differences have been shown to reflect sex-specific learning strategies, and other influences including task familiarity, **mode** of testing and task demands, **disparity** in spatial learning has been reported for diverse species of mammals, suggesting that it might be characteristic **feature** of the class.[5]

학습의 성별 차이에 대한 상당한 증거들이 있다. 다 자란 동물들 중에서 수컷들은 보통 공간 문제에 높은 점수를 받고, 암컷은 의미 관련 테스트를 더 잘하는 경우가 많았다. 비록 몇몇 과제에서 성별 특성화된 학습 전략과 다른 요인들(업무 친밀도, 테스트 방식, 과제 요구 사항)을 반영하는 차이가 있었지만, 공간 학습의 차이는 다양한 포유류 종에 두루 걸쳐 보고되었으며, 이는 포유류 전체 성격을 규정하는 특징일 수 있다는 추측을 낳게 했다.

형용사 '상당한'은 양, 정도, 중요성 등이 높을 때 사용됩니다. 영어 단어로는 considerable과 significant가 많이 쓰이며, 두 단어는 각각 다른 결을 지니고 있죠. considerable은 주로 양이 많을 때, significant는 주로 정도가 클 때 쓰이는 경향이 있습니다. 여기서는 증거의 양이 많다는 맥락이니 considerable이 필요하죠.

This philosophy has exerted considerable influence over this community.
이 철학은 이 지역에 상당한 영향력을 발휘해 왔다.

This year has seen a significant increase in the number of female applicants.
올해 여성 지원자 수가 상당히 증가했다.

marked는 변화나 차이가 상당할 때 사용합니다. 또한 substantial은 substance와 관련이 있어요. 단순한 물질이 아닌 '물질을 구성하는 핵심적인 것'을 뜻하며, 상당함을 강조하고자 할 때 주로 쓰이는 편입니다.

The study found a marked difference in lifestyle
between urban dwellers and rural residents.
이 연구는 도시 거주자와 농촌 거주자의 생활 방식에서 큰 차이를 발견했다.

Depression has a substantial effect on our daily life.
우울감은 일상에 엄청난 영향을 끼친다.

'방식'의 mode를 살펴볼까요? 방식이라 하면 way가 우선 생각나죠. 다음으로 manner, method, means 등이 있겠네요. 이 단어들 사이에는 어떤 차이가 있을까요? 방식이라는 의미로는 way가 가장 폭넓게 쓰이며, mode는 주로 대상을 '사용, 운용하는 방식'을 말합니다. 이 인용문에는 시험을 운용하는 방식이므로 mode가 필요합니다.

Plantation was the dominant mode of production in the 1920s.
대규모 농장은 1920년대 지배적인 생산 방식이었다.

반면 manner는 '행동이나 일이 진행되는 방식'입니다. method는 보통 방식이 체계적일 때, means는 목적으로 이루기 위한 '수단으로서의 방식'에 가깝죠.

This company addresses customer complaints in a professional manner.
이 회사는 고객 불편 사항은 전문적 방식으로 처리한다.

This is the most reliable method of calculation.
이것이 가장 믿을 만한 계산 방식입니다.

We have no means of tracing his lost passport.
우리에게는 그의 분실한 여권을 찾을 방법이 없다.

그런가 하면 차이를 difference도 아니고 contrast도 아닌 disparity가 담당하고 있습니다. 이를 통해 이 인용문은 공간 학습의 성별 차이에 부정적인 태도를 보인다는 걸 알 수 있습니다. disparity는 주로 불공정한 방식으로 인한 차이를 뜻하는 성격이 강하거든요. 다음 예문에도 이를 잘 알 수 있습니다.

The council has been working to reduce income disparity
between rich and poor.
위원회는 빈부 소득 격차 해소를 위해 노력해 왔다.

이 인용문에서 '특징'으로 쓰인 feature는 다른 것과 구별되는 중요한 특징을 의미합니다. 다른 종류와 구별되는 포유류만의 특징을 말한다고 볼 수 있죠. 한국인은 특징이라고 하면 character를 즐겨 쓸 텐데요. 이 단어는 부분들이 모여 하나의 장소나 사람의 특징을 통합적으로 규정할 때 사용합니다. 반면 대상이 가지고 있는 여러 가지 특징을 개별적으로 언급할 때는 attribute가 필요합니다. quality는 '자질이나 성질의' 특징을 일컫습니다.

It was a great pleasure to see my son develop his own character.
내 아들이 자신만의 캐릭터를 만들어 가는 것을 보는 게 큰 즐거움이었다.

Employers prefer applicants with such personal attributes as
confidence, organizational skill, and adaptability.

고용주들은 자신감, 조직력, 적응력과 같은 개인 특성을 가진
지원자들을 선호한다.

She has a lot of good qualities to be a musician.

그녀는 음악가가 될 좋은 특징을 많이 가지고 있다.

1 올해 여성 지원자 수가 상당히 증가했다.

This year has seen a **(considerable / significant / marked / substantial)** increase in the number of female applicants.

2 이 연구는 도시 거주자와 농촌 거주자의 생활 방식에서 큰 차이를 발견했다.

The study found a **(considerable / significant / marked / substantial)** difference in lifestyle between urban dwellers and rural residents.

3 이 철학은 이 지역에 상당한 영향력을 발휘해 왔다.

This philosophy has exerted **(considerable / significant / marked / substantial)** influence over this community.

4 대규모 농장은 1920년대 지배적인 생산 방식이었다.

Plantation was the dominant **(mode / way / method / manner / means)** of production in the 1920s.

5 이것이 가장 믿을 만한 계산 방식입니다.

This is the most reliable **(mode / way / method / manner / means)** of calculation.

6 이 회사는 고객 불편 사항은 전문적 방식으로 처리한다.

This company addresses customer complaints in a professional **(mode / way / method / manner / means)**.

7 우리에게는 그의 분실한 여권을 찾을 방법이 없다.

We have no **(mode / way / method / manner / means)** of tracing his lost passport.

8 위원회는 빈부 소득 격차 해소를 위해 노력해 왔다.

The council has been working to reduce income **(disparity / difference / contrast)** between rich and poor.

9 내 아들이 자신만의 캐릭터를 만들어 가는 것을 보는 게 큰 즐거움이었다.

It was a great pleasure to see my son develop his own **(feature / character / attribute / quality)**.

10 그녀는 음악가가 될 좋은 특징을 많이 가지고 있다.

She has a lot of good **(features / characters / attributes / qualities)** to be a musician.

11 고용주들은 자신감, 조직력, 적응력과 같은 개인 특성을 가진 지원자들을 선호한다.

Employers prefer applicants with such personal **(features / characters / attributes / qualities)** as confidence, organizational skill, and adaptability.

퀴즈 정답 / 1 significant 2 marked 3 considerable 4 mode 5 method 6 manner 7 means 8 disparity 9 character 10 qualities 11 attributes

149 /////

6 부정적 negatively, adversely, unfavorably, pessimistically

In recent decades, there has been remarkable growth in scientific research **examining** the multiple ways in which racism can **adversely** affect health. This interest has been driven in part by the striking **persistence** of racial/ethnic **inequities** in health and the empirical evidence that indicates that socioeconomic factors alone do not account for racial/ethnic inequities in health.[6]

최근 몇십 년간 인종차별주의가 의료 활동에 부정적으로 영향을 미칠 수 있는 다양한 방식들을 검토한 과학 연구가 크게 증가했다. 이런 관심은 의료 분야의 인종/민족 간 불평등이 놀랍도록 지속되고 있고, 사회경제적 요인만으로는 의료 분야의 인종/민족 간 불평등을 설명하지 못함을 보여 주는 실증적인 증거 자료 때문에 어느 정도 힘을 얻게 되었다.

이 인용문에는 '부정적'을 adversely가 담당하고 있습니다. '부정적'의 대표 단어인 negatively가 아니네요. 어떤 차이가 있을까요? negatively는 수용하지 않는다는 의미를 보일 때(첫 번째 예문), 방식이 나쁘거나 유해할 때(두 번째 예문), 또는 부정적인 측면만 보려고 할 때(세 번째 예문) 많이 쓰이는 편입니다.

He replied negatively when I asked him for help.
내가 그에게 도움을 요청했을 때 그는 부정적으로 응답했다.

They seem to have perceived us negatively
because of our race, age, and sex.
우리의 인종, 나이, 성별 때문에 그들은 우리를 부정적으로 인식하는 듯하다.

Jack always speaks negatively about capitalism.
Jack은 자본주의에 대해서 항상 부정적으로 말한다.

반면 adversely는 '부정적인 효과나 결과를 가져올 때' 쓰이는 경향이 있죠. 의료 활동에 '부정적으로 영향을 미친다'라는 문맥에 알맞은 부사라고 볼 수 있습니다. unfavorably는 '이점이 없거나 잘될 확률이 낮아 부정적'일 때나 좋아하지 않아 부정적일 때에 쓰입니다. pessimistically는 예측이 부정적일 때 사용하는 경우가 많죠.

Most of the regions were adversely affected by the flood.
대부분의 지역이 이번 홍수로 부정적인 영향을 입었다.

In terms of geopolitical situation,
this country compares unfavorably with other big countries.
지정학적 상황에서 볼 때 이 나라는 다른 큰 나라들에 비해
부정적인 입지에 있다.

He reviewed the new movie unfavorably.
그는 새 영화를 부정적으로 평가했다.

He viewed our chance of winning the game pessimistically.
그는 우리의 승리 가능성을 부정적으로 전망했다.

많은 사람이 '검토하다'라는 단어로 examine을 즐겨 쓰곤 합니다. 하지만 examine은 새로운 사실을 밝혀내고자 철저히 검토할 때만 사용할 수 있어요. 따라서 이 인용문에서는 문제가 없지만 단순히 살펴보는 수준의 검토는 review나 consider를 사용하는 것이 좋습니다. review는 결정에 앞서 다시 본다는 의미이며, consider는 충분한 시간을 두고 생각하는 것을 말합니다.

The research examined the effect of global warming on plant growth.
이 연구는 지구 온난화가 식물 성장에 미친 영향을 검토했다.

The policy committee will review existing policies
and propose new directions.
정책위원회는 기존 정책을 검토해 새로운 방향을 제시할 것이다.

Considering the cognitive functions of such bias
helps us understand the current problem.
이런 편견의 인지적 기능을 검토해 보면
우리는 지금의 문제를 이해할 수 있게 된다.

한편 이 인용문에는 '지속'을 persistence로 썼습니다. persistence는 옳지 못한 것이 아주 고집스럽게 지속될 때 사용하는 단어이니 인종/민족 간 불평등의 지속에 맞습니다. continuation은 연결되어 지속될 때, perpetuation은 유해한 것이 지속될 때 각각 사용됩니다.

Most researchers have warned of the persistence of
a COVID-induced recession.
대부분의 연구자들이 코로나로 인한 경제 불황이 지속될 것이라고 경고했다.

The continuation of economic reform will improve the nation's fiscal health.
경제 개혁을 지속하면 국가 재정 건전성이 개선될 것이다.

Segregation has contributed to the perpetuation of racial stereotypes.
분리정책은 인종에 대한 고정관념이 지속되는 데 기여해 왔다.

또한 '불평등'을 inequality가 아닌 inequity로 사용했죠. 이로써 이 인용문의 초점이 개별 상황이 아니라 사회적 상황에 맞춰져 있음을 알 수 있습니다. inequality가 누군가에게 기회나 자원이 편중되어 나타난 불균형이라면, inequity는 그것을 낳게 한 불평등한 사회적 실정을 일컫습니다.

Education inequality results from inequity in society.

교육 불평등은 불공정한 사회적 상황에서 왔다.

1 내가 그에게 도움을 요청했을 때 그는 부정적으로 응답했다.

He replied **(negatively / adversely / unfavorably / pessimistically)** when I asked him for help.

2 대부분의 지역이 이번 홍수로 부정적인 영향을 입었다.

Most of the regions were **(negatively / adversely / unfavorably / pessimistically)** affected by the flood.

3 Jack은 자본주의에 대해서 항상 부정적으로 말한다.

Jack always speaks **(negatively / adversely / unfavorably / pessimistically)** about capitalism.

4 우리의 인종, 나이, 성별 때문에 그들은 우리를 부정적으로 인식하는 듯하다.

They seem to have perceived us **(negatively / adversely / unfavorably / pessimistically)** because of our race, age, and sex.

5 그는 우리의 승리 가능성을 부정적으로 전망했다.

He viewed our chance of winning the game **(negatively / adversely / unfavorably / pessimistically)**.

6 지정학적 상황에서 볼 때 이 나라는 다른 큰 나라들에 비해 부정적인 입지에 있다.

In terms of geopolitical situation, this country compares **(negatively / adversely / unfavorably / pessimistically)** with other big countries.

7 이 연구는 지구 온난화가 식물 성장에 미친 영향을 검토했다.

The research **(examined / reviewed / considered)** the effect of global warming on plant growth.

8 이런 편견의 인지적 기능을 검토해 보면 우리는 지금의 문제를 이해할 수 있게 된다.

(Examining / Reviewing / Considering) the cognitive functions of such bias helps us understand the current problem.

9 정책위원회는 기존 정책을 검토해 새로운 방향을 제시할 것이다.

The policy committee will **(examine / review / consider)** existing policies and propose new directions.

10 대부분의 연구자들이 코로나로 인한 경제 불황이 지속될 것이라고 경고했다.

Most researchers have warned of the **(persistence / continuation / perpetuation)** of a COVID-induced recession.

11 분리정책은 인종에 대한 고정관념이 지속되는 데 기여해 왔다.

Segregation has contributed to the **(persistence / continuation / perpetuation)** of racial stereotypes.

12 경제 개혁을 지속하면 국가 재정 건전성이 개선될 것이다.

The **(persistence / continuation / perpetuation)** of economic reform will improve the nation's fiscal health.

정답 / 1 negatively 2 adversely 3 negatively 4 negatively 5 pessimistically 6 unfavorably 7 examined 8 Considering 9 review 10 persistence 11 perpetuation 12 continuation

155 /////

7 중요하다 important, crucial, critical, indispensable

Decolonization and the **expansion** of international organizations in the twentieth century are **crucial** developments in modern global history, yet scholars have seldom closely studied their **impact** on one another. While decolonization is often presented as the 'success story' of international organizations, these bodies have also been **condemned** as instruments of neocolonialism.[7]

20세기의 탈식민지화와 국제기구의 확장은 현대 세계사에 중요한 발전이다. 그럼에도 불구하고 이들 간 미친 영향에 대해 깊이 있게 연구한 학자는 거의 찾아볼 수 없었다. 탈식민지화가 국제기구들의 '성공 스토리'로 종종 언급되지만, 이 기구들은 신식민주의의 도구라는 비난도 받고 있다.

'중요하다'고 하면 important가 먼저 떠오릅니다. 하지만 이 인용문에서는 crucial이 그 역할을 하죠. important가 그 자체로 중요하다는 뜻이라면, crucial은 보통 다른 목적에 영향을 미치기 때문에 중요할 때 쓰입니다.

Regular exercise is crucial for improving your physical strength.
규칙적인 운동은 체력을 기르는 데 매우 중요하다.

위 예문은 운동이 건강을 증진한다는 이유로 중요하기 때문에 crucial이 알맞습니다. 인용문에도 crucial이 쓰였으니 탈식민지화와 국제기구의 성장이 현대 세계사에 큰 영향을 미쳐서 중요하다는 뜻으로 볼 수 있죠.

critical은 crucial과 비슷한 결을 가지고 있지만 '미래에 있을 일'에 영향을 미치기 때문에 중요하다는 차이가 있죠. indispensable은 dispensable이 될 수 없는, 다시 말해 '없어질 수 없는' 의미로 중요하다는 것을 강조합니다.

Continued advocacy is critical for our anti-government movement.
대중의 지속적인 지지가 앞으로 우리 반정부 운동에 매우 중요하다.

His books are considered an indispensable resource for
today's teaching on music.
그의 책들은 오늘날 음악 교육에 없어서는 안 될 중요한 자료로 여겨진다.

'확장'의 단어로는 expansion, extension, enlargement가 있습니다. expansion은 크기, 수, 중요함이 증가할 때 쓰입니다. 따라서 인용문을 통해 국제기구의 입지가 양적·질적으로 성장했음을 알 수 있죠. extension은 성장보다는 확대와 연장의 개념에 가깝습니다. 또한 enlargement는 규모가 커지는 경우에 쓰입니다.

She has contributed to the extension of
new technology into peripheral regions.
그녀는 새로운 기술을 주변 지역으로 확장하는 데 기여해 왔다.

Can I ask for an extension of the deadline?
마감 연장을 요청해도 될까요?

Congress passed a bill allowing for the enlargement of
the department of social welfare.
국회는 사회복지부 규모 확장을 위한 법안을 통과시켰다.

impact, effect, influence는 모두 우리말로 풀면 '영향'이라는 뜻입니다. 첫 번째 예문처럼 effect가 기후 변화라는 '원인의 결과로서의 영향'을 의미한다면, impact는 '어떤 현상이나 사람의 행동에 미치는 영향'을 의미합니다. 탈식민지화와 국제기구의 성장이 서로의 현상에 미친 영향이므로 impact가 등장한 것이죠. 그럼 influence는 안될까요? impact는 강력하며 적극적인 영향인 데 반해, influence는 부지불식간에 자연스럽게 미치는 영향에 쓰여 이 인용문에는 다소 어색합니다.

> We have studied the long-term effects of climate change.
> 우리는 기후 변화의 장기적인 영향에 대해 연구해 왔다.

> Parents have considerable influence over their children.
> 부모는 자식들에게 큰 영향을 미친다.

'비난'이라는 뜻의 영단어는 criticize, blame, condemn, reproach, denounce 등 매우 많습니다. 그중에서 이 인용문에는 비도덕적인 것에 대한 강력한 비난이므로 condemn이 쓰였습니다. 즉 국제기구들이 신식민주의의 도구로 전락했으니 비도덕적이라고 할 수 있죠. 이외에 criticize는 어떤 대상의 문제점을 제시하고 그것의 개선을 요구하는 비난, blame은 잘못한 일 또는 잘못한 사람을 꼭 집어 비난한다는 뜻입니다.

> The teachers are being criticized for
> turning a blind eye to bullying in school.
> 학교 집단 괴롭힘을 못 본 척한 교사들에 대한 비난이 일고 있다.

> Don't blame me—it is not my fault.
> 나를 비난하지 마. 이것은 내 잘못이 아니야.

또한 reproach는 예상한 일이 성공적으로 진행되지 않아 하는 비난을 뜻하고, denounce는 공식적으로 한 강력한 비난이라고 볼 수 있죠.

My father reproached me for not getting into a top college.
아버지는 유명 대학에 들어가지 못했다고 나를 비난했다.

The government was denounced for
its poor handling of the Covid-19 crisis.
정부는 형편없는 코로나 대처로 강력한 비난을 받았다.

1 규칙적인 운동은 체력을 기르는 데 매우 중요하다.

Regular exercise is **(important / crucial / critical / indispensable)** for improving your physical strength.

2 대중의 지속적인 지지가 앞으로 우리 반정부 운동에 매우 중요하다.

Continued advocacy is **(important / crucial / critical / indispensable)** for our anti-government movement.

3 그의 책들은 오늘날 음악 교육에 없어서는 안 될 중요한 자료로 여겨진다.

His books are considered an **(important / crucial / critical / indispensable)** resource for today's teaching on music.

4 그녀는 새로운 기술을 주변 지역으로 확장하는 데 기여해 왔다.

She has contributed to the **(expansion / extension / enlargement)** of new technology into peripheral regions.

5 마감 연장을 요청해도 될까요?

Can I ask for any **(expansion / extension / enlargement)** of the deadline?

6 국회는 사회복지부 규모 확장을 위한 법안을 통과시켰다.

Congress passed a bill allowing for the **(expansion / extension / enlargement)** of the department of social welfare.

7 부모는 자식들에게 큰 영향을 미친다.

Parents have considerable **(impact / effect / influence)** over their children.

8 우리는 기후 변화의 장기적인 영향에 대해 연구해 왔다.

We have studied the long-term **(impacts / effects / influences)** of climate change.

9 학교 집단 괴롭힘을 못 본 척한 교사들에 대한 비난이 일고 있다.

The teachers are being **(condemned / criticized / blamed / reproached / denounced)** for turning a blind eye to bullying in school.

10 아버지는 유명 대학에 들어가지 못했다고 나를 비난했다.

My father **(condemned / criticized / blamed / reproached / denounced)** me for not getting into a top college.

11 나를 비난하지 마. 이것은 내 잘못이 아니야.

Don't **(condemn / criticize / blame / reproach / denounce)** me—it is not my fault.

12 정부는 형편없는 코로나 대처로 강력한 비난을 받았다.

The government was **(condemned / criticized / blamed / reproached / denounced)** for its poor handling of the Covid-19 crisis.

퀴즈 정답 / 1 crucial 2 critical 3 indispensable 4 extension 5 extension 6 enlargement
7 influence 8 effects 9 criticized 10 reproached 11 blame 12 denounced

161 /////

8 일관되다 consistent, constant, coherent, steady

Evidence for global climate change and its **consequences** for the phenology of plant and animal populations is **gathering** rapidly. For instance, over the past 11 years the active growing **season** of plants has advanced by roughly 8 days in northern latitudes. Such changes in plant phenology can potentially influence the **timing** of reproduction in animals: both British amphibians and British and European birds have been shown to be breeding **consistently** earlier over the past two to three decades.[8]

지구 기후 변화와 그 결과로 인한 식물/동물 개체군의 계절별 행동 변화의 증거 자료가 빠르게 쌓여 가고 있다. 예를 들어, 지난 11년 동안 위도상 북쪽 지역에서 식물이 활발하게 성장하는 시기가 약 8일 정도 앞당겨졌다. 식물 계절학의 이런 변화는 동물의 번식 시기에도 잠재적으로 영향을 미칠 수 있는데, 영국에서 서식하는 양서류와 영국과 유럽에 서식하는 조류 모두가 지난 20~30년에 걸쳐 일관되게 더 일찍 새끼를 낳고 있는 것으로 밝혀졌다.

일관은 '한결같다', 즉 변함이나 다름이 없다는 뜻입니다. consistent는 행위나 발생이 한결같다는 의미로, 양서류와 조류의 번식기 변화의 '발생'이 일관된다고 한 인용문에 필요한 단어입니다. constant는 '수준'이 일관적일 때 사용하죠.

Consistency matters in disciplining your children.
당신의 자녀를 훈육하는 데는 일관성이 중요하다.

Driving at a constant speed can help you avoid car accidents.
일관된 속도로 운전하면 사고를 피할 수 있다.

다른 단어도 살펴볼까요? coherent는 '논리성이 가미된 일관성'입니다. 합리적인 방식으로 각 요소가 일관되게 맞물린다는 것이죠. steady

는 갑작스러운 변화가 없는 꾸준함을 강조하는 편입니다.

Policy coherence is of overriding importance in the development plan.
계발 계획에 정책 일관성은 그 무엇보다 중요하다.

Working at a steady pace has been proved effective
in preventing accidents.
일관된 페이스로 일하는 것이 사고 예방에 효과적이라고 밝혀졌다.

결과라고 하면 result가 생각나는데, 이 인용문에는 consequence가 등장합니다. result는 원인의 결과이고, consequence는 어떤 행동과 상황의 결과이기 때문이죠. 인용문에서는 지구온난화라는 상황의 결과를 나타내므로 consequence를 사용해야 합니다.

Divorce is a direct result of a lack of trust.
이혼은 신뢰 부족의 직접적인 결과다.

Smoking can have serious consequences for your health.
흡연은 당신의 건강에 심각한 결과를 가져올 수 있다.

이 밖에 outcome은 어떤 활동과 과정의 최종 결과물이라고 볼 수 있죠. effect는 어떤 대상의 변화를 가져오는 결과를 말합니다.

Compromise sometimes produces the desired outcome.
타협이 가끔은 원하는 결과물을 도출하기도 한다.

Oil spills have a significant effect on marine life.
기름 유출은 해양 생물에 심각한 결과를 초래한다.

'쌓여 간다'고 하면 accumulate일 텐데, 왜 인용문에는 gather가 쓰였을까요? accumulate는 오랜 기간 많은 양이 축적된다는 의미입니다. 반면 gather는 여기저기에 있는 것들이 각각 쌓여 갈 때 필요하죠. 영국과 유럽 등에서 관련 자료들이 여기저기 생산되고 있으니 gather가 더 정확한 단어라고 할 수 있습니다.

As the company suffered poor sales, its debts began to accumulate.
회사의 제품 판매가 부진하여 빚이 점점 늘어나기 시작했다.

My father told us to gather twigs to build a campfire.
아빠는 우리에게 모닥불을 피우기 위해 잔가지를 모아 오라고 하셨다.

이 인용문에는 '시기'라는 뜻의 영어 단어로 season과 timing이 쓰였습니다. '시기'라 하면 period, age/era, season, timing 등이 있는데요. 인용문에 season이 등장한 것은 1년 중 특정한 일이 반복적으로 발생하는 시기이기 때문입니다. 꽃이 피는 시기, 동물이 알을 낳는 시기 모두 season이라고 합니다. period는 사회 또는 개인의 역사 중 특정한 시기를 의미합니다.

Rainy season comes every year and lasts several months.
우기는 매년 찾아와 수개월 동안 지속된다.

The 1970s in South Korea were a period of rapid economic development.
1970년대 한국은 급속한 경제 발전의 시기였다.

age나 era는 period와 유사하지만 그 시기를 더욱 특정할 때 쓰입니다. timing은 특정한 것을 하거나 발생하는 시기로, 인용문의 세 번째 문장에는 번식이 발생하는 시기라는 의미에서 timing이 사용되었습니다.

The leisure industry is expected to be more important
in the post-industrial era.

후기 산업시대에 레저 산업은 더 중요할 것으로 기대된다.

The timing of the decision is very appropriate.

결정 시기가 매우 적절하다.

1 일관된 페이스로 일하는 것이 사고 예방에 효과적이라고 밝혀졌다.

Working at a **(consistent / constant / coherent / steady)** pace has been proved effective in preventing accidents.

2 당신의 자녀를 훈육하는 데는 일관성이 중요하다.

(Consistency / Constant / Coherence / Steady) matters in disciplining your children.

3 계발 계획에 정책 일관성은 그 무엇보다 중요하다.

Policy **(consistency / constant / coherence / steady)** is of overriding importance in the development plan.

4 일관된 속도로 운전하면 사고를 피할 수 있다.

Driving at a **(consistent / constant / coherent / steady)** speed can help you avoid car accidents.

5 이혼은 신뢰 부족의 직접적인 결과다.

Divorce is a direct **(consequence / result / outcome / effect)** of a lack of trust.

6 타협이 가끔은 원하는 결과물을 도출하기도 한다.

Compromise sometimes produces the desired **(consequence / result / outcome / effect)**.

7 흡연은 당신의 건강에 심각한 결과를 가져올 수 있다.

Smoking can have serious **(consequences / results / outcomes / effects)** for your health.

8 기름 유출은 해양 생물에 심각한 결과를 초래한다.

Oil spills have a significant **(consequence / result / outcome / effect)** on marine life.

9 아빠는 우리에게 모닥불을 피우기 위해 잔가지를 모아 오라고 하셨다.

My father told us to **(gather / accumulate)** twigs to build a campfire.

10 회사의 제품 판매가 부진하여 빚이 점점 늘어나기 시작했다.

As the company suffered poor sales, its debts began to **(gather / accumulate)**.

11 후기 산업시대에 레저 산업은 더 중요할 것으로 기대된다.

The leisure industry is expected to be more important in the post-industrial **(season / period / era / timing)**.

12 결정 시기가 매우 적절하다.

The **(season / period / era / timing)** of the decision is very appropriate.

퀴즈 정답 / 1 steady 2 Consistency 3 coherence 4 constant 5 result 6 outcome 7 consequences 8 effect 9 gather 10 accumulate 11 era 12 timing

167 /////

9 요소 component, element, requisite, ingredient

Reskin emphasizes that because racism is a system that consists of a set of dynamically related **components** or subsystems, disparities in any given **domain** are a result of process of reciprocal causality across multiple subsystems. Accordingly, interventions should **address** the interrelated mechanisms and critical leverage points through which racism operates and **explicitly** design multilevel interventions to get at the multiple process of racism simultaneously.[9]

인종차별은 역동적으로 관련된 일련의 요소나 하부 체계들로 구성된 시스템이기 때문에, 리스킨(Reskin)은 그 어떤 주어진 영역에서의 차별도 다수의 하부 체계들을 가로지르는 호혜적 인과 과정의 결과라고 강조한다. 이에 따라 개입 조치는 인종차별이 작동하는 상호 관련 메커니즘과 결정적인 레버리지 포인트(leverage points)를 해결하고, 인종차별의 복합적인 과정에 다가갈 수 있는 다층적 개입을 동시에 명확하게 구상해야 한다.

이 인용문은 인종차별이 단순한 별도의 존재가 아니라, 다양한 요소와 하부 체계로 구성된 시스템임을 강조하고 있습니다. 이런 까닭에 구성하는 '요소'를 뜻하는 component가 필요합니다. 이에 비해 element는 구성해 낸다는 의미보다는 속해 있는 '일부'라는 의미를 가집니다.

Trust is an essential component in our relationship.
신뢰는 우리 관계에 있어 핵심 요소다.

They will introduce new elements of
the company's changed personnel policies.
그들이 회사 인사 정책에서 새롭게 바뀐 내용을 소개할 것이다.

요소라는 뜻의 영어 단어로는 requisite와 ingredient도 있습니다.

requisite는 필수 요소를 강조할 때 사용하죠. ingredient는 보통 음식 재료로 알려져 있지만, 성공적인 결과물을 얻는 데 필요한 요소라는 뜻도 있습니다.

> A bachelor's degree is a requisite for your entry into this field.
> 이 분야에서 일하려면 학사 학위가 필수 요소다.

> Careful planning is one of the vital ingredients for your success.
> 세심한 준비가 당신의 성공을 위한 중요한 요소 중 하나다.

지형, 관심, 활동 등 다양한 기준에 따라 '영역'의 영어 단어도 다르게 쓰입니다. 인용문에 사용된 domain은 별도의 통제권을 가지는 나름의 메커니즘이 있는 활동 영역을 뜻합니다. 하부 구조와 구성 요소들이 함께 돌아가는 영역이니 인용문에 적합한 표현이라 할 수 있습니다. territory는 지형적인 통치 영역 또는 개인적인 수준에서 잘 알고 있는 영역이라는 뜻입니다.

> Music used to be a male domain.
> 음악은 남성만의 영역이곤 했다.

> The law bans the passage of foreign planes across the
> nation's territory without permission.
> 이 법은 외국 국적 비행기의 무허가 영토 통과를 금지한다.

> Accounting is not my territory.
> 회계일은 내가 잘 아는 영역이 아니다.

이 밖에 field는 주로 몸담고 있는 활동 또는 관심 영역, area는 여러 개의 영역 중 특정 영역을 의미합니다. 마지막으로 realm은 다소 배타적인 특정 지식과 관심의 영역이라고 할 수 있습니다.

He works in the field of digital art.
그는 디지털 아트 분야에서 일하고 있다.

She has contributed to the areas of marketing and promotion.
그녀는 마케팅과 홍보 분야에 기여해 왔다.

In the 19th century, clocks were confined solely to the realm of scientists.
19세기 시계는 오로지 과학자들만의 관심 영역에 속해 있었다.

'해결'이라고 하면 생각나는 단어가 solve이죠. 문제의 해답을 찾아 해결한다는 의미입니다. 인용문에 사용된 address는 직접적인 해답을 제공하기보다는 문제에 관심을 가지고 해결 방안을 모색한다는 뉘앙스를 가집니다. '상호 관련 메커니즘과 레버리지 포인트'에 대해 공부하고 분석적으로 접근한다는 의미죠.

The committee was founded with the aim of
solving the problem of radioactive waste.
이 위원회는 핵폐기물 문제를 해결할 목적으로 창설되었다.

This program will address the needs of the underprivileged.
이 프로그램은 소외 계층의 필요를 다룰 것이다.

이 인용문에는 '명확히'를 clearly가 아닌 explicitly로 표현했네요. clearly는 보고, 듣고, 읽고, 이해하기 쉬워서 명확하다고 할 때 씁니다. explicitly는 '정확하고 직접적'이기 때문에 명확한 거죠. explicitly 의 반의어가 implicitly인 걸 보면 에두르지 말고 분명하게 한다는 강조의 기능도 기대할 수 있습니다.

You should write clearly in black ink when you fill in the form.
서류를 작성할 때는 검은색 잉크로 명확하게 작성해야 한다.

The charter states explicitly that war violates human rights.
헌장은 전쟁이 인권을 침해한다고 분명히 밝히고 있다.

1 신뢰는 우리 관계에 있어 핵심 요소다.

Trust is an essential **(component / element / requisite / ingredient)** in our relationship.

2 그들이 회사 인사 정책에서 새롭게 바뀐 내용을 소개할 것이다.

They will introduce new **(components / elements / requisites / ingredients)** of the company's changed personnel policies.

3 세심한 준비가 당신의 성공을 위한 중요한 요소 중 하나다.

Careful planning is one of the vital **(components / elements / requisites / ingredients)** for your success.

4 이 분야에서 일하려면 학사 학위가 필수 요소다.

A bachelor's degree is a **(component / element / requisite / ingredient)** for your entry into this field.

5 음악은 남성만의 영역이곤 했다.

Music used to be a male **(domain / territory / field / area / realms)**.

6 이 법은 외국 국적 비행기의 무허가 영토 통과를 금지한다.

The law bans the passage of foreign planes across the nation's **(domain / territory / field / area / realm)** without permission.

7 그녀는 마케팅과 홍보 분야에 기여해 왔다.

She has contributed to the **(domains / territories / fields / areas / realms)** of marketing and promotion.

8 회계일은 내가 잘 아는 영역이 아니다.

Accounting is not my **(domain / territory / field / area / realm)**.

9 그는 디지털 아트 분야에서 일하고 있다.

He works in the **(domain / territory / field / area / realm)** of digital art.

10 이 프로그램은 소외 계층의 필요를 다룰 것이다.

This program will **(address / solve)** the needs of the underprivileged.

11 이 위원회는 핵폐기물 문제를 해결할 목적으로 창설되었다.

The committee was founded with the aim of **(addressing / solving)** the problem of radioactive waste.

12 서류를 작성할 때는 검은색 잉크로 명확하게 작성해야 한다.

You should write **(explicitly / clearly)** in black ink when you fill in the form.

13 헌장은 전쟁이 인권을 침해한다고 분명히 밝히고 있다.

The charter states **(explicitly / clearly)** that war violates human rights.

퀴즈 정답 / 1 component 2 elements 3 ingredients 4 requisite 5 domain 6 territory 7 areas
8 territory 9 field 10 address 11 solving 12 clearly 13 explicitly

173 /////

10 통합하다 integrate, combine, incorporate, converge, assimilate

Technologies such as computers, tablets, and smartphones **offer** a wide array of **possibilities** for first- and second-language learning. These **forms** of technology, in particular interactive white boards, automatic speech recognition programs, instructive virtual games, chat programs, tablets, and animated books, are increasingly being **integrated** into language education for both children and adults.[10]

컴퓨터, 태블릿 PC, 스마트폰과 같은 기술은 모국어와 외국어 습득을 위한 다양한 가능성을 제공한다. 이런 형태의 기술들, 특히 대화식 화이트보드, 자동 스피치 인식 프로그램, 교육 목적의 가상 게임, 채팅 프로그램, 태블릿 PC, 만화영화화 된 책들은 어린이와 성인 모두를 위한 언어 교육에 점차 통합되고 있다.

'통합'은 곧 '하나로 모아 합치다'는 의미죠. 이렇게 의미를 풀어 보면 combine으로 해결할 수 있을 것 같습니다. 그런데 왜 인용문에서는 integrate를 선택했을까요? combine이 단순히 두 개 이상의 대상을 합친다는 의미라면, integrate는 '효과적으로 만들기 위해' 합친다는 뜻을 가집니다. 따라서 integrate로 통합이 언어 교육의 효과를 높인다고 표현할 수 있습니다.

This table combines stylish lines with a touch of antique aesthetic.
이 테이블은 세련된 선과 고풍의 느낌을 결합했다.

Why don't you integrate exercise into your daily life?
일상생활에 운동을 접목하는 건 어때요?

한편 incorporate은 큰 것의 일부로 작은 것을 통합할 때 필요하죠.

converge는 다른 노선이나 입장이 통합되어 유사해진다는 뜻이고, assimilate는 집단이나 개인이 국가나 문화에 통합되는 문맥에 사용됩니다.

His new opera incorporated elements of popular culture.
그의 새로운 오페라는 대중문화의 요소들을 통합했다.

The aims of those programs will converge to bring the nation out of crisis.
이 프로그램들의 목표는 국가를 위기에서 벗어나게 하기 위해 통합될 것이다.

Different ethnic groups have been assimilated into new communities.
다양한 민족이 새로운 사회에 통합되어 왔다.

아마 많은 사람이 '제공하다'로 provide를 선택할 겁니다. 하지만 '다양한 가능성을 제공한다'에는 provide가 아니라 offer가 알맞습니다. provide는 '준비하고 있다가 이용하도록' 제공할 때 주로 쓰이지만, offer는 '주고자 하는 의지와 자발적인 선택'을 뜻하는 문맥과 알맞기 때문이죠.

This book provides useful information about marine life.
이 책은 해양 생물에 대한 유용한 정보를 제공한다.

Don't offer her high-fat foods—she is on a diet.
그녀에게 고지방 음식을 주지 마세요. 다이어트 중입니다.

더 살펴보자면, supply는 필요한 것을 대량으로 장기간에 걸쳐 제공한다는 뜻입니다. 더욱더 구체적인 의미를 가진 단어들도 있는데요. bestow와 impart가 그렇습니다. bestow는 존경을 보내거나 표창을 제공할 때, impart는 정보나 지식을 제공할 때 각각 사용됩니다.

> The reservoir has supplied water for the village for many years.
> 이 저수지는 마을에 수년간 용수를 제공해 왔다.

> The medal was bestowed upon him by the king of Macedonia.
> 그는 마케도니아 왕으로부터 메달을 받았다.

> It is your duty to impart morals to your child as a parent.
> 인간이 지켜야 할 도리를 자식에게 알려 주는 것은 부모로서 당신의 의무다.

인용문에 쓰인 possibility는 '가능성'의 대표 단어이죠. 하지만 다른 결을 가진 가능성으로 likelihood와 chance가 있습니다. possibility 는 발생할지도 모르는 가능성, likelihood는 앞으로 발생할 가능성, chance는 원하는 일이 발생할 가능성으로 각각 구분할 수 있어요.

> We cannot rule out the possibility that he may have committed suicide.
> 그가 자살했을지도 모른다는 가능성을 배제할 수 없다.

> The latest hostilities increased the likelihood of protracted war.
> 최근 교전으로 장기전 가능성이 높아졌다.

> You still have a chance of having a baby if you do exercise every day.
> 매일 운동만 하면 임신할 가능성은 여전히 있습니다.

'이런 형태의 기술'에 form이 등장했네요. form이 특정한 모양새를 가진 형태를 뜻하기 때문입니다. 즉 컴퓨터와 스마트폰이 기술의 여러 모양새 중 하나에 해당하죠. 모양새를 나타내는 또 다른 단어인 shape은 더욱 입체적이고 직접적입니다. 형태의 대표 단어인 type은 큰 집단 내에 공통된 특징을 가지는 하위 집단을 뜻하므로 이 인용문에 맞지 않습니다.

Body language is the oldest form of communication.
몸짓언어는 가장 오래된 소통 형태다.

Mythical creatures changed their shapes and traveled freely.
신화 속 존재들은 자신의 형체를 바꿔 자유자재로 이동했다.

There are different types of houses:
apartment, detached house, townhouse, etc.
아파트, 단독주택, 연립주택 등 다양한 형태의 집이 있습니다.

1 그의 새로운 오페라는 대중문화의 요소들을 통합했다.

His new opera (**integrated / combined / incorporated / converged / assimilated**) elements of popular culture.

2 이 프로그램들의 목표는 국가를 위기에서 벗어나게 하기 위해 통합될 것이다.

The aims of those programs will (**integrate / combine / incorporate / converge / assimilate**) to bring the nation out of crisis.

3 이 테이블은 세련된 선과 고풍의 느낌을 결합했다.

This table (**integrates / combines / incorporates / converges / assimilates**) stylish lines with a touch of antique aesthetic.

4 일상생활에 운동을 접목하는 건 어때요?

Why don't you (**integrate / combine / incorporate / converge / assimilate**) exercise into your daily life?

5 그녀에게 고지방 음식을 주지 마세요. 다이어트 중입니다.

Don't (**offer / provide / supply / bestow / impart**) her high-fat foods— she is on a diet.

6 그는 마케도니아 왕으로부터 메달을 받았다.

The medal was (**offered / provided / supplied / bestowed / imparted**) upon him by the king of Macedonia.

7 인간이 지켜야 할 도리를 자식에게 알려 주는 것은 부모로서 당신의 의무다.

It is your duty to **(offer / provide / supply / bestow / impart)** morals to your child as a parent.

8 그가 자살했을지도 모른다는 가능성을 배제할 수 없다.

We cannot rule out the **(possibility / chance / likelihood)** that he may have committed suicide.

9 최근 교전으로 장기전 가능성이 높아졌다.

The latest hostilities increased the **(possibility / chance / likelihood)** of protracted war.

10 몸짓언어는 가장 오래된 소통 형태다.

Body language is the oldest **(form / shape / type)** of communication.

11 아파트, 단독주택, 연립주택 등 다양한 형태의 집이 있습니다.

There are different **(forms / shapes / types)** of houses: apartment, detached house, townhouse, etc.

12 신화 속 존재들은 자신의 형체를 바꿔 자유자재로 이동했다.

Mythical creatures changed their **(forms / shapes / types)** and traveled freely.

11 관련하다 associate, relate, concern, involve

The term seasonal infection **associates** a **specific** infection with a **distinct** season of the year. Consequently, the perceived relationship between infections and seasonal climate is **considered** to be causal. This was **accurate** to some extent when humans lived and worked outdoors with minimal protection from even the most severe climate conditions.[11]

계절성 감염이라는 용어는 특정 감염병을 특정 계절과 관련시킨다. 그 결과, 감염병과 계절별 기후 사이에 감지되는 관계에 인과성이 있는 것으로 여겨진다. 이는 인간이 가장 극심한 기후 조건에서도 최소한의 보호를 받으며 밖에서 생활하고 노동했을 때는 어느 정도 맞는 말이었다.

'관련'이라고 하면 relate가 먼저 떠오릅니다. 하지만 associate를 쓰는 문맥도 많죠. associate가 A와 B가 관련 있다고 보는 '입장'이라면, relate는 관련이 있다는 '사실'을 뜻합니다. 이 인용문에 사용된 associate는 계절성 감염이라는 용어가 특정 계절과 관련된 특정 감염병 때문이라는 입장에 기인한다고 이해할 수 있습니다.

People associate wealth with an easy life.
사람들은 부와 편안한 삶이 관련 있다고 생각한다.

Living standards are related to the level of education.
생활수준은 교육 수준과 관련이 있다.

'관련'을 뜻하는 또 다른 단어인 concern은 책이나 특정 주제의 내용이 어떤 사실과 관련된다는 뜻으로 쓰이는 편입니다. 또한 involve는 사람이나 조직이 활동이나 상황에 관련된다는 의미죠.

His book is primarily concerned with
the First Sino-Japanese War in the late 19th century.
그의 책은 대부분 19세기 후반 1차 청일전쟁과 관련된 내용이다.

It was reported that gangs of youths are involved in
the recent shooting spree.
최근 총기 난사 사고에 청소년 갱단이 관련되어 있다고 보도되었다.

'특정'의 의미로 각각 등장한 specific과 distinct는 어떤 차이가 있을까요? specific은 다른 것이 아닌 바로 그것을 강조할 때 사용한다면, distinct는 뚜렷이 구별되어 확실히 감지된다는 의미입니다. 이를 통해 인용문에서 specific으로 감염병으로 정해진 특정한 것을, distinct로 봄, 여름, 가을, 겨울과 같이 확연히 구별되는 계절을 나타낸다는 것을 알 수 있죠.

Do you have any specific reason for applying to this fashion school?
당신은 이 패션 전문 학원에 들어온 특정한 이유가 있나요?

The distinct smell is picked up by the nose when milk starts to go rotten.
우유가 썩기 시작하면 독특한 냄새가 코를 찌르죠.

'특정하다'를 뜻하는 또 다른 단어인 certain은 다소 성격이 다릅니다. '구체적으로 말할 수는 없지만 특정하다'라는 뉘앙스를 지니고 있죠. 또한 particular는 specific과 다소 유사하나, 전체 그룹에서 특정한 일부 그룹을 강조하는 문맥에 주로 쓰입니다.

He resigned for certain personal reasons.
그는 개인적인 특정한 이유로 사임했다.

Do you have any particular sport you love to play?
당신이 즐기는 특정 스포츠가 있나요?

한편 인용문에서 '여겨지다'라는 뜻으로 쓰인 consider 대신 regard를 써도 될까요? 정답부터 말하자면, 안 됩니다. consider는 일반적으로 여길 때, regard는 특정한 대상을 특정한 방식으로 여길 때 필요합니다. 감염병과 계절별 기후 사이의 인과성은 일반적인 사실이지 특정 대상에 대한 내용이 아니므로 regard는 적절하지 않습니다.

It is considered rude to speak with your mouth full of food.
입에 음식을 가득 넣고 말하는 건 무례로 여겨진다.

My mother always regards my brother as the smartest boy in the world.
우리 엄마는 남동생이 세상에서 가장 똑똑한 아이라고 항상 여기신다.

이외에 see, view, hold 같은 기본 동사에도 여겨진다는 뜻이 있습니다. see가 인식한다는 의미의 간주라면, view는 입장이나 의견 형태의 간주라고 볼 수 있죠. hold는 지속적으로 확고하게 여겨질 때 사용됩니다.

Anyone can see this car as a kind of bribe.
누구든지 이 차를 일종의 뇌물로 볼 수 있다.

He is viewed as the best candidate for this position.
그는 이 자리에 맞는 최고의 후보로 여겨진다.

His book is held to be the finest piece of physical science.
그의 책은 자연과학의 우수한 업적으로 여겨진다.

'맞다'하면 correct가 아닌가요? 물론 가능하지만 이 인용문에는 맞지 않습니다. correct는 틀림없다는 의미이지만, 인용문에 사용된 accurate는 '사실과 매우 맞다'는 것을 강조합니다. 인간이 외부에서 생활하고 노동했을 때는 날씨와 감염 간 인과성이 정말 있었다는 거죠. 이밖에 right는 의견이나 입장이 맞을 때 쓰이는 편입니다.

We stayed up all night to check if the data is correct.
우리는 이 데이터가 맞는지 확인하기 위해 밤을 샜다.

The new soap opera is very popular but not historically accurate.
새로운 드라마가 매우 인기 있지만 실제 역사와는 전혀 맞지 않는다.

You were right about me—I had a crush on Jack.
네가 맞았어. 난 Jack에게 완전히 빠졌었다.

1 생활수준은 교육 수준과 관련이 있다.

Living standards are **(associated / related / concerned / involved)** to the level of education.

2 최근 총기 난사 사고에 청소년 갱단이 관련되어 있다고 보도되었다.

It was reported that gangs of youths are **(associated / related / concerned / involved)** in the recent shooting spree.

3 사람들은 부와 편안한 삶이 관련 있다고 생각한다.

People **(associate / relate / concern / involve)** wealth with an easy life.

4 그는 개인적인 특정한 이유로 사임했다.

He resigned for **(specific / distinct / certain / particular)** personal reasons.

5 당신이 즐기는 특정 스포츠가 있나요?

Do you have any **(specific / distinct / certain / particular)** sport you love to play?

6 우유가 썩기 시작하면 독특한 냄새가 코를 찌르죠.

The **(specific / distinct / certain / particular)** smell is picked up by the nose when milk starts to go rotten.

7 입에 음식을 가득 넣고 말하는 건 무례로 여겨진다.

It is **(considered / regarded / saw / viewed / held)** rude to speak
with your mouth full of food.

8 누구든지 이 차를 일종의 뇌물로 볼 수 있다.

Anyone can **(consider / regard / see / view / hold)** this car as a kind
of bribe.

9 우리 엄마는 남동생이 세상에서 가장 똑똑한 아이라고 항상 여기신다.

My mother always **(considers / regards / sees / views / holds)** my
brother as the smartest boy in the world.

10 네가 맞았어. 난 Jack에게 완전히 빠졌었다.

You were **(accurate / correct / right)** about me—I had a crush on
Jack.

11 새로운 드라마가 매우 인기 있지만 실제 역사와는 전혀 맞지 않는다.

The new soap opera is very popular but not historically **(accurate /
correct / right)**.

12 우리는 이 데이터가 맞는지 확인하기 위해 밤을 샜다.

We stayed up all night to check if the data is **(accurate / correct /
right)**.

12 공감하다 empathic, sympathetic, compassionate, sensitive

Philosophers, legal scholars, and political scientists have addressed more abstract moral **principles** that can be used to **regulate** and **govern** the interactions of individuals in larger and more **complex** societies. Here, the nature of cooperative or **empathic** behavior is much more symbolic as it depends less on direct exchanges between specific individuals, but taps into more abstract and ambiguous concepts such as "the greater good."[12]

철학자, 법학자, 정치학자들은 더 넓고 복잡한 사회 속 개인의 상호 작용을 규제하고 다스리는 데 사용할 수 있는 더욱 추상적인 도덕 원칙들을 연구해 왔다. 여기서 협력하고 공감하는 행위의 본질은 훨씬 더 상징적인데, 이것이 특정 개인의 직접적인 교환에 의지하기보다는 '더 위대한 선(善)'과 같은 더 추상적이고 애매모호한 개념들을 활용하고 있기 때문이다.

소규모 단위에서 개인의 행동을 규제하는 가장 효과적인 방법은 상호 이해관계를 결부하여 따르지 않을 때 손해를 보게 하는 것이죠. 하지만 인간 집단이 대규모 사회를 이루게 되면 '사회 선의 추구' 같은 더욱 추상적이고 보편적인 명분으로 개인의 행동을 규제하게 됩니다. 이때 타인의 상황과 감정을 공감하게 만드는 과정이 작동한다고 볼 수 있죠. 이런 까닭에 이 인용문에서는 타인이 느끼는 것을 나도 상상을 통해 느낀다는 뜻의 empathic(=empathetic)이 등장합니다.

> This program is designed to train doctors
> to be empathetic toward their patients.
> 이 프로그램은 의사들이 환자들과 공감하는 훈련을 위해 설계되었다.

이밖에 다른 공감을 뜻하는 단어들은 특정한 문맥을 필요로 합니다. 먼저 sympathetic은 타인의 '고통과 슬픔'에 공감한다는 뜻입니다.

compassionate는 이런 고통과 슬픔의 감정을 넘어서 기꺼이 도와주려는 의도까지 포함합니다. 또한 sensitive는 보통 '민감하다'라는 뜻으로 알려져 있지만, 상대방의 '필요를 공감하고 도와주려 한다'는 의미도 있습니다.

He tried to tell Kate how miserable his life was without her,
but she didn't look sympathetic at all.
그는 그녀가 없는 자신의 삶이 얼마나 처참한지 말하려 했지만
Kate는 전혀 공감하지 않는 듯했다.

He always deals with problems
in a discreet and compassionate way.
그는 항상 문제를 분별력 있고 공감하는 방식으로 처리한다.

The primary importance should be attached to teachers' sensitivity
when dealing with adolescents.
청소년 문제를 다룰 때 이들의 필요를 공감하는
선생님들의 능력이 무엇보다 중요하다.

'원칙'의 단어를 살펴보자면, 먼저 한국인에게 가장 친숙한 principle이 있지요. principle은 '어떤 것이 발생하고 작동하는 방식'을 통제하는 원칙이라서 사회를 운영하는 도덕 원칙을 뜻하는 이 인용문에 적절합니다. basis는 모든 것의 근간이 되는 가장 중요한 원칙이며, rule은 어기면 안 되며 반드시 지켜야 하는 원칙을 뜻합니다.

These nations are run on the principles of democracy.
이 국가들은 민주주의 원칙에 따라 통치된다.

Trust is the basis of a successful marriage.
믿음이 성공적인 결혼 생활의 가장 중요한 원칙이다.

Every participant must familiarize themselves with the rules of the game.
모든 참여자는 게임의 원칙을 반드시 숙지해야 한다.

인용문에 사용된 '규제하다'의 regulate와 '다스리다'의 govern은 '통제'의 범주에 속하는 단어들이죠. regulate는 '특정한 원칙과 체계에 따라 통제'하는 경우, govern도 '영향력을 행사하여 통제'하는 경우를 뜻해서 원칙에 따라 합리적으로 영향력을 행사하여 통제한다는 인용문의 뉘앙스에 들어맞습니다. 통제의 대표 단어인 control은 힘과 권력으로 '강제적으로 통제'한다는 의미라서 인용문에는 쓰면 안 되겠죠.

The traffic lights regulate the flow of traffic.
신호등은 교통 흐름을 통제한다.

Prices are governed by the law of supply and demand.
수요공급의 법칙에 따라 가격이 결정된다.

Troops were dispatched to control rebel forces.
반란군 통제를 위해 병력이 배치되었다.

마지막으로 '복잡하다'의 단어로는 complex, complicated, intricate, crowded가 있습니다. 인용문의 '복잡한 사회'에는 complex가 필요하죠. 구성 요소들이 늘어나서 복잡하다는 의미를 나타내기 때문입니다. complicated는 요소가 너무 많아 이해하기 어렵다는 뉘앙스까지 포함되며, intricate는 복잡하고 섬세해서 부서지기 쉽다는 의미입니다. crowded는 사람이 많아 복잡할 때 등장합니다.

This country has a complex system of criminal justice.

이 나라는 복잡한 사법제도를 가지고 있다.

Sending a rocket to Mars is a complicated task.

화성에 로켓을 보내는 것은 복잡한 작업이다.

This floor painting has amazingly intricate patterns.

이 바닥 그림에는 놀라울 정도로 복잡한 패턴이 있다.

He barely spotted his son in the crowded station.

그는 복잡한 역에서 자신의 아들을 간신히 찾아냈다.

1 그는 항상 문제를 분별력 있고 공감하는 방식으로 처리한다.

He always deals with problems in a discreet and **(empathic / sympathetic / compassionate / sensitive)** way.

2 이 프로그램은 의사들이 환자들과 공감하는 훈련을 위해 설계되었다.

This program is designed to train doctors to be **(empathic / sympathetic / compassionate / sensitive)** toward their patients.

3 청소년 문제를 다룰 때 이들의 필요를 공감하는 선생님들의 능력이 무엇보다 중요하다.

The primary importance should be attached to teachers' **(empathy / sympathy / compassionateness / sensitivity)** when dealing with adolescents.

4 그는 그녀가 없는 자신의 삶이 얼마나 처참한지 말하려 했지만 Kate는 전혀 공감하지 않는 듯했다.

He tried to tell Kate how miserable his life was without her, but she didn't look **(empathic / sympathetic / compassionate / sensitive)** at all.

5 모든 참여자는 게임의 원칙을 반드시 숙지해야 한다.

Every participant must familiarize themselves with the **(principles / bases / rules)** of the game.

6 이 국가들은 민주주의 원칙에 따라 통치된다.

These nations are run on the **(principles / bases / rules)** of democracy.

7 믿음이 성공적인 결혼 생활의 가장 중요한 원칙이다.

Trust is the **(principle / basis / rule)** of a successful marriage.

8 반란군 통제를 위해 병력이 배치되었다.

Troops were dispatched to **(regulate / govern / control)** rebel forces.

9 신호등은 교통 흐름을 통제한다.

The traffic lights **(regulate / govern / control)** the flow of traffic.

10 그는 복잡한 역에서 자신의 아들을 간신히 찾아냈다.

He barely spotted his son in the **(complex / complicated / intricate / crowded)** station.

11 이 바닥 그림에는 놀라울 정도로 복잡한 패턴이 있다.

This floor painting has amazingly **(complex / complicated / intricate / crowded)** patterns.

12 이 나라는 복잡한 사법제도를 가지고 있다.

This country has a **(complex / complicated / intricate / crowded)** system of criminal justice.

정답 및 해석 / 1 compassionate 2 empathetic 3 sensitivity 4 sympathetic 5 rules 6 principles
7 basis 8 control 9 regulate 10 crowded 11 intricate 12 complex

191 /////

13 일반적 generally, commonly, usually, typically

In the consumer behavior literature, materialism is **commonly** defined as the importance consumers place on material goods as a means for reaching important life goals. Materialism is **typically** viewed as having three facets: a **tendency** to judge one's own success and that of others in terms of material possessions, a belief that **acquisition** leads to happiness, and the **centrality** of acquisition in a consumer's life.[13]

소비자 행동 문헌에서 일반적으로 물질주의는 소비자가 삶의 중요한 목표를 달성하는 수단으로써 물질적인 상품에 중점을 두는 것으로 정의된다. 물질주의는 보통 세 가지 측면을 가진다고 여겨지는데, 자기 자신의 성공과 타인의 성공을 물질적 소유로 판단하는 경향, 소유가 행복을 가져온다는 믿음, 물질 획득이 소비자의 삶에 중심을 차지하는 것이 그것이다.

어떤 것이 '일반적인' 데는 범위가 넓든, 빈도가 높든, 전형에 가깝든 여러 이유가 있을 수 있죠. 범위가 넓은 경우는 generally와 commonly를 사용합니다. generally가 commonly보다 상대적으로 범위가 더 넓습니다. 다음 예문에서도 generally를 통해 그렇게 생각하는 사람들의 범위가 넓다는 것을 알 수 있습니다.

It is generally known that smoking harms people's health.
일반적으로 흡연은 사람들의 건강을 해친다고 알려져 있다.

빈도가 높은 경우는 usually를 씁니다. 다음 첫 번째 예문을 보면 usually를 통해 이렇게 관련시키는 경우가 잦다는 것을 알 수 있죠. typically는 전형과 가까울 때 등장합니다. 즉 인용문을 통해 물질주의를 세 가지 측면으로 보는 것이 전형적이라는 걸 알 수 있죠. 다음 두 번째 예문에서는 각 반 30명이 일반적인 원칙임을 알 수 있습니다.

Poor performance is usually associated with low self-esteem.
저조한 성적은 일반적으로 낮은 자존감과 관련된다.

Typically, each class has 30 students.
일반적으로 각 반은 30명의 학생으로 구성된다.

'경향'의 대표 단어인 trend는 집단의 경향을 의미합니다. 이 인용문에는 집단이 아닌 개인 단위의 경향을 뜻하는 단어가 필요한데, 바로 tendency입니다. 또한 유의어인 inclination은 '타고난 경향'을 나타내고, propensity는 '특정 행위를 선호하는' 경향을 의미합니다.

The survey showed a trend toward working less with more money.
설문조사를 통해 노동 시간은 줄고 수입은 증가하는 경향이 나타났다.

He has a tendency to blame others when things go wrong.
일이 잘못되면 그는 남을 탓하는 경향이 있다.

It is important to choose your major in harmony with your inclination.
당신 성향에 맞는 전공을 택하는 것이 중요하다.

Americans have a strong propensity to invest in stocks.
미국인들은 주식에 투자하는 경향이 강하다.

한편 이 인용문에서는 '소유'를 possession이 아닌 acquisition이 담당하고 있는데, 왜 그럴까요? possession이 가지고 있는 상태를 의미하지만, acquisition은 가지려고 하는 행위나 대상을 지칭합니다. 예를 들면 지식이나 기술일 수 있죠. 하지만 이 인용문에서 acquisition은 가진 것에 가치 있는 것을 더해서 축적한다는 또 다른 뜻으로 쓰였습니다.

Possession of a car ensures mobility.

차를 가지고 있으면 이동이 용이하다.

This book covers the process of a child's language acquisition.

이 책은 아동 언어 습득 과정에 대한 내용을 다룬다.

The company announced a new acquisition.

회사는 새로운 인수 건을 발표했다.

마지막으로 이 인용문에는 '중심'이라면 흔히 떠올리는 center가 아닌, 다소 생소한 centrality가 사용되었습니다. center는 공간적인 중심을 뜻합니다. 물론 centrality가 공간적인 중심을 뜻할 때도 있지만, 대부분은 '가치의 중심'을 뜻하는 편입니다. 인용문은 '물질 획득이 소비자의 삶에 있어 중심을 차지하는' 가치를 말하는 것이니 centrality가 필요합니다.

There was a big round table in the center of the conference room.

회의실 중앙에 큰 원형 테이블이 있었다.

The rent for this building is too expensive due to its centrality.

이 건물은 중앙에 위치하고 있어 임대료가 매우 비쌉니다.

No one would oppose the centrality of family as a social institution.

누구도 사회 제도로서 가족의 중심적인 역할을 반대하지 않을 것이다.

1   저조한 성적은 일반적으로 낮은 자존감과 관련된다.

Poor performance is **(generally / commonly / typically / usually)**

associated with low self-esteem.

2   일반적으로 흡연은 사람들의 건강을 해친다고 알려져 있다.

It is **(generally / commonly / typically / usually)** known that smoking

harms people's health.

3   일반적으로 각 반은 30명의 학생으로 구성된다.

(Generally / Commonly / Typically / Usually), each class has 30

students.

4   설문조사를 통해 노동 시간은 줄고 수입은 증가하는 경향이 나타났다.

The survey showed a **(tendency / trend / inclination / propensity)**

toward working less with more money.

5   일이 잘못되면 그는 남을 탓하는 경향이 있다.

He has a **(tendency / trend / inclination / propensity)** to blame

others when things go wrong.

6   미국인들은 주식에 루자하는 경향이 강하다.

Americans have a strong **(tendency / trend / inclination /**

propensity) to invest in stocks.

7 당신 성향에 맞는 전공을 택하는 것이 중요하다.

It is important to choose your major in harmony with your **(tendency / trend / inclination / propensity)**.

8 이 책은 아동 언어 습득 과정에 대한 내용을 다룬다.

This book covers the process of a child's language **(possession / acquisition)**.

9 차를 가지고 있으면 이동이 용이하다.

(Possession / Acquisition) of a car ensures mobility.

10 회사는 새로운 인수 건을 발표했다.

The company announced a new **(possession / acquisition)**.

11 이 건물은 중앙에 위치하고 있어 임대료가 매우 비쌉니다.

The rent for this building is too expensive due to its **(centrality / center)**.

12 누구도 사회 제도로서 가족의 중심적인 역할을 반대하지 않을 것이다.

No one would oppose the **(centrality / center)** of family as a social institution.

13 회의실 중앙에 큰 원형 테이블이 있었다.

There was a big round table in the **(centrality / center)** of the conference room.

14 확인 confirmation, validation, authentication, corroboration

Disease **surveillance** systems are a cornerstone of public health **tracking** and prevention. This review addresses the use, **promise**, perils, and ethics of social media- and Internet-based data collection for public health surveillance. Our review highlights untapped opportunities for integrating digital surveillance in public health and current applications that could be improved through better integration, **validation**, and clarity on rules surrounding ethical considerations.[14]

질병 감시 시스템은 공중보건을 위한 추적과 예방활동에 주춧돌 같은 역할을 한다. 이 논문은 공중보건 감시를 위해 소셜 미디어와 인터넷 매체가 수집한 데이터의 활용, 전망, 위험성, 윤리성에 대해 논한다. 또한 공중 보건에 디지털 감시 활동을 통합하는 데 있어 아직 손대지 못한 가능성, 윤리 문제를 둘러싼 규칙들의 통합, 확인 작업, 명료성 개선으로 더 나아질 수 있는 기존 활동들에 중점을 두었다.

'확인'의 대표 단어는 confirmation입니다. 예약할 때 자주 등장하는데, confirmation에는 불확실한 것을 분명하게 한다는 뜻이 있기 때문입니다. 예약했지만 실제로 사용할지는 아직 모르니까요. 이 인용문에 사용된 validation은 법적 또는 공식적으로 사실임을 증명해 주는 확인을 뜻합니다. 즉 '규칙들의 내용을 공식적으로 확인'하기 때문에 validation이 필요하죠.

You may apply for a special validation passport for travel to a restricted country.

입국 제한 국가를 여행하기 위해 특별확인여권을 신청할 수 있다.

확인을 뜻하는 또 다른 단어인 authentication에는 authenticity가 포함되어 있죠. 다시 말해 진짜임을 확인해 준다는 의미입니다. 또한

corroboration은 특정 사실을 자료나 증거 제공을 통해 확인해 주는 행위를 말하죠.

Fine arts must undergo a process of authentication
before they are put up for auction.
미술품들은 경매에 부쳐지기 전에 확인 작업을 거쳐야 한다.

We can't put him in jail without corroboration that he is guilty.
그가 유죄임을 밝힐 확인 자료가 없다면 우리는 그를 감옥에 넣을 수 없다.

인용문에 '감시'의 단어로 surveillance가 쓰인 것을 보면, 나쁜 일의 발생을 막고자 감시하는 상황임을 알 수 있습니다. 즉 질병의 확산을 막기 위한 감시죠. 일반적으로 알려진 observation은 대상에 대한 정보를 획득하려는 목적의 감시이며, monitoring은 대상이 어떻게 변화하는지를 살펴서 이에 대응하고자 감시할 때 사용됩니다.

Surveillance cameras have been installed at every street corner.
감시카메라가 모든 골목 모퉁이에 설치되었다.

He has been hospitalized for observation.
그는 병세를 살펴보기 위해 입원했다.

The climate change monitoring system enables us to
accurately predict the future conditions.
기후변화감시시스템은 미래 상황을 정확하게 예측하도록 해준다.

'추적'이라고 하면 trace, track, chase 등이 있는데, 인용문에서는 tracking이 등장했습니다. 기기를 통해 질병 발생 여부와 경로를 남긴

흔적을 추적하기 때문입니다. 이와 비교해 trace는 원인과 기원을 추적할 때 주로 쓰입니다. 그리고 chase는 잡기 위해 빠르게 추적한다는 뜻으로 이 인용문과는 전혀 맞지 않습니다.

Tracking tornados requires healthy bodies, patience,
and knowledge of equipment.
토네이도를 추적하려면 건강한 몸, 인내심,
그리고 기기에 대한 지식이 있어야 한다.

The police are tracing the anonymous bomb threat
that was made toward the school.
경찰은 학교를 폭발하겠다는 익명의 편지를 추적하고 있다.

The alleged jewelry shop burglars were arrested after a brief chase.
보석 가게 강도 용의자들이 약간의 추적 끝에 체포되었다.

한편 인용문에는 '약속'으로 알려진 promise가 '전망'이라는 뜻으로 쓰였습니다. 이처럼 promise는 어떤 것이 매우 성공적일 것으로 전망할 때도 쓸 수 있어요. 즉 인용문에 promise가 쓰였으니 감시 시스템에 대해 긍정적인 전망을 제시했다고 볼 수 있죠.

His child showed many signs of giftedness
but failed to fulfill her early promise.
그의 아이는 영재 조짐이 많이 보였지만,
잘되리라는 초기 전망에 부응하지는 못했다.

전망을 뜻하는 단어로는 prospect, outlook, forecast 등도 있습니다. prospect는 좋은 일이 발생할 것이라는 전망, outlook은 미래 상황에

대한 전망을 가리킵니다. forecast는 구체적인 데이터를 제공하는 전
망을 말할 때 필요합니다.

There is no prospect of immediate peace.
즉각적인 평화가 찾아올 가능성은 없다.

A bleak economic outlook has plagued the whole market.
암울한 경기 전망으로 시장 전체가 계속 침체되고 있다.

The expert group provides the forecast of market demand.
전문가 그룹은 시장 수요 전망 자료를 제공한다.

1   입국 제한 국가를 여행하기 위해 특별확인여권을 신청할 수 있다.

You may apply for a special **(confirmation / validation / authentication / corroboration)** passport for travel to a restricted country.

2   그가 유죄임을 밝힐 확인 자료가 없다면 우리는 그를 감옥에 넣을 수 없다.

We can't put him in jail without **(confirmation / validation / authentication / corroboration)** that he is guilty.

3   미술품들은 경매에 부쳐지기 전에 확인 작업을 거쳐야 한다.

Fine arts must undergo a process of **(confirmation / validation / authentication / corroboration)** before they are put up for auction.

4   감시카메라가 모든 골목 모퉁이에 설치되었다.

(Surveillance / Observation / Monitoring) cameras have been installed at every street corner.

5   그는 병세를 살펴보기 위해 입원했다.

He has been hospitalized for **(surveillance / observation / monitoring)**.

6   토네이도를 추적하려면 건강한 몸, 인내심, 그리고 기기에 대한 지식이 있어야 한다.

(Tracing / Tracking / Chasing) tornados requires healthy bodies, patience, and knowledge of equipment.

7 경찰은 학교를 폭발하겠다는 익명의 편지를 추적하고 있다.

The police are **(tracing / tracking / chasing)** the anonymous bomb threat that was made toward the school.

8 보석 가게 강도 용의자들이 약간의 추적 끝에 체포되었다.

The alleged jewelry shop burglars were arrested after a brief **(trace / track / chase)**.

9 전문가 그룹은 시장 수요 전망 자료를 제공한다.

The expert group provides the **(promise / prospect / outlook / forecast)** of market demand.

10 암울한 경기 전망으로 시장 전체가 계속 침체되고 있다.

A bleak economic **(promise / prospect / outlook / forecast)** has plagued the whole market.

11 즉각적인 평화가 찾아올 가능성은 없다.

There is no **(promise / prospect / outlook / forecast)** of immediate peace.

정답 / 1 validation 2 corroboration 3 authentication 4 Surveillance 5 observation
6 Tracking 7 tracing 8 chase 9 forecast 10 outlook 11 prospect

///// 202

15 평가하다 evaluate, assess, appraise, judge

Dating is widely thought of as a test **phase** for romantic relationships, during which new romantic partners carefully **evaluate** each other for long-term fit. However, this cultural **narrative** assumes that people are well equipped to reject poorly suited partners. In this article, we argue that humans are biased toward pro-relationship decisions—decisions that favor the **initiation**, advancement, and maintenance of romantic relationships.[15]

데이트는 로맨틱한 관계를 시험하는 단계로 널리 인식된다. 이 기간 동안 새로운 연애 파트너들은 서로가 장기적으로 맞는지 주의 깊게 평가한다. 하지만 이런 문화적 서사는 잘 맞지 않는 파트너에 대해 사람들이 얼마든지 거절할 수 있다는 근거 없는 가정을 하고 있다. 우리는 이 글에서 관계에 호의적인 결정, 즉 로맨틱한 관계가 시작, 발전, 유지되리라고 보는 쪽으로 인간들의 생각이 편향되어 있음을 지적한다.

한국인이 선호하는 '평가'의 단어는 evaluate이죠. 심사숙고하여 대상의 가치나 상태를 평가해 '의견을 제시'한다는 의미이므로 이 인용문에도 맞습니다. 반면 assess는 의견이나 이해를 도출하는 것이 아니라 특정 사실을 평가해서 '데이터로 활용할 목적'을 가지죠.

We evaluated five new albums and ranked them according to the quality of sound.
우리는 새로 나온 앨범 다섯 개를 평가하고 사운드의 질에 따라 순위를 매겼다.

International organizations have developed a tool to assess earthquake damage.
국제기구들은 지진 피해를 평가할 도구를 개발했다.

assess와 유사한 뜻을 가진 appraise는 주로 특정 그룹이나 대상의 '능력 또는 가치를 가늠하려고' 평가할 때 사용됩니다. 한편 judge는 evaluate와 유사하지만 아래 두 번째 예문처럼 종종 부정적인 뉘앙스를 띠곤 합니다.

The council is being asked to appraise the feasibility of each application.
위원회는 각 신청서의 실행가능성을 평가해 달라는 요청을 받고 있다.

No one has a right to judge others.
그 누구도 다른 사람을 평가할 권리가 없다.

이 인용문에는 '단계'에 step이나 stage가 아닌 phase를 사용했네요. 이 단어들은 모두 성격이 다른 '단계'입니다. 우선 step은 위로 올라가는, 즉 발전해 가는 단계입니다. stage는 특정한 활동이나 과정의 부분을 차지하는 단계를 말하죠.

Our next step is to accelerate the growth of the plants.
다음 단계에서 우리가 할 일은 식물의 성장을 가속화하는 것이다.

People usually go through a rebellious stage
at the beginning of adolescence.
사람들은 보통 청소년기 초반에 질풍노도의 시기를 겪는다.

이와 달리 phase는 과정과 활동의 부분들이 일련의 흐름에 따라 연결되어 있다는 것을 분명히 할 때 사용됩니다. 이 인용문에서는 로맨틱한 관계를 시험하고, 확신을 갖고, 실행에 옮기는 등의 연결된 과정 속 단계를 뜻하므로 phase가 적절하다고 볼 수 있습니다.

We are entering the second phase of sustainable development.
우리는 지속가능한 발전의 두 번째 단계로 접어들고 있다.

또한 이 인용문의 '서사'에는 narrative가 등장합니다. 서사라고 하면 story도 가능할 법하지만 살짝 다릅니다. story는 하나의 이야기 자체를 뜻하고, narrative는 특정한 순서에 맞춰 이야기들을 전개하는 방식으로 볼 수 있죠. 인용문에서는 연애가 발전해 가는 이야기들의 배치를 임의로 선정한 것을 비판하므로 narrative가 등장했습니다.

This film is based on the true story of a man with a tragic life.
이 영화는 끔찍한 삶을 산 한 남자의 실제 이야기를 바탕으로 하고 있다.

The author was pressured into constructing the narrative
in favor of the authoritarian regime.
작가는 독재정권에 유리하게 이야기를 구성하도록 압력을 받았다.

'시작'의 initiation도 설명이 필요합니다. 우리에게 친숙한 start가 단순히 새로운 활동이나 시기의 시작을 의미한다면, initiation은 여러 단계로 된 과정 중에 시작 지점의 활동을 의미합니다. 또한 조직적으로 준비된 대상의 본격적인 시작을 말할 때는 launch를 쓰고, 조직 설립이나 활동 시작을 표현할 때는 inception을 사용합니다.

The company announced the start of a new advertising campaign.
회사는 새로운 광고 캠페인 착수를 발표했다.

We are wondering who is in charge of the initiation of criminal proceedings.
형사 소송 착수를 누가 담당하고 있는지 궁금합니다.

I am pleased to see the launch of a new website.

새 웹사이트의 개설을 보게 되어 매우 기쁩니다.

This organization has grown significantly since its inception in 2002.

2002년 설립 이후 이 조직은 엄청나게 성장했다.

1 위원회는 각 신청서의 실행가능성을 평가해 달라는 요청을 받고 있다.

The council is being asked to **(evaluate / assess / appraise / judge)** the feasibility of each application.

2 우리는 새로 나온 앨범 다섯 개를 평가하고 사운드의 질에 따라 순위를 매겼다.

We **(evaluated / assessed / appraised / judged)** five new albums and ranked them according to the quality of sound.

3 국제기구들은 지진 피해를 평가할 도구를 개발했다.

International organizations have developed a tool to **(evaluate / assess / appraise / judge)** earthquake damage.

4 그 누구도 다른 사람을 평가할 권리가 없다.

No one has a right to **(evaluate / assess / appraise / judge)** others.

5 다음 단계에서 우리가 할 일은 식물의 성장을 가속화하는 것이다.

Our next **(step / stage / phase)** is to accelerate the growth of the plants.

6 우리는 지속가능한 발전의 두 번째 단계로 접어들고 있다.

We are entering the second **(step / stage / phase)** of sustainable development.

7 사람들은 보통 청소년기 초반에 질풍노도의 시기를 겪는다.

People usually go through a rebellious **(step / stage / phase)** at the beginning of adolescence.

8 작가는 독재정권에 유리하게 이야기를 구성하도록 압력을 받았다.

The author was pressured into constructing the **(story / narrative)** in favor of the authoritarian regime.

9 이 영화는 끔찍한 삶을 산 한 남자의 실제 이야기를 바탕으로 하고 있다.

This film is based on the true **(story / narrative)** of a man with a tragic life.

10 회사는 새로운 광고 캠페인 착수를 발표했다.

The company announced the **(initiation / start / launch / inception)** of a new advertising campaign.

11 2002년 설립 이후 이 조직은 엄청나게 성장했다.

This organization has grown significantly since its **(initiation / start / launch / inception)** in 2002.

12 형사 소송 착수를 누가 담당하고 있는지 궁금합니다.

We are wondering who is in charge of the **(initiation / start / launch / inception)** of criminal proceedings.

13 새 웹사이트의 개설을 보게 되어 매우 기쁩니다.

I am pleased to see the **(initiation / start / launch / inception)** of a new website.

기출 정답 / 1 appraise 2 evaluated 3 assess 4 judge 5 step 6 phase 7 stage 8 narrative 9 story 10 start 11 inception 12 initiation 13 launch

///// 208

16 부족하다 lacking, scarce, deficient, short

Global food systems face the challenge of providing healthy and **adequate** nutrition through sustainable means, which is **exacerbated** by climate change and increasing protein demand by the world's growing population. Recent advances in novel food production technologies demonstrate potential solutions for improving the **sustainability** of food systems. Yet, diet-level comparisons are **lacking** and are needed to fully understand the environmental impacts of incorporating novel foods in diets.[16]

세계식량체계는 건강하고 충분한 영양분을 지속가능한 방식으로 제공하는 데 있어 도전에 직면해 있다. 이는 기후 변화와 세계 인구 증가로 인한 단백질 수요 증가로 악화되고 있다. 최근 이전에는 볼 수 없었던 식량 생산의 새로운 기술 개발로 식량체계의 지속가능성을 개선할 수 있는 잠재적 해결 방안이 소개되었다. 그럼에도 불구하고 식단 단위의 비교 연구가 부족한데, 새로운 식량들을 식단에 통합하는 것이 환경적으로 어떤 영향을 미치는지 제대로 이해하려면 이 작업이 꼭 필요하다.

'부족하다'의 단어인 lacking은 '충분하지 않다'는 의미로 양과 질을 모두 포함합니다. 이 인용문에 lacking이 쓰인 것을 보면 식단 단위 비교 연구의 양과 질을 모두 겨냥한다고 볼 수 있죠. 비슷한 뜻의 scarce를 이 자리에 넣으면 매우 어색합니다. scarce는 찾을 수가 없어 부족할 때 사용하기 때문이죠.

My son is completely lacking in confidence about himself.
내 아들은 스스로에 대한 자신감이 완전히 부족하다.

Drinking water is scarce in desert areas.
사막 지역에서는 식수가 부족하다.

또한 deficient는 필수적이고 중요한 것이 부족할 때, short는 충분치 않아 부족하다는 의미는 같지만 용품, 돈, 공간, 재료, 인력 등이 부족하다는 문맥에서 종종 등장합니다.

A diet deficient in iron can cause anemia.
철분 부족 식단은 빈혈을 유발할 수 있다.

Seoul is short of space and full of people.
서울은 공간이 부족하고 사람은 넘쳐 난다.

이번에는 '충분하다'의 뜻을 가진 단어를 살펴볼까요? 인용문에는 우리에게 익숙한 enough가 아닌 adequate가 쓰였죠. enough가 필요한 만큼 있다는 의미라면, adequate는 충분히 있어 '적절하고 적당하다'는 뜻입니다. 이 인용문에서는 adequate를 써서 영양소가 충분하다는 것에서 적절하다는 의미까지 더했다고 볼 수 있죠. 그리고 sufficient는 특정한 목적을 충족하기에 충분하다는 뜻입니다.

We have enough food for five.
다섯 명이 먹을 음식은 충분히 있다.

This house is not big but it is adequate for my needs.
이 집은 크진 않지만 내가 쓰기에는 충분하다.

He managed to get to a nearby island,
where he found sufficient resources to survive.
그는 간신히 근처 섬까지 갔고,
그곳에서 생존을 위한 충분한 재료들을 찾아냈다.

인용문의 '악화하다'에는 exacerbate라는 다소 고급스러워 보이는 단어가 들어갔네요. 가볍게 worsen이라고 하면 될 텐데 왜 이 단어를 썼을까요? worsen이 단순히 나빠진다는 의미라면, exacerbate는 이미 나쁜 것을 더 나쁘게 만들 때 등장합니다. 식량 공급이 이미 도전에 직면해 있는데, 여기에 기후 변화와 단백질 수요 증가가 상황을 더 나쁘게 만드니 exacerbate가 필요한 거죠. exacerbate와 유사한 aggravate는 나쁜 '상황' 또는 질병 등의 '상태'가 더 나빠질 때 주로 등장합니다.

The spread of the epidemic has worsened the nation's economy.
전염병 창궐로 국가 경제가 악화되었다.

Longstanding hostility was exacerbated after the shootings last week.
오랫동안 지속된 적대감이 지난주 총격전으로 더 악화되었다.

The unwise use of drugs can aggravate his condition.
약을 함부로 사용하면 그의 상태가 더 나빠질 수 있습니다.

지속가능성의 sustainability는 한국에도 널리 알려진 단어입니다. 그렇다면 '지속가능성'의 구체적인 의미는 무엇일까요? sustainability의 동사형은 sustain입니다. 이 단어는 일정 기간 정도와 수준이 떨어지지 않고 유지된다는 의미를 가집니다. 이것을 '지속가능성'이라고 말할 수 있겠네요.

This animal can sustain a high speed to catch its prey.
이 동물은 사냥감을 잡기 위해 일정 기간 높은 속도를 유지할 수 있다.

이밖에 '유지하다'를 뜻하는 단어로 maintain과 retain도 있습니다. maintain은 존재하게 유지하다, 다시 말해 다치거나 부서지지 않도록 유지하는 것을 말합니다. retain은 소유를 유지한다는 의미입니다.

He maintains his health by working out regularly and eating good foods.
그는 규칙적인 운동과 양질의 음식으로 건강을 유지한다.

My favorite team is retaining a lead in the second half of the game.
내가 좋아하는 팀이 후반전에도 계속 이기고 있어요.

1 내 아들은 스스로에 대한 자신감이 완전히 부족하다.

   My son is completely **(lacking / scarce / deficient / short)** in
   confidence about himself.

2 서울은 공간이 부족하고 사람은 넘쳐 난다.

   Seoul is **(lacking / scarce / deficient / short)** of space and full of
   people.

3 사막 지역에서는 식수가 부족하다.

   Drinking water is **(lacking / scarce / deficient / short)** in desert areas.

4 철분 부족 식단은 빈혈을 유발할 수 있다.

   A diet **(lacking / scarce / deficient / short)** in iron can cause anemia.

5 다섯 명이 먹을 음식은 충분히 있다.

   We have **(adequate / enough / sufficient)** food for five.

6 그는 간신히 근처 섬까지 갔고, 그곳에서 생존을 위한 충분한 재료들을 찾아냈다.

   He managed to get to a nearby island, where he found **(adequate /
   enough / sufficient)** resources to survive.

7 이 집은 크진 않지만 내가 쓰기에는 충분하다.

   This house is not big but it is **(adequate / enough / sufficient)** for my
   needs.

8 약을 함부로 사용하면 그의 상태가 더 나빠질 수 있습니다.

The unwise use of drugs can **(exacerbate / worsen / aggravate)** his condition.

9 전염병 창궐로 국가 경제가 악화되었다.

The spread of the epidemic has **(exacerbated / worsened / aggravated)** the nation's economy.

10 오랫동안 지속된 적대감이 지난주 총격전으로 더 악화되었다.

Longstanding hostility was **(exacerbated / worsened / aggravated)** after the shootings last week.

11 그는 규칙적인 운동과 양질의 음식으로 건강을 유지한다.

He **(sustains / maintains / retains)** his health by working out regularly and eating good foods.

12 이 동물은 사냥감을 잡기 위해 일정 기간 높은 속도를 유지할 수 있다.

This animal can **(sustain / maintain / retain)** a high speed to catch its prey.

13 내가 좋아하는 팀이 후반전에도 계속 이기고 있어요.

My favorite team is **(sustaining / maintaining / retaining)** a lead in the second half of the game.

정답 / 1 lacking 2 short 3 scarce 4 deficient 5 enough 6 sufficient 7 adequate 8 aggravate 9 worsened 10 exacerbated 11 maintains 12 sustain 13 retaining

///// 214

17 기준 standard, criterion, light, basis

What happened to the living **standards** of ordinary men, women, and children during the British industrial revolution? For most of the twentieth century, this question formed one of the best known and most lively historical **debates** of our profession. By the 1950s, the protagonists had divided themselves into 'optimists' and 'pessimists' and begun to **exploit** a wide array of historical material in order to develop their **arguments**.[17]

영국의 산업혁명 기간 동안 일반 남성, 여성, 아이들의 생활수준에 무슨 일이 일어났을까? 20세기의 대부분 기간 동안, 이 질문은 우리 역사 분야에서 가장 잘 알려진, 가장 열띤 역사적 논쟁 중 하나가 되었다. 1950년대까지 논쟁의 주요 참여자들은 자신들을 '낙관주의자'와 '비관주의자'로 나누고, 자신의 주장을 발전시키고자 광범위한 역사 자료를 활용하기 시작했다.

이 인용문에 쓰인 living standards를 한국에서는 보통 '생활수준'이라고 말합니다. 하지만 엄밀하게는 '생활기준'이 맞는 표현입니다. '수준'의 대표 단어인 level은 대상의 양, 수, 높이 등을 구분하는 층을 말합니다. standard는 그 수준 중 적절하다고 간주되는 층을 뜻하죠. 따라서 이 인용문에서는 인간다운 삶을 사는 적절한 수준으로 이해하면 됩니다.

A number of carmakers failed to meet EU CO_2 emission standards.
많은 자동차 회사가 유럽연합의 이산화탄소 방출 기준을 지키지 못했다.

기준의 또 다른 단어인 criterion은 대상을 판단하고 평가하기 위한 기준을 말합니다. light는 criterion과 유사하지만 자신만의 평가 기준임을 강조할 때 쓰이는 편입니다. 마지막으로 basis는 대상을 정리하고 조직하는 방식의 기준을 말할 때 등장합니다.

We have adopted many criteria for assessing employees' abilities.
우리는 직원들의 실력 평가를 위한 많은 기준을 가지고 있다.

He began to see the cause of the conflict in a new light.
그는 새로운 기준으로 분쟁 원인을 보기 시작했다.

Students were seated on a first-come, first-served basis.
학생들은 선착순으로 착석했다.

한편 '논쟁'의 단어로는 discussion, debate, dispute, discourse가 있죠. 먼저 discussion은 기본적인 논쟁으로서 의견을 교환하는 행위를 뜻합니다. debate는 상반되는 입장을 가진 주제에 대한 진지한 논의이며, dispute는 강도가 높아져 주제가 극명하게 대치할 때 사용됩니다. 그리고 discourse는 글이나 입장 발표를 통한 공식적 논쟁이라는 성격이 강합니다.

They held discussions with the representatives of the residents.
그들은 주민 대표와 논의를 진행했다.

The issue of childcare is at the center of the current debate.
육아 문제가 현재 논쟁의 핵심이다.

The union is now in dispute with management over working conditions.
근로 조건과 관련하여 노사가 현재 분쟁 중이다.

There have been constant discourses upon morality.
도덕성에 대해 지속적인 논쟁이 있어 왔다.

그러고 보니 이 인용문에는 '활용하다'에 use가 아닌 exploit가 나오네요. exploit는 이용하되 '자신에게 도움이 되는 방식'을 강조할 때 쓰입니다. 낙관주의자와 비관주의자가 모두 자신에게 유리하게 자료를 이용하고 있다는 의도를 나타낸 것이죠. 유의어인 tap은 기존의 에너지나 지식 등을 수도꼭지에서 나오는 물을 얻듯이 뽑아 간다는 뉘앙스입니다.

It would be in your interest to exploit the current favorable exchange rates.
현재 당신에게 유리한 환율을 이용하는 것이 좋을 거예요.

We need to tap the expertise of external organizations and individuals.
우리는 외부 조직이나 인사의 전문 지식을 이용해야 한다.

'주장'을 뜻하는 단어는 argument 외에도 claim, assertion, insistence 등이 있습니다. argument는 논쟁 중에 상대를 설득하려는 주장으로, 비관주의자와 낙관주의자들이 논쟁에서 내세우는 주장을 뜻하는 이 인용문에 맞습니다. claim은 상대방에게 아직 인정받지 못한 주장을 의미하죠.

We first listen to all the arguments for and against this idea
and have a vote on it.
우리는 이 생각에 대한 지지와 반대 주장을 모두 듣고 나서 투표합니다.

His mother remains skeptical about his claim
that he is innocent of the crime.
그의 엄마는 지은 죄가 없다는 아들의 주장에 여전히 회의적이다.

이어서 assertion은 강력하고 확신 있는 주장을 뜻합니다. 그런가 하면 insistence는 고집스럽게 요구하거나 거부하는 주장이라는 의미를 가집니다.

His assertion has been challenged by evidence that shows he is lying.
그가 거짓말을 하고 있다는 증거가 나타나면서
그의 확고한 주장에 의구심에 생겨났다.

No one could refute his insistence that
the last election was rigged by the ruling party.
여당이 지난 선거를 조작했다는 그의 고집스러운 주장에
누구도 반박할 수 없었다.

1 그는 새로운 기준으로 분쟁 원인을 보기 시작했다.

He began to see the cause of the conflict in a new **(standard / level / criterion / light / basis)**.

2 학생들은 선착순으로 착석했다.

Students were seated on a first-come, first-served **(standard / level / criterion / light / basis)**.

3 많은 자동차 회사가 유럽연합의 이산화탄소 방출 기준을 지키지 못했다.

A number of carmakers failed to meet EU CO_2 emission **(standards / levels / criteria / lights / bases)**.

4 우리는 직원들의 실력 평가를 위한 많은 기준을 가지고 있다.

We have adopted many **(standards / levels / criteria / lights / bases)** for assessing employees' abilities.

5 그들은 주민 대표와 논의를 진행했다.

They held **(discussions / debates / disputes / discourses)** with the representatives of the residents.

6 근로 조건과 관련하여 노사가 현재 분쟁 중이다.

The union is now in **(discussion / debate / dispute / discourse)** with management over working conditions.

7 육아 문제가 현재 논쟁의 핵심이다.

The issue of childcare is at the center of the current **(discussion / debate / dispute / discourse)**.

8 현재 당신에게 유리한 환율을 이용하는 것이 좋을 거예요.

It would be in your interest to **(exploit / use / tap)** the current favorable exchange rates.

9 우리는 외부 조직이나 인사의 전문 지식을 이용해야 한다.

We need to **(exploit / use / tap)** the expertise of external organizations and individuals.

10 우리는 이 생각에 대한 지지와 반대 주장을 모두 듣고 나서 투표합니다.

We first listen to all the **(arguments / claims / assertions / insistences)** for and against this idea and have a vote on it.

11 그의 엄마는 지은 죄가 없다는 아들의 주장에 여전히 회의적이다.

His mother remains skeptical about his **(argument / claim / assertion / insistence)** that he is innocent of the crime.

12 여당이 지난 선거를 조작했다는 그의 고집스러운 주장에 누구도 반박할 수 없었다.

No one could refute his **(argument / claim / assertion / insistence)** that the last election was rigged by the ruling party.

18 피하다 avoid, evade, elude, circumvent

Religion will also likely be assessed as a complex system of beliefs that are shared and **contested**. A key consideration here is religion and science, for which a number of **issues** are immediately notable for both quantitative and qualitative study. Central among these are whether and how religious identity, beliefs, and **practices** relate to behaviors undertaken (or avoided) in response to social distancing requirements, such as **avoiding** gatherings, vaccine hesitancy, or wearing face masks.[18]

종교는 또한 공감하고 반박하는 신념의 복잡한 체계로 평가되는 경우가 많을 것이다. 여기에 주요 고려 사항은 종교와 과학인데, 양적·질적 연구 모두에서 종교와 과학에 대한 수많은 문제가 바로 대두된다. 이들 중 가장 중요한 지점은 종교적인 정체성, 신념, 그리고 실천들이 모임을 피하거나, 백신을 주저하거나, 마스크를 착용하는 것과 같은 사회적 거리두기 요건에 대응해 취해진 (또는 피한) 행동과 관련 있는지, 그리고 있다면 어떻게 있느냐는 것이다.

'피하다'의 avoid는 한국인에게도 낯설지 않죠. 의외로 유의어도 많습니다. 우선 avoid는 거리를 둔다는 의미로, 이 인용문에서는 모임 참여에 거리를 두어 피한다는 뜻으로 해석되죠. evade는 원하지 않는 일이나 해야만 하는 일을 피한다는 의미를 지니고 있습니다.

> I am wondering why she is avoiding me now.
> 그녀가 왜 나를 지금 피하는지 궁금하다.

> Citizens who evade taxes will be subject to penalty.
> 세금 납부를 회피하는 시민은 처벌을 받게 된다.

elude와 circumvent는 피하는 방식과 관련이 있습니다. elude는 '교묘하게' 피할 때 등장하죠. 범인이 경찰을 교묘히 피해 다니는 것을 떠올리면 됩니다. 원하던 것이 결국 이뤄지지 않고 교묘하게 비켜 나갈 때도 아래 첫 번째 예문처럼 사용할 수 있죠. 반면 circumvent는 피해서 둘러 간다는 뉘앙스를 가집니다. 보통 법을 회피하는 상황에 많이 등장하죠.

He worked hard for the competition but success eluded him again.
그는 시합을 열심히 준비했지만 이번에도 좋은 성적을 거두지는 못했다.

This company was registered abroad
to circumvent local rules and regulations.
이 회사는 국내법과 규제를 피하고자 해외에 등록되었다.

한영사전에 '반박하다'를 검색하면 refute가 나옵니다. 하지만 이 인용문에서는 contest가 쓰였죠. 어떤 차이가 있을까요? 우선 refute는 사람, 의견, 논리 등이 틀렸다고 지적할 때 사용됩니다. contest는 '경쟁하다'라는 기본 뜻과 함께 '반박하다'는 뜻도 있는데, 성명서나 판결 같은 공식 입장에 정식으로 이의를 제기할 때 쓰입니다. 공식적인 종교 신념에 이의를 제기하니 contest가 필요한 거죠.

This evidence neither confirms nor refutes our hypothesis.
이 증거 자료는 우리의 가설을 확인하지도 반박하지도 못한다.

He said he would contest the will of his father.
그는 아버지의 유언에 공식적으로 이의를 제기하겠다고 말했다.

알다시피 '문제'라 하면 problem 외에도 issue와 matter가 있습니다. problem은 해결해야 할 문제, issue는 공론화되어 사람들의 입에 오르내리는 문제, matter는 관심을 받는 문제나 고려해야 하는 일반적인 문제를 각각 의미합니다.

Falling birth rates pose a serious problem for the government.
출산율 저하는 정부가 해결해야 할 심각한 문제다.

The teachers union has raised the issue of afterschool care.
교원 노동조합이 방과 후 돌봄 문제를 거론하고 나섰다.

He is seeking professional help to deal with his personal matters.
그는 개인적인 문제를 해결하기 위해 전문가의 도움을 알아보고 있다.

마지막으로 살펴볼 '실천'의 단어로는 practice, implementation, execution이 있습니다. practice는 생각이나 개념을 행동으로 옮긴다는 뜻으로 종교적인 신념을 행동을 옮기는 것이니 이 인용문에 적합하다고 볼 수 있죠. implementation은 공식적으로 결정하여 계획한 것을 실행에 옮긴다는 의미입니다. 그리고 execution은 정해진 방식대로 실천한다는 의미를 가지고 있습니다.

They found it difficult to put their ideas into practice.
그들은 자신의 생각을 실천에 옮기기 어렵다는 것을 알게 되었다.

The government has been criticized for
the sloppy implementation of its new policies.
정부는 새 정책들의 부실 실행으로 비난을 받고 있다.

A drunk driver obstructed police officers in the execution of their duties.
술 취한 운전자가 업무 집행 중인 경찰을 고의로 방해했다.

1   그는 시합을 열심히 준비했지만 이번에도 좋은 성적을 거두지는 못했다.

He worked hard for the competition but success **(avoided / evaded / eluded / circumvented)** him again.

2   세금 납부를 회피하는 시민은 처벌을 받게 된다.

Citizens who **(avoid / evade / elude / circumvent)** taxes will be subject to penalty.

3   그녀가 왜 나를 지금 피하는지 궁금하다.

I am wondering why she is **(avoiding / evading / eluding / circumventing)** me now.

4   이 회사는 국내법과 규제를 피하고자 해외에 등록되었다.

This company was registered abroad to **(avoid / evade / elude / circumvent)** local rules and regulations.

5   그는 아버지의 유언에 공식적으로 이의를 제기하겠다고 말했다.

He said he would **(contest / refute)** the will of his father.

6   이 증거 자료는 우리의 가설을 확인하지도 반박하지도 못한다.

This evidence neither confirms nor **(contests / refutes)** our hypothesis.

7 출산율 저하는 정부가 해결해야 할 심각한 문제다.

Falling birth rates pose a serious **(problem / issue / matter)** for the government.

8 그는 개인적인 문제를 해결하기 위해 전문가의 도움을 알아보고 있다.

He is seeking professional help to deal with his personal **(problems / issues / matters)**.

9 교원 노동조합이 방과 후 돌봄 문제를 거론하고 나섰다.

The teachers union has raised the **(problem / issue / matter)** of afterschool care.

10 그들은 자신의 생각을 실천에 옮기기 어렵다는 것을 알게 되었다.

They found it difficult to put their ideas into **(practice / implementation / execution)**.

11 술 취한 운전자가 업무 집행 중인 경찰을 고의로 방해했다.

A drunk driver obstructed police officers in the **(practice / implementation / execution)** of their duties.

12 정부는 새 정책들의 부실 실행으로 비난을 받고 있다.

The government has been criticized for the sloppy **(practice / implementation / execution)** of its new policies.

정답 & 해설 / 1 eluded 2 evade 3 avoiding 4 circumvent 5 contest 6 refutes
7 problem 8 matters 9 issue 10 practice 11 execution 12 implementation

225 /////

19 증가 increase, gain, rise, growth

After income **gains**, improved production quality was the next most commonly reported impact. Changes in production quality were typically measured in terms of **improved** quality of crops, especially fruits and coffee, as well as dairy products. Positive contributions to production quality were reported in 48 studies (20%), whereas no improvements in production quality were identified in 13 studies (5%). Positive impacts on production quality were mostly delivered by farmer organizations (FOs) **engaged** in crop production (65%) and FOs with no **restriction** on membership (79%).[19]

생산 품질 향상이 수익 증가 다음으로 가장 일반적으로 보고된 효과였다. 생산 품질 변화는 보통 농작물의 향상된 품질(특히 과일, 커피, 그리고 유제품)과 관련하여 측정되었다. 48편의 연구(20%)에서 생산 품질에 긍정적인 기여가 있었다고 보고되었고, 생산 품질 개선이 전혀 없었다고 확인된 연구는 13편(5%)이었다. 생산 품질의 긍정적인 효과는 대부분 농작물 생산에 참여한 농민단체(65%)와 가입에 제한을 두지 않는 농민단체(79%)에 의해 달성되었다.

'증가'의 단어 중 한국인은 increase를 선호합니다. 하지만 increase 외에 gain, growth, rise 등을 문맥에 따라 골라 써야 합니다. increase는 크기, 양, 정도가 증가할 때 사용됩니다. 이 인용문에 쓰인 gain은 보통 가치, 무게, 부의 증가를 의미하며, 농민의 수익 증가를 나타내기에 적격한 단어라고 볼 수 있죠.

This year has seen a significant increase in production.
올해 생산량이 크게 증가했다.

Following yesterday's gain, the KOSDAQ index closed at a record high today.
어제의 증가세에 이어 오늘 코스닥 지수가 사상 최고가로 마감했다.

rise는 위로 올라가는 모양새를 보여 주는 증가입니다. 이와 달리 growth는 강하고 튼튼한 기세를 보이는 증가를 뜻합니다.

Police said that drug-related crimes are on the rise again this year.
경찰은 마약 관련 범죄가 올해 다시 증가하고 있다고 발표했다.

The growth of opposition has discouraged policymakers.
반대가 거세지면서 정책입안자들의 열의가 꺾였다.

이전보다 더 나아진다는 뜻의 '향상'은 보통 improve로 표현합니다. 이 인용문에는 품질이 예전보다 나아졌으니 improved quality가 맞습니다. '향상'의 유의어 중 enhancement는 품질 개선을 위해 구체적인 작업이 들어간 상황의 향상으로 볼 수 있어요. 또한 refinement는 조금씩 개선하며 정제된 완성물을 만드는 과정을 뜻하며, amelioration은 나쁘거나 악화된 상황을 개선한다는 뜻입니다.

Engineers have made many enhancements to
strengthen building security systems.
기술자들은 건물 보완 시스템을 강화하는 많은 작업을 했다.

The accuracy of the new system has been increased by
the refinements of the current design.
지금의 디자인을 세부 수정하여 이 새로운 시스템의 정확도를 높였다.

We expect to see some amelioration of his symptoms.
우리는 그의 증상에 호전이 있을 것으로 기대하고 있습니다.

이 인용문에는 '참여'를 participate가 아닌 engage로 표현했네요. 이를 통해 농민단체들이 적극적이며 주도적으로 참여했다는 것을 알 수 있습니다. 즉 participate가 프로그램과 같이 만들어진 활동에 단순히 참여한다는 의미라면, engage는 조직 형성 자체에 더욱 장기적이고 적극적으로 깊숙이 참여한다는 뜻을 가집니다. 한편 involve는 상황이나 활동에 참여시키는 수동적인 뉘앙스가 강합니다.

Anyone is welcome to participate in
this year's annual nationwide competition.
매년 열리는 올해 전국대회에 누구든지 참여할 수 있습니다.

He has been engaged in criminal activities for years.
그는 수년 동안 범죄 행위에 가담해 왔다.

This teaching method aims to actively involve students in learning.
이 교수법은 학생들을 학습에 적극적으로 참여시키는 것을 목표로 하고 있다.

'제한'이라고 하면 먼저 떠오르는 단어가 limit일 거예요. limit는 수준, 양, 정도 등을 제한한다는 뜻입니다. 인용문에 사용된 restriction은 법이나 규칙에 따른 공식적인 제한을 뜻하죠. 회원가입은 법적이며 공식적인 제한에 해당하므로 이 인용문에는 restriction이 필요합니다.

You should put a strict limit on
the amount of time Mike can spend playing video games.
Mike가 비디오 게임 하는 시간에 철저한 제한을 둬야 합니다.

All the remaining COVID restrictions have been replaced with
the "living with COVID plan."
남아 있는 모든 코로나 규제가 '위드 코로나 계획'으로 대체되었다.

1 올해 생산량이 크게 증가했다.

This year has seen a significant **(gain / increase / rise / growth)** in production.

2 어제의 증가세에 이어 오늘 코스닥 지수가 사상 최고가로 마감했다.

Following yesterday's **(gain / increase / rise / growth)**, the KOSDAQ index closed at a record high today.

3 경찰은 마약 관련 범죄가 올해 다시 증가하고 있다고 발표했다.

Police said that drug-related crimes are on the **(gain / increase / rise / growth)** again this year.

4 반대가 거세지면서 정책입안자들의 열의가 꺾였다.

The **(gain / increase / rise / growth)** of opposition has discouraged policymakers.

5 기술자들은 건물 보완 시스템을 강화하는 많은 작업을 했다.

Engineers have made many **(improves / enhancements / refinements / ameliorations)** to strengthen building security systems.

6 지금의 디자인을 세부 수정하여 이 새로운 시스템의 정확도를 높였다.

The accuracy of the new system has been increased by the **(improves / enhancements / refinements / ameliorations)** of the current design.

7 우리는 그의 증상에 호전이 있을 것으로 기대하고 있습니다.

We expect to see some **(improve / enhancement / refinement / amelioration)** of his symptoms.

8 매년 열리는 올해 전국대회에 누구든지 참여할 수 있습니다.

Anyone is welcome to **(participate / engage / involve)** in this year's annual nationwide competition.

9 이 교수법은 학생들을 학습에 적극적으로 참여시키는 것을 목표로 하고 있다.

This teaching method aims to actively **(participate / engage / involve)** students in learning.

10 그는 수년 동안 범죄 행위에 가담해 왔다.

He has been **(participated / engaged / involved)** in criminal activities for years.

11 Mike가 비디오 게임 하는 시간에 철저한 제한을 둬야 합니다.

You should put a strict **(limit / restriction)** on the amount of time Mike can spend playing video games.

12 남아 있는 모든 코로나 규제가 '위드 코로나 계획'으로 대체되었다.

All the remaining COVID **(limits / restrictions)** have been replaced with the "living with COVID plan."

20 적절하다 appropriate, proper, pertinent, adequate

How much does televised **campaign** advertising affect election outcomes in the United States? This has been a **pertinent** question since the first televised advertisements were aired during a 1950 Connecticut Senate election and then by President Dwight Eisenhower's 1952 campaign. Answering this question helps **illuminate** the motivations behind voting, behavior, the influence of mass communication on the electorate, and how much candidates' **resources** and messages can help them win elections.[20]

TV 선거운동 광고가 미국 선거 결과에 얼마나 많은 영향을 미칠까? 이는 1950년 코네티컷주 상원의원 선거 기간, 이어서 1952년 드와이트 아이젠하워 (Dwight Eisenhower) 대통령의 선거운동에 첫 TV광고가 방송된 후 꽤 적절한 질문이 되어 왔다. 이 질문에 답함으로써 투표 이면의 동기, (유권자의) 행동, 유권자에게 미치는 대중매체의 영향, 그리고 후보자의 자원과 메시지가 이들이 선거에 승리하는 데 얼마나 도움이 되는지를 분명히 알게 된다.

'적절하다'의 대표 단어로는 appropriate, proper, pertinent, adequate가 있습니다. appropriate는 상황에 적절할 때, proper는 법, 원칙, 기준에 맞아 적절할 때 각각 사용됩니다.

Do you think your comment is appropriate at this time?
당신의 말이 이 시점에 적절하다고 생각하나요?

Shipments without proper documentation
are not allowed to enter this country.
적절한 서류가 구비되지 않은 선적 물품은 이 나라 반입이 불가하다.

이 인용문에 쓰인 pertinent는 논의하고 있는 주제와 직접적으로 관련이 있어 적절하다는 뜻입니다. 다시 말해 인용문은 TV 선전광고의 영향력에 대한 질문이 미국의 정치적 상황과 관련성이 높아 적절하다는 의미로 해석할 수 있죠. 한편 adequate는 충분해서 적절하다는 의미를 가지고 있습니다.

> Your comment is not pertinent to the topic we are discussing.
> 당신 말씀은 우리가 지금 논의하고 있는 주제와 관련이 없습니다.

> The adequate provision of food will keep children healthy and strong.
> 적절한 식량 공급은 어린이들을 건강하고 튼튼하게 해줄 것이다.

또한 인용문에는 선거운동이라는 뜻으로 campaign이 등장합니다. campaign은 특정 목적을 달성하고자 사회적으로 조직된 활동을 의미하죠. 일반적으로 알려진 movement는 다소 사회 저항적이며 campaign에 비해 규모가 큽니다.

> Grassroots organizations have begun a campaign
> to clean up the environment.
> 풀뿌리 조직들이 환경 정화를 위한 운동을 시작했다.

> The Civil Rights Movement was a struggle against racial segregation
> and discrimination in the United States.
> 민권운동은 미국에서 있었던 인종 분리와 차별에 대항한 투쟁이었다.

많은 사람이 '분명히 알려 준다'라고 하면 clarify를 먼저 떠올릴 텐데요. 문맥에 따라 illuminate, explicate, elucidate 등도 사용할 수 있습니다. 우선 clarify는 분명치 않아 혼란스러운 것을 알기 쉽도록 분명히 알려 준다는 뜻입니다. 이 인용문에 쓰인 illuminate는 이해하기 어려운 내용을 쉽게 알 수 있도록 해준다, 즉 난해한 유권자의 행동과 이면의 동기 등을 쉽게 풀어낸다는 의미로 해석할 수 있죠.

Talking to your parents will help clarify your feelings to him.
부모님과 이야기를 나누면 네가 그를 어떻게 느끼는지 분명히 알게 될 겁니다.

This article illuminates the early thinking of Buddha.
이 글은 부처의 초기 생각들을 이해하기 쉽게 알려 준다.

설명을 이어가 보죠. explicate가 개념이나 논리 등의 구체적인 정보를 추가해 분명히 알려 준다는 의미라면, elucidate는 전체 주제를 전반적으로 깊이 있게 다루어 큰 그림을 알려 준다는 뜻으로 볼 수 있습니다.

I don't think we can explicate this concept in more detail.
이 개념을 우리가 더 자세히 설명할 수는 없을 것 같다.

His writings serve to elucidate the general history of finance.
그의 글들은 금융의 전반적인 역사를 알려 준다.

후보자들이 가진 자원은 이들의 승리를 돕는 '유용한 자원'이겠죠. 그러니 이 인용문에는 resource가 필요합니다. 일반적으로 알려진 material은 무언가를 만들거나 진행할 때 필요한 자원을 뜻합니다. 반면 resource는 아래 두 번째 예문처럼 유용한 자원을 뜻합니다. 이외에 asset은 보통 자원이라는 의미로 쓰이지만, 더욱 가치 있고 소중한 자원임을 강조할 때도 등장합니다.

Teaching material is used by an instructor

to explain concepts to students.

교재는 강사가 학생들에게 개념을 설명하기 위해 사용한다.

We managed to handle the situation with limited resources.

우리는 한정된 자원으로 상황을 간신히 해결했다.

Her creativity is her great asset as an artist.

창의력은 예술가로서 그녀에게 매우 중요한 자산이다.

1 적절한 식량 공급은 어린이들을 건강하고 튼튼하게 해줄 것이다.

The **(appropriate / proper / pertinent / adequate)** provision of food will keep children healthy and strong.

2 당신의 말이 이 시점에 적절하다고 생각하나요?

Do you think your comment is **(appropriate / proper / pertinent / adequate)** at this time?

3 당신 말씀은 우리가 지금 논의하고 있는 주제와 관련이 없습니다.

Your comment is not **(appropriate / proper / pertinent / adequate)** to the topic we are discussing.

4 적절한 서류가 구비되지 않은 선적 물품은 이 나라 반입이 불가하다.

Shipments without **(appropriate / proper / pertinent / adequate)** documentation are not allowed to enter this country.

5 민권운동은 미국에서 있었던 인종 분리와 차별에 대항한 투쟁이었다.

The Civil Rights **(Campaign / Movement)** was a struggle against racial segregation and discrimination in the United States.

6 풀뿌리 조직들이 환경 정화를 위한 운동을 시작했다.

Grassroots organizations have begun a **(campaign / movement)** to clean up the environment.

7 이 글은 부처의 초기 생각들을 이해하기 쉽게 알려 준다.

This article **(clarifies / illuminates / explicates / elucidates)** the early thinking of Buddha.

8 그의 글들은 금융의 전반적인 역사를 알려 준다.

His writings serve to **(clarify / illuminate / explicate / elucidate)** the general history of finance.

9 이 개념을 우리가 더 자세히 설명할 수는 없을 것 같다.

I don't think we can **(clarify / illuminate / explicate / elucidate)** this concept in more detail.

10 우리는 한정된 자원으로 상황을 간신히 해결했다.

We managed to handle the situation with limited **(resources / materials / assets)**.

11 교재는 강사가 학생들에게 개념을 설명하기 위해 사용한다.

Teaching **(resource / material / asset)** is used by an instructor to explain concepts to students.

12 창의력은 예술가로서 그녀에게 매우 중요한 자산이다.

Her creativity is her great **(resource / material / asset)** as an artist.

21 힘 power, force, strength, coercion

What are the **forces** that affect when and how children will change as they grow older? Can development be seen as a progressive process whereby children move toward a specifiable outcome or end **state** that we can call maturity? What conditions **determine** differences among children in their **rates** of development or their ultimate outcomes? These questions have been at the heart of much of the work in developmental psychology since the inception of the field.[21]

아이들이 나이가 들면서 바뀌어 가는 시기와 방법에 영향을 미치는 힘은 무엇일까? 발달을 우리가 성숙이라고 부르는 특정할 수 있는 결과 또는 최종 상태로 아이들이 다가가게 하는 점진적 과정으로 봐도 될까? 아동의 발달 속도나 궁극적인 결과에 있어 아이들 간 보이는 차이를 결정하는 조건은 무엇일까? 이런 질문들은 발달 심리학이 시작된 이후로 이 분야 연구의 많은 부분에서 핵심 주제가 되어 왔다.

아동의 성장에 영향을 미치는 '힘'에 power를 선택했다면 대단히 어색했을 겁니다. power는 주로 사람이나 상황을 통제하는 힘을 일컫기 때문이죠. 이 인용문의 '힘'은 강제하거나 통제하는 힘이 아니라 영향을 미치는 강한 힘을 뜻하므로 power가 아닌 force가 필요합니다.

I wish I could have the power to charm any man I meet.
나와 만나는 그 어떤 남자도 사로잡을 수 있는 힘이 있었으면 좋겠다.

force는 영향력을 발휘하는 강력한 힘을 뜻합니다. 이외에도 강력한 물리적인 힘(두 번째 예문), 강제하는 물리적인 힘(세 번째 예문)을 뜻하기도 합니다.

Humans are all at the mercy of the forces of nature.
인간은 모두 자연의 힘 앞에 무력하다.

He hit the ball with great force.
그는 엄청난 힘으로 공을 쳤다.

You are not allowed to use force in any situation.
당신은 어떤 상황에서든 무력을 사용해서는 안 된다.

strength는 무언가를 해낼 수 있는 물리적이거나 정신적인 힘을 말합니다. 한편 coercion은 원하지 않는 것을 강제로 하게 하는 힘이라고 할 수 있죠.

Do you think you have the strength to keep running for over four hours?
너는 내가 4시간 넘게 계속 달릴 수 있는 힘이 있다고 생각하니?

He claimed that he had stolen the confidential information under coercion.
그는 협박 때문에 기밀 정보를 훔쳤다고 주장했다.

'상태'라고 하면 state와 condition이 머릿속에 떠오를 겁니다. 이 인용문에 state가 쓰인 것은 아이가 성숙한 시기에 다다른 상태를 뜻하기 때문이죠. 즉 state는 일정 기간 유지되고 있는 상태를 말합니다. 반면 condition은 과정을 통해 획득한 특정 상태를 뜻하기 때문에 이 인용문에는 어색하죠.

Declaring a state of emergency can help protect victims
from immediate danger of a disaster.
비상사태를 선포해 당장의 재난 위험에서 이재민을 보호할 수 있다.

The house is in perfect condition although it was built a century ago.
이 집은 100년 전에 지어졌지만 상태가 아주 훌륭하다.

'결정'이라고 하면 decide인데, 왜 인용문에서는 determine을 사용했을까요? 분명 두 단어의 차이가 있겠죠. decide는 여러 가능성 중에 하나를 고심 끝에 결정한다는 뜻을 가집니다. 반면 determine은 어떤 상황이 다른 상황에 의해 결정된다는 의미로, 두 대상이 밀접하게 영향을 주고받고 있다는 것을 뜻합니다. determine은 이외에 강력한 결심의 의미(세 번째 예문)와 사실을 밝혀낸다는 의미(네 번째 예문)도 가지고 있습니다.

You should decide which way to go.
어디로 갈지 네가 결정해야만 한다.

Educational success is determined by socio-economic factors.
교육을 통한 성공은 사회경제적 요인에 의해 결정된다.

He determined to live to his full life.
그는 제대로 된 삶을 살기로 결심했다.

We set out to determine the cause of his death.
우리는 그의 사인을 밝혀내기 위한 작업에 착수했다.

'속도'의 대표 단어는 speed이지만 인용문처럼 rate가 종종 쓰이기도 합니다. rate는 일정 기간 동안 특정한 일이 발생하고 변화하는 속도를 의미합니다. 아동 발달의 속도를 구체적으로 언급하고 있기 때문에 rate가 필요하죠. speed는 얼마나 빨리 이동하는지를 보여 주는 보편적 측정치입니다.

I am afraid we wouldn't finish it on time at this rate.

이 속도로는 제시간에 끝내기 어려울 듯합니다.

You must reduce speed on this part of road

because there are speed restrictions.

이 지점에는 속도 제한이 있어서 속도를 낮춰야 합니다.

1   인간은 모두 자연의 힘 앞에 무력하다.

Humans are all at the mercy of the **(powers / forces / strengths / coercions)** of nature.

2   나와 만나는 그 어떤 남자도 사로잡을 수 있는 힘이 있었으면 좋겠다.

I wish I could have the **(power / force / strength / coercion)** to charm any man I meet.

3   당신은 어떤 상황에서든 무력을 사용해서는 안 된다.

You are not allowed to use **(power / force / strength / coercion)** in any situation.

4   너는 내가 4시간 넘게 계속 달릴 수 있는 힘이 있다고 생각하니?

Do you think you have the **(power / force / strength / coercion)** to keep running for over four hours?

5   그는 엄청난 힘으로 공을 쳤다.

He hit the ball with great **(power / force / strength / coercion)**.

6   그는 협박 때문에 기밀 정보를 훔쳤다고 주장했다.

He claimed that he had stolen the confidential information under **(power / force / strength / coercion)**.

7 어디로 갈지 네가 결정해야만 한다.

You should **(determine / decide)** which way to go.

8 그는 제대로 된 삶을 살기로 결심했다.

He **(determined / decided)** to live to his full life.

9 우리는 그의 사인을 밝혀내기 위한 작업에 착수했다.

We set out to **(determine / decide)** the cause of his death.

10 이 집은 100년 전에 지어졌지만 상태가 아주 훌륭하다.

The house is in perfect **(state / condition)** although it was built a century ago.

11 비상사태를 선포해 당장의 재난 위험에서 이재민을 보호할 수 있다.

Declaring a **(state / condition)** of emergency can help protect victims from immediate danger of a disaster.

12 이 지점에는 속도 제한이 있어서 속도를 낮춰야 합니다.

You must reduce speed on this part of road because there are **(rate / speed)** restrictions.

13 이 속도로는 제시간에 끝내기 어려울 듯합니다.

I am afraid we wouldn't finish it on time at this **(rate / speed)**.

22 지배적 dominant, prevailing, leading, predominant

In the European context, Islam is currently the most **prominent** example of a minority identity facing bright symbolic boundaries. Islam is often portrayed as not belonging to Western Europe, and its **dominant** values are perceived by many as **incompatible** with those of European societies. Indeed, there is some evidence indicating that perceived discrimination **contributes to** the higher levels of religious identification among immigrant Muslims and their children.[22]

유럽 상황에서 이슬람은 현재 분명한 상징적 경계를 마주하고 있는 소수 민족 정체성의 가장 잘 알려진 사례다. 이슬람은 종종 서유럽에 속하지 않는 것으로 그려지고, 이슬람의 지배적인 가치는 많은 사람에 의해 유럽 사회의 그것과는 공존할 수 없다고 인식된다. 사실, 차별당하고 있다는 인식이 이슬람 이민자들과 그의 자식들의 더 높은 종교 정체성에 기여하고 있음을 보여 주는 몇몇 증거 자료가 있다.

'이슬람의 지배적인 가치'는 그 사회에서 다른 것보다 압도적인 우위를 점하는 가치를 뜻합니다. 이때 필요한 단어가 dominant이죠. 하지만 우위를 점하는 시점과 방법에 따라 prevailing, leading, predominant 같은 다른 '지배적인' 단어를 선택해야 합니다.

The dominant feature of this building is the Byzantine dome of the roof.
이 건물의 지배적인 특징은 비잔틴 양식의 반구형 지붕이다.

우선 prevailing은 특정 시기 동안 지배적이라는 뜻이지만, 언제든지 지배적인 위치나 태도가 바뀔 수 있다는 뉘앙스를 줍니다. leading은 그 사회나 시기를 주도하며 지배적이라는 뜻입니다. 한편 predominant는 차지하는 비율이 높고 눈에 띄기 때문에 지배적이라는 뜻을 가집니다.

The result of this survey reflects the attitudes and values
prevailing in migrant communities.
이 여론조사의 결과는 현재 이민사회의 지배적인 태도와 가치를 반영한다.

Two leading theories of his day were empiricism and materialism.
그가 살던 시기의 두 가지 지배 이론은 경험주의와 물질주의였다.

Counseling is a predominant part of my work.
상담이 내 일의 대부분을 차지한다.

'잘 알려지다'라고 하면 famous인데, 인용문에는 prominent가 쓰였네
요. 이슬람 사례가 잘 알려진 이유가 이들이 발휘하는 사회적 파장과
영향력 때문이라서 그렇습니다. 아래 첫 번째 예문처럼 prominent를
통해 이 집안이 영향력 있고 잘나가는 가문임을 알 수 있죠. 흔히 사용
되는 famous는 단지 많은 사람이 알고 인정한다는 의미이고, 또 다른
유의어인 eminent는 특정 분야에서 잘 알려져 있다는 뜻입니다.

He quit his high-paying job and married into a prominent family.
그는 연봉 높은 직장을 그만두고 유명한 집안에 장가갔다.

Many famous celebrities have donated their clothes to charity.
많은 유명인사가 자신의 옷을 자선단체에 기증했다.

This building was designed by an eminent architect.
이 빌딩은 저명한 건축가가 디자인했다.

한편 인용문에 사용된 incompatible은 '근본적인 차이 때문에' 공존
할 수 없음을 뜻합니다. 따라서 이슬람의 가치가 유럽 사회와 근본적인

차이가 있어 공존할 수 없다는 것을 제대로 표현할 수 있죠. 유의어인 irreconcilable은 사상, 이론, 의견 등이 '접점을 찾을 수 없어' 공존하기 어려울 때 사용합니다.

Career success is not necessarily incompatible with happy family life.
직장에서의 성공이 행복한 가정생활과 반드시 공존할 수 없는 것은 아니다.

His religious faith is irreconcilable with modern life.
그의 종교적인 신념은 현대 사회와 공존할 수 없다.

'기여하다'의 contribute to는 물건, 금전, 노력을 제공해 도움을 준다는 의미(첫 번째 예문) 외에도 어떤 상황이나 상태가 발생하도록 원인을 제공한다는 의미의 '기여'(두 번째 예문)로도 쓰이곤 합니다. 이 인용문은 후자로 보는 것이 맞죠. 그밖에 특정 목적이 성취되도록 도움을 줘서 기여할 때는 serve를 사용하여 표현할 수 있습니다.

You can contribute to discussions by moving conversation
forward and provoking thought.
당신은 대화를 이끌어 나가고 생각을 유도해 내면서 토론에 기여할 수 있다.

Smoking can contribute to lung cancer.
흡연이 폐암을 일으키는 요인이 될 수 있다.

Without immediate actions,
nothing can serve the needs of the victims.
즉각적인 조치가 없다면
그 어떤 것도 희생자들의 필요를 충족하는 데 기여할 수 없다.

1 그가 살던 시기의 두 가지 지배 이론은 경험주의와 물질주의였다.

Two **(dominant / prevailing / leading / predominant)** theories of his

day were empiricism and materialism.

2 이 여론조사의 결과는 현재 이민사회의 지배적인 태도와 가치를 반영한다.

The result of this survey reflects the attitudes and values **(dominant /**

prevailing / leading / predominant) in migrant communities.

3 상담이 내 일의 대부분을 차지한다.

Counseling is a **(dominant / prevailing / leading / predominant)** part

of my work.

4 이 건물의 지배적인 특징은 비잔틴 양식의 반구형 지붕이다.

The **(dominant / prevailing / leading / predominant)** feature of this

building is the Byzantine dome of the roof.

5 이 빌딩은 저명한 건축가가 디자인했다.

This building was designed by an **(prominent / famous / eminent)**

architect.

6 그는 연봉 높은 직장을 그만두고 유명한 집안에 장가갔다.

He quit his high-paying job and married into a **(prominent / famous /**

eminent) family.

7 많은 유명인사가 자신의 옷을 자선단체에 기증했다.

Many **(prominent / famous / eminent)** celebrities have donated their clothes to charity.

8 직장에서의 성공이 행복한 가정생활과 반드시 공존할 수 없는 것은 아니다.

Career success is not necessarily **(incompatible / irreconcilable)** with happy family life.

9 그의 종교적인 신념은 현대 사회와 공존할 수 없다.

His religious faith is **(incompatible / irreconcilable)** with modern life.

10 흡연이 폐암을 일으키는 요인이 될 수 있다.

Smoking can **(contribute / serve)** to lung cancer.

11 즉각적인 조치가 없다면 그 어떤 것도 희생자들의 필요를 충족하는 데 기여할 수 없다.

Without immediate actions, nothing can **(contribute / serve)** the needs of the victims.

12 당신은 대화를 이끌어 나가고 생각을 유도해 내면서 토론에 기여할 수 있다.

You can **(contribute / serve)** to discussions by moving conversation forward and provoking thought.

퀴즈 정답 / 1 leading 2 prevailing 3 predominant 4 dominant 5 eminent 6 prominent 7 famous 8 incompatible 9 irreconcilable 10 contribute 11 serve 12 contribute

247 /////

23 하락 decrement, decline, drop, decrease

> Athletes are **exposed** to various psychological and physiological stressors, such as losing matches and high training **loads**. Understanding and improving the resilience of athletes is therefore crucial to **prevent** performance **decrements** and psychological or physical problems.[23]
>
> 운동선수들은 경기 패배와 높은 훈련 부담과 같은 다양한 정신적·생리적 스트레스 요인들에 노출되어 있다. 이런 까닭에 운동선수의 회복탄력성을 이해하고 개선하는 것이 경기력 저하와 생리적·신체적 문제 발생을 막는 데 중요하다.

운동선수의 경기력이 저하되는 과정은 사고 등으로 한 번에 급격히 떨어지는 경우를 제외하고는 보통 점진적으로 천천히 진행됩니다. 어떤 것의 양이나 질이 점진적으로 하락할 때는 decrement로 표현할 수 있습니다.

> The effects of light decrement are visible in the retinas of the subjects.
> 불을 천천히 어둡게 하자 실험 참가자의 망막에 변화가 나타났다.

decline에도 '점진적'이라는 뜻이 있긴 하지만, 수준이나 정도가 하락할 때 주로 쓰입니다. 이와 더불어 상승하기를 바라거나 상승해야 하는 것이 하락한다는 뜻(두 번째 예문), 이념이나 문명 등이 쇠퇴한다는 뜻(세 번째 예문)도 있습니다.

> This year has seen a gradual decline in student numbers.
> 올해 학생 수가 지속적으로 줄어들었다.

Global decline in birth rates shows no sign of stopping immediately.
전 세계적인 출산율 감소가 즉각 멈출 기미를 보이지 않는다.

The nation was torn apart,
which hastened the decline of British liberalism.
국가가 양분되었고, 이는 영국 자유주의의 쇠퇴를 앞당겼다.

그렇다면 갑작스러운 하락을 말할 때는 어떤 단어를 쓸까요? 보통 drop이나 fall이 등장하죠. 우리가 즐겨 쓰는 단어인 decrease는 규모나 양, 수치가 객관적으로 감소할 때 사용됩니다.

A drop in bookings after COVID-19 has driven the hotel out of business.
코로나 이후 예약 극감으로 이 호텔은 파산 위기에 내몰렸다.

Information technology has caused a marked decrease in
kids' outdoor activities.
정보기술로 인해 아이들이 야외 활동이 크게 줄었다.

이제 '노출'의 단어를 살펴보겠습니다. 이 인용문처럼 운동선수들이 스트레스 요인에 노출된다고 할 때는 expose가 필요합니다. expose는 위험이나 불쾌한 상황에 노출될 때와 경험에 노출될 때 주로 쓰이는데, 이 인용문은 전자에 해당합니다.

He was reluctant to go into the power station for
fear of being exposed to radiation.
그는 방사능에 노출될까 두려워 발전 속에 들어가기를 꺼렸다.

Have you ever been exposed to the English language
in a suitable environment?
적절한 환경에서 영어를 접해 본 적이 있나요?

노출의 또 다른 단어인 reveal은 숨겨놓은 사실이나 놀라운 사실을 밝혀서 보여 준다는 뜻입니다. 이외에 기다려 온 것을 대중에 처음 공개한다는 의미로 unveil을 사용하기도 합니다.

This letter revealed that he was not as experienced as we thought.
이 편지로 그가 우리 생각보다 경험이 많지 않다는 것을 알게 되었다.

The company has unveiled a new version of its software program.
이 회사는 소프트웨어 프로그램의 새로운 버전을 대중에 공개했다.

'부담'이라고 하면 burden으로 알고 있는데, 인용문에는 load가 쓰였네요. 분명 차이가 있습니다. load는 가축 또는 운송기기들이 나르는 짐의 양을 뜻하며, 인용문에서는 한 사람이 해내야 할 일의 양을 의미한다고 볼 수 있죠. 다시 말해 해당 운동선수가 해야 할 훈련량으로 이해할 수 있습니다. 반면 burden은 그 양이 너무 많아 불합리하거나 힘들다는 점을 강조하는 단어로, 정도의 차이는 있지만 두 단어는 같은 선상에 있다고 볼 수 있습니다.

What is the maximum load for this elevator?
이 엘리베이터의 최대 탑승 인원은 몇 명입니까?

They decided to spread the load to meet the deadline.
그들은 마감을 맞추기 위해 일을 분장하기로 했다.

The new tax system has placed a financial burden on individuals.
새로운 세금제도는 개인에게 재정적인 부담을 주고 있다.

'막다'의 뜻으로 이 인용문의 prevent는 적절한 선택입니다. 경기력 저하와 생리적·신체적 문제의 '발생'을 막는 것이기 때문이죠. 이처럼 발생을 막을 때는 prevent가 필요합니다. '막다'의 또 다른 단어인 keep, stop, hinder도 각각 차이가 있습니다. keep은 붙잡아 막는다는 의미, stop은 진행이나 행동을 막는다는 의미, hinder는 어렵게 만들어 막는다는 의미를 가지고 있죠.

Can vaccination really prevent the spread of the infectious disease?
백신이 정말 이 감염병의 전파를 막을 수 있을까요?

They kept him from leaving the town.
그들은 그가 마을을 떠나는 것을 막았다.

Thick trees are stopping the rain from reaching the ground.
울창한 나무들이 비가 땅에 닿는 것을 막고 있다.

The rise in oil prices can hinder local economic growth.
원유가격 상승으로 지역 경제 발전이 어려움을 겪을 수 있다.

1 국가가 양분되었고, 이는 영국 자유주의의 쇠퇴를 앞당겼다.

The nation was torn apart, which hastened the **(decrement / decline / drop / decrease)** of British liberalism.

2 올해 학생 수가 지속적으로 줄어들었다.

This year has seen a gradual **(decrement / decline / drop / decrease)** in student numbers.

3 코로나 이후 예약 극감으로 이 호텔은 파산 위기에 내몰렸다.

A **(decrement / decline / drop / decrease)** in bookings after COVID-19 has driven the hotel out of business.

4 불을 천천히 어둡게 하자 실험 참가자의 망막에 변화가 나타났다.

The effects of light **(decrement / decline / drop / decrease)** are visible in the retinas of the subjects.

5 전 세계적인 출산율 감소가 즉각 멈출 기미를 보이지 않는다.

Global **(decrement / decline / drop / decrease)** in birth rates shows no sign of stopping immediately.

6 그는 방사능에 노출될까 두려워 발전 속에 들어가기를 꺼렸다.

He was reluctant to go into the power station for fear of being **(exposed / revealed / unveiled)** to radiation.

7 이 회사는 소프트웨어 프로그램의 새로운 버전을 대중에 공개했다.

The company has **(exposed / revealed / unveiled)** a new version of its software program.

8 이 편지로 그가 우리 생각보다 경험이 많지 않다는 것을 알게 되었다.

This letter **(exposed / revealed / unveiled)** that he was not as experienced as we thought.

9 새로운 세금제도는 개인에게 재정적인 부담을 주고 있다.

The new tax system has placed a financial **(load / burden)** on individuals.

10 이 엘리베이터의 최대 탑승 인원은 몇 명입니까?

What is the maximum **(load / burden)** for this elevator?

11 그들은 그가 마을을 떠나는 것을 막았다.

They **(prevented / kept / stopped / hindered)** him from leaving the town.

12 원유가격 상승으로 지역 경제 발전이 어려움을 겪을 수 있다.

The rise in oil prices can **(prevent / keep / stop / hinder)** local economic growth.

13 울창한 나무들이 비가 땅에 닿는 것을 막고 있다.

Thick trees are **(preventing / keeping / stopping / hindering)** the rain from reaching the ground.

퀴즈 정답 / **1** decline **2** decline **3** drop **4** decrement **5** decline **6** exposed **7** unveiled **8** revealed **9** burden **10** load **11** kept **12** hinder **13** stopping

24 자극 stimulation, invigoration, incitement, incentive

Tilapia is one of the most important species of farmed fish of freshwater aquaculture in China. In recent years, **disease** caused by Streptococcus agalactiae has become a major **challenge** for the culture of tilapia, resulting in massive losses for tilapia farmers all over the world. Probiotics can reduce pathogenic bacteria by competitive exclusion, provide nutrients and enzymes to promote host growth, enhance the immune response by immune **stimulation**, and do not cause secondary pollution problems.[24]

틸라피아는 중국 민물 양식업에서 가장 중요한 양식 어종 중 하나다. 최근 몇 년간 B군연쇄상구균(Streptococcus agalactiae)으로 인한 질병으로 틸라피아 배양에 큰 어려움이 생겨, 전 세계 틸라피아 양식업자들이 엄청난 손실을 입었다. 프로바이오틱스는 경쟁적 배타 원리(competitive exclusion)를 통해 병원성 박테리아를 줄이고, 숙주의 성장 촉진을 위한 영양분과 효소를 제공하고, 면역자극을 통해 면역 반응을 향상할 수 있으며, 2차 오염 문제를 야기하지도 않는다.

양식 어종에 전염병이 돌아 양식 업계가 난관에 직면했군요. 해결 방안 중 하나가 면역 반응 개선을 위한 자극을 가하는 것이라고 하는데, 이때는 인용문처럼 stimulation이 필요합니다. 특정 활동을 활성화하기 위한 자극을 뜻하기 때문입니다. '자극'의 단어는 자극하는 이유에 따라 다르게 써야 합니다. 한 예로 invigoration은 더욱더 활기 넘치게 하는 자극을 뜻하죠.

I can't function properly when I feel deprived of intellectual stimulation.
지적 자극의 결핍이 느껴지면 나는 제대로 일을 할 수 없다.

The growth of a new industry added extra invigoration to the local economy.
새로운 산업의 성장으로 지역 경제 활성화가 더 많이 이루어졌다.

더 살펴보자면, 폭력적인 행동을 하도록 자극할 때는 incitement가 필요합니다. 그리고 incentive는 사람들이 어떤 것을 열심히 하도록 자극하는 것을 말합니다.

Conservative organizations have accused him of political incitement.
보수 단체들이 그를 정치 선동 혐의로 고발했다.

There is little incentive for job seekers to pursue an advanced degree as practical experience is valued in the job market.
취업시장에 실질적인 경험이 중요해지면서
취업준비생이 상급 학위를 취득하는 기제가 거의 없어졌다.

'질병'을 표현하는 단어는 우리가 알고 있는 disease 외에 ailment, disorder, malady 등 다양합니다. 우선 disease는 건강을 위협하는 심각한 병 또는 박테리아나 바이러스로 인한 병에 쓰이기 때문에 이 인용문에 딱 맞습니다. ailment는 감기처럼 평상시에 가볍게 지나가는 병을 뜻합니다.

Millions of children in Africa are dying from preventable diseases.
아프리카의 수백만 어린이가 예방 가능한 질병으로 인해 사망하고 있다.

Colds, flus, or any ailments are better to cure in the early stages.
감기, 독감, 또는 다른 가벼운 질환들은 초기에 치료하는 것이 낫다.

나머지 두 단어도 살펴볼까요? disorder는 어떤 질환으로 몸이 제대로 기능하지 못할 때 사용합니다. malady는 한국어로 고질병이나 병폐로 해석되는 경우가 많습니다. 사회적 병폐의 뜻으로 쓰이기도 하죠.

She was diagnosed with a rare skin disorder.
그녀는 희귀한 피부병 진단을 받았다.

Bullying is considered one of the most serious maladies in modern society.
괴롭힘은 현대 사회의 심각한 병폐 중 하나로 간주된다.

그러고 보니 인용문에서 질병으로 생긴 어려움을 difficulty가 아닌 challenge로 표현했네요. 전염병으로 물고기가 폐사하는 상황을 해결하고 극복해야 할 어려움으로 보고 있기 때문입니다. 즉 challenge는 '극복해야 할 어려움'이라는 뉘앙스를 띠고 있습니다. 다음 예문처럼 challenge를 쓰면 방법을 찾는 것이 갓난아기에게는 해결해야 할 어려움이라는 걸 부각할 수 있죠.

Finding a way to exit must be a big challenge for toddlers.
갓난아기에게는 나가는 방법을 찾는 게 상당히 어려운 일임에 틀림없다.

하지만 difficulty는 단순히 '하기 어려운 일'을 뜻합니다. 또 다른 유의어인 trouble은 문제나 걱정을 야기하는 어려움, hardship은 경제적인 어려움을 의미하는 경우가 많습니다.

They are having difficulty making friends in the new school.
이들은 새 학교에서 친구를 사귀는 데 어려움을 겪고 있다.

Trouble started when I accepted his offer of marriage.
그의 결혼 제안을 받아들인 것이 문제의 시작이었다.

The organization declared default after years of financial hardship.
이 단체는 수년간의 재정상 어려움으로 인해 결국 채무 불이행을 선언했다.

1 지적 자극의 결핍이 느껴지면 나는 제대로 일을 할 수 없다.

I can't function properly when I feel deprived of intellectual **(stimulation / invigoration / incitement / incentive)**.

2 취업시장에 실질적인 경험이 중요해지면서 취업준비생이 상급 학위를 취득하는 기제가 거의 없어졌다.

There is little **(stimulation / invigoration / incitement / incentive)** for job seekers to pursue an advanced degree as practical experience is valued in the job market.

3 보수 단체들이 그를 정치 선동 혐의로 고발했다.

Conservative organizations have accused him of political **(stimulation / invigoration / incitement / incentive)**.

4 새로운 산업의 성장으로 지역 경제 활성화가 더 많이 이루어졌다.

The growth of a new industry added extra **(stimulation / invigoration / incitement / incentive)** to the local economy.

5 그녀는 희귀한 피부병 진단을 받았다.

She was diagnosed with a rare skin **(disease / ailment / disorder / malady)**.

6 괴롭힘은 현대 사회의 심각한 병폐 중 하나로 간주된다.

Bullying is considered one of the most serious **(diseases / ailments / disorders / maladies)** in modern society.

7 아프리카의 수백만 어린이가 예방 가능한 질병으로 인해 사망하고 있다.

Millions of children in Africa are dying from preventable **(diseases / ailments / disorders / maladies)**.

8 감기, 독감, 또는 다른 가벼운 질환들은 초기에 치료하는 것이 낫다.

Colds, flus, or any **(diseases / ailments / disorders / maladies)** are better to cure in the early stages.

9 이들은 새 학교에서 친구를 사귀는 데 어려움을 겪고 있다.

They are having **(challenge / difficulty / trouble / hardship)** making friends in the new school.

10 이 단체는 수년간의 재정상 어려움으로 인해 결국 채무불이행을 선언했다.

The organization declared default after years of financial **(challenge / difficulty / trouble / hardship)**.

11 그의 결혼 제안을 받아들인 것이 문제의 시작이었다.

(Challenge / Difficulty / Trouble / Hardship) started when I accepted his offer of marriage.

12 갓난아기에게는 나가는 방법을 찾는 게 상당히 어려운 일임에 틀림없다.

Finding a way to exit must be a big **(challenge / difficulty / trouble / hardship)** for toddlers.

정답 및 해설 / 1 stimulation 2 incentive 3 incitement 4 invigoration 5 disorder 6 maladies
7 diseases 8 ailments 9 difficulty 10 hardship 11 Trouble 12 challenge

///// 258

25 반대하다 oppose, contest, object, defy

> On June 26, 2015, the U.S. Supreme Court legalized same-sex marriage in all 50 states, ending more than a decade of legal **battles**. In **contesting** this issue, opponents of same-sex marriage made consequentialist arguments, claiming that same-sex marriage would be **harmful** to children and would **undermine** the strength of the family as an institution.[25]
>
> 2015년 6월 26일 미국 대법원은 50개 모든 주에 동성 결혼을 합법화했고, 이로써 10년 이상 걸린 법적 공방을 끝냈다. 동성 결혼 반대자들은 이 문제에 반대하면서 결과주의적 주장을 펼쳤는데, 동성 결혼이 결국 자녀에게 해를 끼치고 제도로서 가정의 힘을 약화할 것이라고 주장했다.

이 인용문에는 동성 결혼 합법화에 반대했다는 부분에서 contest가 등장합니다. 중요한 것은 '법원이 내린 합법화 결정'에 반대한다는 것이죠. 일반적으로 알려진 oppose는 어떤 계획이나 입장을 반대한다는 뜻입니다. 이에 비해 contest는 정해진 결정에 대해 옳지 않다고 공식적으로 반대할 때 사용하기 때문에 이 인용문에 필요한 단어입니다.

Most of the locals oppose the building of a shopping center.
대부분의 지역 사람들은 쇼핑센터 건립을 반대한다.

His lawyer is expected to contest the fine.
그의 변호사가 벌금형 결정에 반대하리라 예상된다.

유의어인 object는 반대한다는 입장 표명을 넘어, 반대하기 위해 논쟁 등의 행위를 취하겠다는 의도까지 포함합니다. 또한 defy는 권위를 가진 대상이나 정해진 원칙과 법에 복종하지 않고 반대한다는 뜻입니다.

No one would object if we decided to leave now.
우리가 지금 떠난다고 결정한다 해도 반대할 사람을 없을 겁니다.

Do you dare to defy your teacher?
감히 선생님 말씀을 거역할 수 있나요?

'공방'은 서로 공격하고 방어한다는 뜻을 가지죠. 따라서 공격과 방어의 방식 및 내용에 따라 다른 단어가 필요합니다. 우선 battle은 입장이 다른 두 진영이 '주도권을 얻기 위해' 싸운다는 뜻입니다. 이 인용문은 동성 결혼 합법화 반대와 찬성 진영 간의 법적인 주도권 싸움을 다루고 있으니 battle이 필요합니다.

The report discusses ongoing battles
between developers and local communities.
이 보고서는 개발업자와 지역사회 간에 진행 중인 분쟁을 다루고 있다.

'공방'의 유의어로는 clash와 conflict가 있습니다. clash는 두 진영의 차이가 극명하고 반감의 강도가 강할 때 등장합니다. 그리고 conflict는 어떤 원칙과 입장에 격하게 의견 차이를 보일 때 사용할 수 있죠.

There was a head-on clash
between management and the union over the pay cut.
임금 삭감에 대해 노사 간 정면충돌이 있었다.

He was eager to avoid meaningless conflict with his boss.
그는 상사와의 의미 없는 의견 대립을 정말 피하고 싶었다.

'유해하다'의 단어로는 인용문에 사용된 harmful 외에도 hazardous, deleterious 등이 있습니다. harmful은 상처나 해를 입힌다는 의미로 이 인용문에 적합합니다. hazardous는 유해를 넘어 위험의 수위까지 올라간 경우를 말하죠. 마지막으로 deleterious는 유해성을 예상치 못 했거나 감지하기 어려울 때 등장합니다.

Wearing sunglasses is important to protect your eyes from the harmful effects of the sun.
태양의 유해한 영향으로부터 눈을 보호하려면 선글라스 착용이 중요하다.

Hazardous chemical waste must be disposed of through proper procedures.
유해한 화학폐기물은 반드시 적절한 절차에 따라 처리되어야 한다.

The prolonged use of this drug can cause some deleterious side effects.
이 약을 필요 이상으로 장기 복용하면 몇몇 유해한 부작용이 생길 수도 있다.

인용문 속 '약화하다'의 undermine은 우리에게 익숙한 weaken과 서 로 다릅니다. weaken은 이전보다 상태나 활동 등의 강도가 약화되었 다는 다소 객관적인 표현입니다. 반면 undermine은 알아차리지 못하 게 조금씩 약화하여 결국 무너뜨린다는 뜻입니다.

Weakening consumer spending has contributed to the continuing economic downturn.
소비 지출이 위축되면서 경기 침체가 계속되고 있다.

He claimed that his coworkers had worked secretly to undermine his position.
그는 그의 동료가 자신의 입지를 약화하려고 수작을 부렸다고 주장했다.

1 우리가 지금 떠난다고 결정한다 해도 반대할 사람을 없을 겁니다.

No one would **(oppose / contest / object / defy)** if we decided to leave now.

2 감히 선생님 말씀을 거역할 수 있나요?

Do you dare to **(oppose / contest / object / defy)** your teacher?

3 그의 변호사가 벌금형 결정에 반대하리라 예상된다.

His lawyer is expected to **(oppose / contest / object / defy)** the fine.

4 대부분의 지역 사람들은 쇼핑센터 건립을 반대한다.

Most of the locals **(oppose / contest / object / defy)** the building of a shopping center.

5 임금 삭감에 대해 노사 간 정면충돌이 있었다.

There was a head-on **(battle / clash / conflict)** between management and the union over the pay cut.

6 그는 상사와의 의미 없는 의견 대립을 정말 피하고 싶었다.

He was eager to avoid meaningless **(battle / clash / conflict)** with his boss.

7 이 보고서는 개발업자와 지역사회 간에 진행 중인 분쟁을 다루고 있다.

The report discusses ongoing **(battles / clashes / conflicts)** between developers and local communities.

8 태양의 유해한 영향으로부터 눈을 보호하려면 선글라스 착용이 중요하다.

Wearing sunglasses is important to protect your eyes from the **(harmful / hazardous / deleterious)** effects of the sun.

9 이 약을 필요 이상으로 장기 복용하면 몇몇 유해한 부작용이 생길 수도 있다.

The prolonged use of this drug can cause some **(harmful / hazardous / deleterious)** side effects.

10 유해한 화학폐기물은 반드시 적절한 절차에 따라 처리되어야 한다.

(Harmful / Hazardous / Deleterious) chemical waste must be disposed of through proper procedures.

11 그는 그의 동료가 자신의 입지를 약화하려고 수작을 부렸다고 주장했다.

He claimed that his coworkers had worked secretly to **(undermine / weaken)** his position.

12 소비 지출이 위축되면서 경기 침체가 계속되고 있다.

(Undermining / Weakening) consumer spending has contributed to the continuing economic downturn.

정답 및 해설 / 1 object 2 defy 3 contest 4 oppose 5 clash 6 conflict
7 battles 8 harmful 9 deleterious 10 Hazardous 11 undermine 12 Weakening

263 /////

26 강력하다 potent, powerful, vigorous, mighty

A revolution in the science of emotion has **emerged** in recent decades, with the potential to create a paradigm **shift** in decision theories. The research reveals that emotions constitute **potent**, **pervasive**, predictable, sometimes harmful, and sometimes beneficial drivers of decision making. Across different domains, important regularities **appear** in the mechanisms through which emotions influence judgements and choices.[26]

감정 과학 분야에 최근 몇십 년간 놀라운 변화가 있었고, 이는 결정 이론의 패러다임 전환을 일으킬 만한 잠재력을 내포하고 있다. 본 연구는 감정이 의사 결정을 이끄는 강력한, 어디에나 있는, 예측 가능한, 어떤 때는 해롭거나 이로울 수 있는 요인을 구성한다는 것을 밝힌다. 모든 영역에 걸쳐 감정이 판단과 선택에 영향을 미치는 메커니즘의 중요한 규칙성이 나타났다.

이 인용문은 감정이 의사 결정을 이끄는 강력한 요인이라고 할 때 potent를 사용한 것이 인상적입니다. potent는 보통 '영향력이나 효과가 강력'하다는 뜻입니다. 아래 예문에서도 약의 효과가 강력하다는 의도를 읽어 낼 수 있죠.

He said that potent drugs were likely to cause drug addiction.
그는 강력한 약이 약물중독을 일으킬 가능성이 높다고 말했다.

유의어인 powerful은 힘을 가지고 있어 강력하다는 뜻입니다. 또한 vigorous는 활기와 에너지가 강력하다는 뜻이죠. 마지막으로 mighty는 힘이 세고 규모나 무게가 압도적이어서 느껴지는 강력함을 나타낼 때 종종 쓰입니다.

A powerful storm that swept across the East Coast
threatened millions of lives.
동해안을 강타한 강력한 태풍이 수백만 명의 목숨을 위협했다.

The government's reform plan has encountered vigorous opposition
from local communities.
정부의 개혁 정책은 지역사회의 강력한 반대에 부딪히게 되었다.

He founded mighty empires extending from Eastern Europe to Central Asia.
그는 동유럽부터 중앙아시아에 이르는 강력한 제국을 건설했다.

인용문에는 '나타나다'의 단어로 emerge와 appear가 등장합니다. 두 단어는 어떤 차이가 있을까요? 먼저 emerge는 일련의 과정을 거친 후 특정한 모습으로 등장한다는 의미가 강하죠. 인용문의 주어가 '놀라운 변화'이니 emerge가 오는 게 적절합니다. 반면 appear는 단순히 눈앞에 나타난다는 의미입니다.

Radiotherapeutics emerged as a distinct discipline after years of struggle.
수년간의 노력 끝에 방사선 치료학이 별도의 학문으로 등장했다.

He appeared in court and claimed his innocence.
그는 법정에 나타나 자신의 무죄를 주장했다.

'전환'은 상태, 방향, 행동 등을 바꾼다는 의미죠. 많은 사람이 change, shift, switch를 떠올릴 텐데요. 먼저 change는 '이전과 달라진다'는 뜻의 단어로 가장 일반적으로 쓰입니다. 반면 shift는 방향, 위치, 입장 등의 전환을 뜻하며, 따라서 결정 이론에 대한 입장 전환을 뜻하는 이 인용문에 적합합니다. switch는 갑작스러운 완전한 전환을 말합니다.

The reformation was a period of great change in the Catholic Church.
종교개혁은 가톨릭교회의 대전환 시기였다.

A recent survey found a dramatic shift in
consumers' attitude toward our products.
최근 설문조사로 자사 제품에 대한 고객의 태도가 크게 전환되었음을 알게 되었다.

Laura is thinking about making the switch from
full-time to part-time work when her child is born.
Laura는 아기가 태어나면 풀타임에서 파트타임으로 전환할까 생각 중이다.

'어디에나 있는'의 단어로는 pervasive, ubiquitous, prevalent가 있습니다. pervasive는 어디에나 눈에 띄게 스며들어 있다는 뜻이죠. 인용문에 이 단어가 사용되었으니 의사 결정 과정에 감정적 요인이 널리 퍼져 있다는 것을 유추할 수 있습니다. ubiquitous는 정말 어디에나 다 있다는 것을 강조할 때, prevalent는 어디에서나 존재하거나 발생한다는 의미로 쓰입니다.

The influence of Beethoven is pervasive in his works.
그의 작품 어디에서든 베토벤의 영향을 볼 수 있다.

The mobile phone is one of the most ubiquitous electronic appliances.
휴대폰은 어디에서나 볼 수 있는 전자기기 중에 하나다.

This prejudice is particularly prevalent among male teenagers.
이런 선입견은 특히 10대 남성들 사이에 널리 퍼져 있다.

1 그는 동유럽부터 중앙아시아에 이르는 강력한 제국을 건설했다.

He founded **(potent / powerful / vigorous / mighty)** empires

extending from Eastern Europe to Central Asia.

2 그는 강력한 약이 약물중독을 일으킬 가능성이 높다고 말했다.

He said that **(potent / powerful / vigorous / mighty)** drugs were likely

to cause drug addiction.

3 정부의 개혁 정책은 지역사회의 강력한 반대에 부딪히게 되었다.

The government's reform plan has encountered **(potent / powerful /**

vigorous / mighty) opposition from local communities.

4 동해안을 강타한 강력한 태풍이 수백만 명의 목숨을 위협했다.

A **(potent / powerful / vigorous / mighty)** storm that swept across

the East Coast threatened millions of lives.

5 수년간의 노력 끝에 방사선 치료학이 별도의 학문으로 등장했다.

Radiotherapeutics **(emerged / appeared)** as a distinct discipline after

years of struggle.

6 그는 법정에 나타나 자신의 무죄를 주장했다.

He **(emerged / appeared)** in court and claimed his innocence.

7 종교개혁은 가톨릭교회의 대전환 시기였다.

The reformation was a period of great **(change / shift / switch)** in the Catholic Church.

8 Laura는 아기가 태어나면 풀타임에서 파트타임으로 전환할까 생각 중이다.

Laura is thinking about making the **(change / shift / switch)** from full-time to part-time work when her child is born.

9 최근 설문조사로 자사 제품에 대한 고객의 태도가 크게 전환되었음을 알게 되었다.

A recent survey found a dramatic **(change / shift / switch)** in consumers' attitude toward our products.

10 이런 선입견은 특히 10대 남성들 사이에 널리 퍼져 있다.

This prejudice is particularly **(pervasive / ubiquitous / prevalent)** among male teenagers.

11 휴대폰은 어디에서나 볼 수 있는 전자기기 중에 하나다.

The mobile phone is one of the most **(pervasive / ubiquitous / prevalent)** electronic appliances.

12 그의 작품 어디에서든 베토벤의 영향을 볼 수 있다.

The influence of Beethoven is **(pervasive / ubiquitous / prevalent)** in his works.

27 생존(력) survival, viability, sustainability, resilience

Why do modern states regulate and provide mass education? This article proposes a theory of education as a state-building **tool** that is **deployed** when mass violence threatens the state's **viability**. Experiencing mass violence can heighten national elites' anxiety about the masses' moral character and raise **concerns** about the efficacy of repression or concessions alone to maintain social order.[27]

왜 근대국가들은 대중 교육을 관리하고 제공하는가? 이 글은 교육 이론을 대중의 폭력 행위가 국가 생존을 위협할 때 활용되는 국가 건립의 도구로서 제안한다. 대중의 폭력 행위를 경험하면서 이들의 도덕성에 대해 국가 엘리트층의 불안이 고조되고, 진압이나 양보만으로 사회질서 유지가 효과적일지에 대한 우려를 높일 수 있다.

대중의 폭력 행위가 국가의 생존을 위협한다고 할 때 survival을 떠올렸나요? 우리에게 익숙한 survival은 위험이나 어려움에도 사라지지 않고 존재하는 '상태'를 의미합니다. 인용문에 사용된 viability는 생존할 수 있는 '능력'을 뜻하죠. 다시 말해 대중의 폭력 행위가 정부의 생존을 위협한다고 이해할 수 있습니다.

Adaptability is one of essential qualities for survival in an ever-changing environment.
적응력은 항상 변화하는 환경에서 생존하기 위한 필수 자질 중에 하나다.

Cuts in support for the local economy will threaten the viability of many businesses here.
지역경제 지원이 중단되면 여기 있는 많은 업체의 운영이 위협받을 것이다.

'생존'의 또 다른 유의어인 sustainability와 resilience도 살펴보죠. sustainability는 오랫동안 생존하는 능력을 의미합니다. 또한 resilience는 힘들고 어려운 일을 이겨 내고 이전 수준으로 돌아갈 수 있는 능력이라는 뜻입니다.

Some critics question the sustainability of a global peace system after Russia's invasion of Ukraine.
러시아의 우크라이나 침공 이후
몇몇 비평가는 세계평화체제의 지속가능성에 의문을 제기한다.

Employees with a resilience to stress are less likely to feel depressed.
스트레스를 잘 이겨 내는 직원들은 우울감을 느낄 가능성이 낮다.

이 인용문에는 '국가 건립의 도구'라는 표현에서 tool이 등장합니다. 이때 tool은 망치나 톱처럼 무엇을 만들거나 수리하는 도구가 아니라, 특정 활동을 수행하는 데 도움이 되는 도구라는 뜻입니다. 교육 이론이 국가 건립에 도움이 되는 도구라는 의미죠.

Interest rates are commonly considered a useful economic tool.
금리는 보통 유용한 경제적 도구로 인식된다.

'도구'를 뜻하는 또 다른 단어인 device는 특정 목적으로 발명된 물건이나 기계를 말합니다. 반면 instrument는 보통 특정인이 전문적으로 사용하는 특수한 도구를 뜻하며, contraption은 생김새가 기괴하고 생소한 도구라는 뜻으로 쓰이곤 합니다.

They used a special device with grooved wheels over
which cables were looped.
그들은 바퀴에 홈이 패인 채 케이블이 감겨 있는 특별한 기기를 이용했다.

Surgical instruments have become greatly advanced and sophisticated.
수술 도구가 엄청나게 발전했고 정교해졌다.

This machine had strange contraptions that looked like toothbrushes.
이 기계에는 칫솔같이 생긴 이상한 도구가 있었다.

인용문에 '활용하다'의 단어로 deploy가 쓰인 것이 눈에 띄네요. 이 단어는 '배치하다'라는 뜻으로 알려져 있지만, '적재적소에 배치하여 효과적으로 활용'한다는 뜻도 있습니다. 국가 건립의 도구로서 교육 이론을 적절히 배치하여 효과적인 활용을 의도한다고 볼 수 있죠. '활용'의 대표 단어인 utilize는 실질적인 활용을 강조하고, '고용하다'로 알려진 employ는 기술, 방법 등을 고용하는 것처럼 가져와 활용한다는 의미입니다.

You should find a job that allows you to fully deploy your talents.
자신의 재능을 백분 활용할 수 있는 직업을 찾아야 합니다.

Wood has been utilized as a building material since primitive times.
나무는 원시시대부터 건축 재료로 활용되어 왔다.

Scientists employed the outdated method to collect data.
과학자들은 데이터 수집에 시대에 뒤떨어진 방식을 활용했다.

마지막으로 '우려'의 단어인 concern, worry, fear를 살펴보죠. 먼저 concern은 공유되고 있는 일반적인 우려를 말합니다. 또한 worry는 단순히 우려하고 있는 상태를 뜻하지만, fear는 우려를 넘어 위협과 공포까지 의미합니다.

There is a growing concern over digital dependency
and cyber vulnerability.
디지털 의존과 사이버 취약성에 대한 우려가 증가하고 있다.

Worry and stress can be causes of your health problems.
걱정과 스트레스가 당신의 급작스러운 건강 악화의 원인이 될 수 있다.

A fear of poverty ironically prevents people from becoming rich.
빈곤에 대한 심한 우려가 역설적이게도 사람들이 부자가 되는 것을 막는다.

1 적응력은 항상 변화하는 환경에서 생존하기 위한 필수 자질 중에 하나다.

Adaptability is one of essential qualities for **(survival / viability / sustainability / resilience)** in an ever-changing environment.

2 스트레스를 잘 이겨 내는 직원들은 우울감을 느낄 가능성이 낮다.

Employees with a **(survival / viability / sustainability / resilience)** to stress are less likely to feel depressed.

3 러시아의 우크라이나 침공 이후 몇몇 비평가는 세계평화체제의 지속가능성에 의문을 제기한다.

Some critics question the **(survival / viability / sustainability / resilience)** of a global peace system after Russia's invasion of Ukraine.

4 지역경제 지원이 중단되면 여기 있는 많은 업체의 운영이 위협받을 것이다.

Cuts in support for the local economy will threaten the **(survival / viability / sustainability / resilience)** of many businesses here.

5 수술 도구가 엄청나게 발전했고 정교해졌다.

Surgical **(tools / devices / instruments / contraptions)** have become greatly advanced and sophisticated.

6 금리는 보통 유용한 경제적 도구로 인식된다.

Interest rates are commonly considered a useful economic **(tool / device / instrument / contraption)**.

7 이 기계에는 칫솔같이 생긴 이상한 도구가 있었다.

This machine had strange **(tools / devices / instruments / contraptions)** that looked like toothbrushes.

8 과학자들은 데이터 수집에 시대에 뒤떨어진 방식을 활용했다.

Scientists **(deployed / utilized / employed)** the outdated method to collect data.

9 자신의 재능을 백분 활용할 수 있는 직업을 찾아야 합니다.

You should find a job that allows you to fully **(deploy / utilize / employ)** your talents.

10 나무는 원시시대부터 건축 재료로 활용되어 왔다.

Wood has been **(deployed / utilized / employed)** as a building material since primitive times.

11 빈곤에 대한 심한 우려가 역설적이게도 사람들이 부자가 되는 것을 막는다.

A **(concern / worry / fear)** of poverty ironically prevents people from becoming rich.

12 디지털 의존과 사이버 취약성에 대한 우려가 증가하고 있다.

There is a growing **(concern / worry / fear)** over digital dependency and cyber vulnerability.

정답 확인 / 1 survival 2 resilience 3 sustainability 4 viability 5 instruments 6 tool
7 contraptions 8 employed 9 deploy 10 utilized 11 fear 12 concern

///// 274

28 억제하다 curb, constrain, contain, restrain

Engagement of youth in agriculture in low- and middle-income countries may offer opportunities to **curb** underemployment, urban migration, disillusionment of youth and social **unrest**, as well as to **lift** individuals and communities from poverty and hunger. Lack of education or skills training has been **cited** as a challenge to engage youth in the sector.[28]

소득 수준 중하위권 국가의 청년들의 농업 참여가 불완전 고용, 도시로의 인구 이동, 청년들이 느끼는 환멸과 사회적 불안을 억제하고, 더불어 개인, 지역 사회가 빈곤과 굶주림에서 탈출하는 기회를 제공할 수도 있다. 교육과 기술 훈련의 부족은 청년들의 농업 분야 진출에 걸림돌로 언급되어 왔다.

불완전 고용, 도시로의 인구 이동, 사회적 불안 등을 억제한다고 할 때 curb가 사용되었습니다. curb는 나쁜 것 또는 원치 않는 것을 억제할 때 활용할 수 있죠. 즉 이 인용문에 언급된 억제 대상은 모두 부정적입니다.

This program aims to curb juvenile delinquency by
assisting children and their families early on.
이 프로그램은 자녀와 그 가족을 초기부터 지원해 청소년 범죄를
억제하는 것을 목표로 하고 있다.

'억제하다'의 유의어인 constrain, contain, restrain도 살펴보겠습니다. 먼저 constrain은 주로 행동이나 활동을 억제할 때 사용됩니다. contain은 해로운 것의 확산을 억제한다는 뜻을 가지고 있습니다. 그리고 restrain은 하고 싶은 것이나 감정 표현을 억제한다는 뜻입니다.

Gender-sensitive education helps both men and women
become less constrained by stereotyped roles.
성인지적 교육으로 남녀 모두 고정관념에 따른 성역할 수행의 압박을 덜 받게 된다.

All the poultry farms were closed off last month
in an effort to contain avian influenza.
조류독감 확산을 막기 위한 노력으로 지난달 모든 양계장이 폐쇄되었다.

How could you restrain the urge to kiss him?
그와 키스하고 싶은 충동을 어떻게 억제할 수 있었죠?

'사회적 불안'이라고 하면 단골로 등장하는 단어가 unrest입니다. 사람들 사이의 불화나 분쟁으로 야기되는 불안을 나타내기 때문이죠. 유의어인 instability는 바뀔 가능성이 높아 불확실하다는 의미를 지닙니다. 또한 insecurity는 자신감과 확신이 부족해 느끼는 불안, 안전하거나 강하지 못해 느끼는 불안을 표현하는 두 가지 문맥에서 쓰입니다.

The government has issued a 'shoot-on-sight' order to quell the unrest.
정부는 소요 사태를 진압하기 위해 현장 발포를 명령했다.

The instability of the Euro marks a change in the foreign exchange market.
유로화의 불안전성은 외환 시장의 변화를 보여 준다.

He often makes up stories to mask his insecurities.
그는 부족한 자존감을 숨기려고 종종 이야기를 꾸며 낸다.

Internet insecurity is an urgent matter to address.
취약한 인터넷 보안은 해결해야 할 시급한 문제다.

인용문의 '빈곤과 굶주림에서 탈출하다'에 뜻밖에도 lift가 쓰였네요. lift는 이처럼 곤경이나 어려움으로부터 들어 올려 구조한다는 뉘앙스로 쓰이기도 합니다. 이외에 escape는 무언가를 피해 자유로워지는 탈출, flee는 공포나 위험을 느껴 서둘러 달아나는 탈출을 뜻합니다.

Developing clean energy can lift this nation out of
the current economic stagnation.
이 나라는 친환경 에너지 개발을 통해 현재 경제 불황으로부터 탈출할 수 있다.

The bus caught fire on the road but all the passengers escaped unhurt.
도로 위 버스에 불이 났지만 모든 승객이 무사히 탈출했다.

Her family was caught trying to flee from Nazi Germany.
그녀의 가족은 나치 독일을 피해 탈출하다가 잡혔다.

'언급'의 단어로는 cite, mention, refer to를 들 수 있죠. 이 인용문에 쓰인 cite는 어떤 것이 발생한 이유나 주장의 근거로서 언급될 때 등장합니다. 교육과 기술 훈련의 부족을 문제 발생의 이유로 제시했다고 볼 수 있죠. 또한 mention은 충분한 설명 없이 간단히 언급하고 지나갈 때, refer to는 대화나 문장에서 몇 마디로 간단히 언급할 때 등장합니다.

The committee cited five reasons why people commit crimes.
위원회는 사람들이 범죄를 저지르는 다섯 가지 이유를 언급했다.

One of my colleges mentioned seeing Mr. Kim the other day.
동료 중 한 명이 며칠 전 김씨를 봤다고 지나가는 말로 말했다.

In his autography, he often referred to ruptures with his father.
그는 자서전에 그의 아버지와의 불화를 자주 언급했다.

1 성인지적 교육으로 남녀 모두 고정관념에 따른 성역할 수행의 압박을 덜 받게 된다.

Gender-sensitive education helps both men and women become less **(curbed / constrained / contained / restrained)** by stereotyped roles.

2 이 프로그램은 자녀와 그 가족을 초기부터 지원해 청소년 범죄를 억제하는 것을 목표로 하고 있다.

This program aims to **(curb / constrain / contain / restrain)** juvenile delinquency by assisting children and their families early on.

3 조류독감 확산을 막기 위한 노력으로 지난달 모든 양계장이 폐쇄되었다.

All the poultry farms were closed off last month in an effort to **(curb / constrain / contain / restrain)** avian influenza.

4 그와 키스하고 싶은 충동을 어떻게 억제할 수 있었죠?

How could you **(curb / constrain / contain / restrain)** the urge to kiss him?

5 취약한 인터넷 보안은 해결해야 할 시급한 문제다.

Internet **(unrest / instability / insecurity)** is an urgent matter to address.

6 유로화의 불안전성은 외환 시장의 변화를 보여 준다.

The **(unrest / instability / insecurity)** of the Euro marks a change in the foreign exchange market.

7 정부는 소요 사태를 진압하기 위해 현장 발포를 명령했다.

The government has issued a 'shoot-on-sight' order to quell the (**unrest / instability / insecurity**).

8 도로 위 버스에 불이 났지만 모든 승객이 무사히 탈출했다.

The bus caught fire on the road but all the passengers (**lifted / escaped / fled**) unhurt.

9 그녀의 가족은 나치 독일을 피해 탈출하다가 잡혔다.

Her family was caught trying to (**lift / escape / flee**) from Nazi Germany.

10 이 나라는 친환경 에너지 개발을 통해 현재 경제 불황으로부터 탈출할 수 있다.

Developing clean energy can (**lift / escape / flee**) this nation out of the current economic stagnation.

11 위원회는 사람들이 범죄를 저지르는 다섯 가지 이유를 언급했다.

The committee (**cited / mentioned / referred**) five reasons why people commit crimes.

12 그는 자서전에 그의 아버지와의 불화를 자주 언급했다.

In his autography, he often (**cited / mentioned / referred**) to ruptures with his father.

정답 / 1 constrained 2 curb 3 contain 4 restrain 5 insecurity 6 instability
7 unrest 8 escaped 9 flee 10 lift 11 cited 12 referred

279 /////

29 알아내다 discover, detect, discern, ascertain

Because the immune system cannot directly **detect** social circumstances that may increase risk for physical conflict or injury, it **relies on** the brain. **Mounting** an anticipatory inflammatory response to potential physical danger **requires** continually monitoring **the extent** to which the body is in a socially safe environment.[29]

면역 시스템은 신체적 충돌이나 부상의 위험을 높일지도 모르는 사회적 상황을 직접 알아낼 수 없어서 뇌에 의지한다. 잠재적인 신체적 위험에 대응해 선행 염증 반응을 일으키려면, 몸이 안전한 사회 환경에 있는 정도를 지속적으로 감시하는 작업이 요구된다.

무언가를 알아내거나 밝힌다는 의미로 종종 쓰이는 단어가 discover 입니다. 이 단어는 장소, 물체, 정보 등을 처음으로 알아낼 때 사용하죠. 이 인용문에 쓰인 detect는 알아차리기 어려운 것을 특정한 방식이나 기기를 통해 알아낸다는 뜻입니다. 즉 사회적 상황을 쉽게 찾아내기 힘들다는 의도를 읽을 수 있죠.

She was discovered to have lung cancer in a routine check-up.
그녀는 정기 건강검진에서 폐암에 걸린 것을 발견했다.

The chef can detect subtle variances in flavor.
그 요리사는 맛의 미묘한 차이도 감지할 수 있다.

유의어인 discern은 보통 시각, 인지, 이해를 통해 불분명한 것을 알아 차린다는 뜻입니다. 그리고 ascertain은 진정한 사실이나 정확한 정보 를 알아낸다는 의미를 가지고 있습니다.

This program will improve your ability to discern tone
and understand words in context.
이 프로그램을 통해 문맥에 맞게 단어를 이해하고
어조를 알아차리는 능력이 향상될 겁니다.

The police failed to ascertain the cause of his death.
경찰은 그의 사인을 밝혀내지 못했다.

면역 시스템은 사회적 상황을 판단하기 위해 뇌에 의지할 수밖에 없다
고 하네요. 그래서 인용문에 rely on이 쓰인 거죠. rely on은 어쩔 수
없이 의지해야 한다는 뉘앙스를 띠고 있습니다. '의지하다'로 쓰이는
또 다른 표현을 살펴볼까요? 먼저 depend on은 믿고 의지한다는 의미
이며, count on은 믿고 의지하는 수준을 넘어 확신을 가지고 전적으로
기댄다는 뉘앙스를 가지고 있습니다.

Many working women rely on their parents for childcare.
많은 직업 여성이 육아를 부모에 의지한다.

A friend is someone who you can depend on in difficult times.
친구는 네가 어려울 때 의지할 수 있는 사람이다.

You can count on him to help you in times of crisis.
위기에 처했을 때 그가 당신을 도와줄 테니 그만 의지하세요.

인용문의 '염증 반응을 일으키다'에 mount가 쓰인 것이 인상적이네요.
mount는 보통 자전거나 말 위에 올라타거나, 증가하다는 의미가 있습
니다. 하지만 인용문처럼 특정한 목적을 달성하고자 본격적으로 활동
을 조직하고 시작한다는 의미도 있죠. 다음 세 번째 예문의 mount도

이 같은 뜻으로 사용되었습니다.

She tried to mount his horse.
그녀는 그의 말에 올라타려고 했다.

Tension was mounting as long silence continued between the two.
둘 사이에 오랜 침묵이 계속되면서 긴장은 높아져 갔다.

Students mounted a campaign to attack the plan.
학생들은 그 계획에 반기를 들기 위해 조직적인 활동에 착수했다.

유의어인 organize는 단순히 어떤 일이 발생하도록 조직한다는 의미, stage는 행사, 활동, 계획 등을 체계적으로 조직한다는 의미가 있습니다.

They organized a meeting for negotiation.
그들은 협상을 위한 만남을 조직했다.

The army staged a coup, seizing the national assembly and TV stations.
군은 쿠데타를 일으켜 국회와 TV 방송국을 장악했다.

한편 '요구하다'의 단어로는 require, demand, request가 있죠. 인용문에 사용된 require는 단순히 필요로 한다는 의미를 가집니다. 안전 정도를 알기 위해 지속적인 감시가 필요하다는 의도로 해석할 수 있죠. demand는 매우 강력하게 요구할 때, request는 공손하게 요구할 때 각각 등장합니다.

Customers can use call center services if they require more information.
고객들은 더 많은 정보가 필요하다면 콜 센터 서비스를 이용할 수 있다.

Protesters are demanding a release of the arrested students.

시위자들은 체포된 학생들의 석방을 강력히 요구하고 있다.

The chief editor refused my request to extend the deadline.

마감을 늦춰 달라는 나의 요청을 편집장은 거절했다.

마지막으로 '정도'는 extent와 degree로 표현할 수 있습니다. 두 단어는 유사하게 쓰이지만 extent는 주로 규모, 크기, 양을 나타낼 때, degree는 수준이나 급을 나타낼 때 등장하죠. 인용문에 extent가 쓰인 것을 보면 수준보다는 규모나 양의 개념으로 이해할 수 있겠네요.

We have no idea about the extent of damage at this point.

지금 시점에서는 피해 정도를 알 수 없습니다.

This job requires a high degree of skill and a wide array of experience.

이 직업은 높은 수준의 기술과 다양한 경험을 필요로 합니다.

1   경찰은 그의 사인을 밝혀내지 못했다.

The police failed to **(discover / detect / discern / ascertain)** the cause of his death.

2   그 요리사는 맛의 미묘한 차이도 감지할 수 있다.

The chef can **(discover / detect / discern / ascertain)** subtle variances in flavor.

3   그녀는 정기 건강검진에서 폐암에 걸린 것을 발견했다.

She was **(discovered / detected / discerned / ascertained)** to have lung cancer in a routine check-up.

4   이 프로그램을 통해 문맥에 맞게 단어를 이해하고 어조를 알아차리는 능력이 향상 될 겁니다.

This program will improve your ability to **(discover / detect / discern / ascertain)** tone and understand words in context.

5   위기에 처했을 때 그가 당신을 도와줄 테니 그만 의지하세요.

You can **(rely / depend / count)** on him to help you in times of crisis.

6   친구는 네가 어려울 때 의지할 수 있는 사람이다.

A friend is someone who you can **(rely / depend / count)** on in difficult times.

7 둘 사이에 오랜 침묵이 계속되면서 긴장은 높아져 갔다.

Tension was **(mounting / organizing / staging)** as long silence continued between the two.

8 군은 쿠데타를 일으켜 국회와 TV 방송국을 장악했다.

The army **(mounted / organized / staged)** a coup, seizing the national assembly and TV stations.

9 그들은 협상을 위한 만남을 조직했다.

They **(mounted / organized / staged)** a meeting for negotiation.

10 시위자들은 체포된 학생들의 석방을 강력히 요구하고 있다.

Protesters are **(requiring / demanding / requesting)** a release of the arrested students.

11 마감을 늦춰 달라는 나의 요청을 편집장은 거절했다.

The chief editor refused my **(require / demand / request)** to extend the deadline.

12 이 직업은 높은 수준의 기술과 다양한 경험을 필요로 합니다.

This job requires a high **(extent / degree)** of skill and a wide array of experience.

13 지금 시점에서는 피해 정도를 알 수 없습니다.

We have no idea about the **(extent / degree)** of damage at this point.

정답 및 해설 / 1 ascertain 2 detect 3 discovered 4 discern 5 count 6 depend 7 mounting 8 staged 9 organized 10 demanding 11 request 12 degree 13 extent

30 심화/강화 intensification, escalation, reinforcement, augmentation

> Global population growth and increasing standards of living **inevitably** cause the expansion and **intensification** of global agricultural land use to **fulfill** growing demands for food, biofuel and other commodities. In turn, agriculture expansion and intensification **threaten** ecosystem function and lead to species extinction through habitat loss and fragmentation.[30]
>
> 세계 인구 증가와 생활수준 향상으로 인한 식량, 바이오 연료, 다른 생필품의 수요 증가를 충족하기 위해 세계 농경지 사용의 불가피한 확대와 심화가 초래된다. 그 결과, 농업의 확장과 심화는 생태계 기능을 위협하고 서식지 상실과 파편화를 통한 종의 멸종을 낳는다.

이 인용문에서 '심화'는 intensification이 담당하고 있습니다. 여기서 농경지 '사용'의 심화라는 점에 주목해야 합니다. 다시 말해 intensification은 어떤 활동이나 내용의 정도가 심해진다는 의미를 가지죠. 유의어들을 살펴보자면, 먼저 escalation은 고조되어 더 심각해지거나 나빠진다는 뉘앙스를 띕니다.

> An intensification of competition has brought many small companies into bankruptcy.
> 경쟁이 심화되면서 많은 소규모 기업이 도산했다.

> The recent escalation of violent crimes has been driven by gun deregulation.
> 총기 규제 완화로 인해 최근 폭력 범죄가 증가했다.

한편 reinforcement는 특정 생각, 입장, 감정이 깊어짐을 뜻하죠. 또한 augmentation은 다른 요소들을 보태서 대상을 더 강력하게 만든다는 의미를 가지고 있습니다.

Mass media has played a critical role
in the reinforcement of the existing bias.
대중매체는 기존 선입견 강화에 결정적인 역할을 해왔다.

The new version of the program has brand-new features
and augmentations.
이 프로그램의 새 버전은 새로운 성능과 증강 내용을 가지고 있다.

'불가피하게' 하면 unavoidably가 떠오를 텐데요. 이 인용문의 inevitably 와는 뚜렷한 차이가 있습니다. unavoidably는 피하는 것이 불가능하 다는 뜻이고, inevitably는 피할 수 없다는 뜻이 발전하여 '마땅히 그렇 게 된다'는 의미입니다. 이 인용문은 인구 증가가 마땅히 농경지 사용 확대를 가져온다는 의미로 inevitably를 사용한 것 같네요.

Some of my students were unavoidably absent
because they tested positive for COVID-19.
내 학생 중 몇 명이 코로나 양성이 나와서 불가피하게 결석했다.

Investing in stocks inevitably entails a high degree of risk.
주식 투자는 어쩔 수 없이 높은 수준의 위험을 수반하게 되어 있다.

'충족하다'로는 meet, satisfy, fulfill 등의 단어를 사용할 수 있습니다. meet은 필요나 요구를 충족한다는 뜻이고, satisfy는 욕구를 충족한다 는 뜻입니다. 그렇다면 인용문에 쓰인 fulfill은 무슨 뜻일까요? 바로 '기대되는 활동이나 약속된 일을 수행하여 충족한다'는 것입니다. 다시 말해 인용문은 인구 증가로 인한 물자의 수요 증가 문제를 해결하리라 는 약속이나 기대를 충족한다는 의도로 해석될 수 있습니다.

This program has been designed to meet the needs
of the residents and ensure their safety.
이 프로그램은 주민의 필요 충족과 안전 보장을 위해 설계되었다.

Don't make any effort to satisfy him—he is always complaining.
그를 만족시키려고 애쓰지 마세요. 그는 항상 불만이에요.

He has made every effort to fulfill his duties as a son.
그는 아들로서 의무를 다하고자 할 수 있는 건 모두 했다.

'위협'의 대표 단어는 threat입니다. 일반적으로 동사 pose와 함께 쓰여 '위협이 되다'는 의미를 나타내죠. 동사형 threaten은 해를 끼칠 가능성이 높다는 의미와 해치겠다는 표현을 통해 위협한다는 의미가 있습니다. 이 인용문의 threaten은 전자에 해당합니다. 유의어인 intimidate는 겁을 줘서 시키는 대로 하게 만든다는 뜻입니다.

Terrorists pose a serious threat to public safety.
테러리스트들은 일반 대중의 안전에 심각한 위협이 된다.

Disasters threaten people's livelihoods.
재앙으로 사람들의 생계가 위협받는다.

Burglars broke into the house and threatened him with a gun.
도둑은 집에 들어와 그를 총으로 위협했다.

He intimidated me into signing the contract.
그는 나를 위협해서 계약서에 서명하게 했다.

1   총기 규제 완화로 인해 최근 폭력 범죄가 증가했다.

The recent **(intensification / escalation / reinforcement / augmentation)** of violent crimes has been driven by gun deregulation.

2   이 프로그램의 새 버전은 새로운 성능과 증강 내용을 가지고 있다.

The new version of the program has brand-new features and **(intensifications / escalations / reinforcements / augmentations)**.

3   대중매체는 기존 선입견 강화에 결정적인 역할을 해왔다.

Mass media has played a critical role in the **(intensification / escalation / reinforcement / augmentation)** of the existing bias.

4   경쟁이 심화되면서 많은 소규모 기업이 도산했다.

An **(intensification / escalation / reinforcement / augmentation)** of competition has brought many small companies into bankruptcy.

5   주식 투자는 어쩔 수 없이 높은 수준의 위험을 수반하게 되어 있다.

Investing in stocks **(unavoidably / inevitably)** entails a high degree of risk.

6   내 학생 중 몇 명이 코로나 양성이 나와서 불가피하게 결석했다.

Some of my students were **(unavoidably / inevitably)** absent because they tested positive for COVID-19.

7 그는 아들로서 의무를 다하고자 할 수 있는 건 모두 했다.

He has made every effort to **(meet / satisfy / fulfill)** his duties as a son.

8 이 프로그램은 주민의 필요 충족과 안전 보장을 위해 설계되었다.

This program has been designed to **(meet / satisfy / fulfill)** the needs of the residents and ensure their safety.

9 그를 만족시키려고 애쓰지 마세요. 그는 항상 불만이에요.

Don't make any effort to **(meet / satisfy / fulfill)** him—he is always complaining.

10 도둑은 집에 들어와 그를 총으로 위협했다.

Burglars broke into the house and **(threatened / intimidated)** him with a gun.

11 재앙으로 사람들의 생계가 위협받는다.

Disasters **(threaten / intimidate)** people's livelihoods.

12 그는 나를 위협해서 계약서에 서명하게 했다.

He **(threatened / intimidated)** me into signing the contract.

정답 / 1 escalation 2 augmentations 3 reinforcement 4 intensification 5 inevitably
6 unavoidably 7 fulfill 8 meet 9 satisfy 10 threatened 11 threaten 12 intimidated

///// 290

31 변화하다 change, modify, alter, morph

A recent stream of research related to individuals with eating disorders is concerned with the **practice** of body checking (i.e., weighing, measuring or otherwise assessing body parts through pinching, sucking in the abdomen, tapping it for flatness.) Such checking behaviors may **morph** into body avoidance, the **manifestation** of eating disorders, **obsession** with one's weight or body shape, and a critical evaluation of either aspect.[31]

섭식장애를 겪고 있는 사람들에 관해 최근 쏟아지는 연구들의 내용은 신체를 확인하는 습관(예를 들어 몸무게를 재거나, 치수를 측정하거나, 그 외에 똥배를 꼬집거나 집어넣거나 평평하게 만들려고 두드리는 식으로 신체 부위를 가늠하는 것)과 관련이 있다. 이런 확인 행동들은 신체 회피 행동, 섭식장애 발현, 몸무게와 몸매에 대한 집착, 이에 대한 비판적인 평가로 변할 수 있다.

'변화'라 하면 change가 먼저 떠오릅니다. change는 이전의 모양이나 성질을 다른 것으로 바꾼다는 뜻이죠. 하지만 바뀌는 방식에 따라 modify, alter, morph와 같이 다른 단어를 써야 할 수도 있어요. 우선 modify는 바꿔서 개선한다는 의미가 있습니다.

He has changed his diet a lot after being diagnosed with diabetes.
그는 당뇨병 진단을 받고 난 후 식단을 많이 바꿨다.

Instead of scolding her son,
she encouraged him to modify his behavior.
그녀는 아이를 나무라는 대신 행동을 바꿔 보라고 격려했다.

alter는 작은 것을 바꿔 큰 변화를 가져올 때 쓰입니다. 이 인용문에 쓰인 morph는 특정 대상과 다른 대상이 겹쳐지며 천천히 바뀐다는 뉘앙스를 가집니다. 다시 말해 신체를 확인하는 행동이 본인도 모르는 사이에 집착과 병으로 번져 나가는 과정을 표현한 단어라고 볼 수 있죠.

Purchasing a car will alter your lifestyle.
차를 구입하면 당신의 라이프스타일이 완전히 바뀔 겁니다.

Don't bring up politics, or our casual conversation
will morph into an ugly argument.
정치 주제를 논하지 맙시다.
그렇게 하지 않으면 가벼운 대화가 험악한 논쟁이 될 거예요.

그런데 '습관'에 왜 practice를 썼을까요? 우리가 알고 있는 습관 habit은 '자신도 모르게' 반복해서 하는 행동의 뉘앙스를 띱니다. 반면 practice는 단지 반복적이고 규칙적으로 하는 행동을 뜻하죠. 즉 똥배를 꼬집고 두드리는 것이 반복적임을 나타낼 뿐이에요. 유의어인 custom은 이런 규칙적인 행위가 오랜 시간 지속될 때 사용됩니다.

I want to break my habit of smoking when I have a drink.
술자리에서 담배 피우는 습관을 없애고 싶다.

It is a religious practice to say prayers before meals.
식사 전에 기도문을 읊는 것은 종교적인 행위다.

In this country, it is the custom for children to
take care of their parents when they get old.
이 나라에서는 부모가 나이가 들면 자식이 부모를 돌보는 것이 관습이다.

인용문에는 '발현'의 단어로 manifestation이 쓰였네요. manifestation은 어떤 대상이 존재하거나 발생한다는 것을 보여 주는 징후를 말합니다. 즉 섭식장애의 발생을 보여 주는 어떤 행위나 모습으로 이 인용문을 이해할 수 있죠. 유의어인 embodiment는 '어떤 생각이나 자질'이 특정 모습이나 행위로 나타날 때 쓸 수 있습니다.

Declining birth rates is a manifestation of
the government's poor handling of childcare issues.
떨어지는 출산율은 정부의 잘못된 육아 정책의 발현이다.

He is described as an embodiment of evil in this horror film.
이 공포 영화에서 그는 악의 전형으로 묘사된다.

마지막으로 '집착'의 obsession은 오로지 특정 주제나 대상만 생각한다는 부정적인 뉘앙스를 띱니다. 위 인용문처럼 몸매와 몸무게만 생각하고 합리적인 판단이 어려워진 상황을 표현합니다. 하지만 '집착'의 다른 단어인 preoccupation은 부정적인 색깔이 덜하죠. 특정 대상에 대한 생각으로 대부분의 시간을 보내고 있다는 뜻입니다.

He always tries to keep his surroundings clean
and it has become an obsession.
그는 자기 주변을 항상 깨끗하게 하려다 결국 집착하게 되고 말았다.

My current preoccupation is how to feed my children.
요즘 나는 오로지 내 아이들을 어떻게 먹여 살릴지에 대한 생각밖에 없다.

1   차를 구입하면 당신의 라이프스타일이 완전히 바뀔 겁니다.

Purchasing a car will **(change / modify / alter / morph)** your lifestyle.

2   정치 주제를 논하지 맙시다. 그렇게 하지 않으면 가벼운 대화가 험악한 논쟁이 될 거예요.

Don't bring up politics, or our casual conversation will **(change / modify / alter / morph)** into an ugly argument.

3   그는 당뇨병 진단을 받고 난 후 식단을 많이 바꿨다.

He has **(changed / modified / altered / morphed)** his diet a lot after being diagnosed with diabetes.

4   그녀는 아이를 나무라는 대신 행동을 바꿔 보라고 격려했다.

Instead of scolding her son, she encouraged him to **(change / modify / alter / morph)** his behavior.

5   이 나라에서는 부모가 나이가 들면 자식이 부모를 돌보는 것이 관습이다.

In this country, it is the **(practice / habit / custom)** for children to take care of their parents when they get old.

6   술자리에서 담배 피우는 습관을 없애고 싶다.

I want to break my **(practice / habit / custom)** of smoking when I have a drink.

7 식사 전에 기도문을 읊는 것은 종교적인 행위다.

It is a religious **(practice / habit / custom)** to say prayers before meals.

8 떨어지는 출산율은 정부의 잘못된 육아 정책의 발현이다.

Declining birth rates is a **(manifestation / embodiment)** of the government's poor handling of childcare issues.

9 이 공포 영화에서 그는 악의 전형으로 묘사된다.

He is described as an **(manifestation / embodiment)** of evil in this horror film.

10 요즘 나는 오로지 내 아이들을 어떻게 먹여 살릴지에 대한 생각밖에 없다.

My current **(obsession / preoccupation)** is how to feed my children.

11 그는 자기 주변을 항상 깨끗하게 하려다 결국 집착하게 되고 말았다.

He always tries to keep his surroundings clean and it has become an **(obsession / preoccupation)**.

32 부수적 supplementary, auxiliary, subsidiary, additional

Chi (2015) found out that the price and quality of a **garment** are significant factors in purchasing decision making while social and emotional values are considered important but **supplementary**. However, for example in China, an increasing number of consumers are changing their **personal** consumption behavior with the hope to have an impact on environmental protection. They also feel that purchasing and wearing environmentally friendly garments helps them **gain** social approval and make a good impression on other people.[32]

Chi(2015)의 연구는 구매 결정에 있어 의복 가격과 품질이 중요한 요소이며, 사회적·정서적 가치도 중요하긴 하지만 부수적으로 간주된다고 밝히고 있다. 하지만 중국은 점점 많은 수의 소비자가 환경 보호에 영향을 미치고자 하는 바람으로 개인 소비 행태를 바꾸고 있다. 이들은 또한 친환경 의복을 구매하고 착용함으로써 사회적 인정을 얻고 타인에게 좋은 인상을 줄 수 있다고 느낀다.

'부수적'은 주가 되는 것에 따라붙어 있다는 말이죠. 주와 부의 관계가 어떠냐에 따라 다른 단어가 필요합니다. 이 인용문에서 쓰인 supplementary는 따라붙어서 주를 더욱 개선하거나 도움을 준다는 의도를 가지고 있어요. 좋은 구매 결정에 도움을 준다는 의미로 이해할 수 있죠.

Supplementary materials are necessary especially when students are not familiar with a subject.
학생들이 주제에 익숙하지 않을 때는 특히 보충 자료가 필요하다.

다른 유의어도 살펴보죠. auxiliary는 주축을 이루는 대상이나 사람들을 지원하고 보조해 준다는 뜻입니다. 반면 subsidiary와 additional은 의미가 사뭇 다른데요. subsidiary는 주보다 가치나 중요성이 떨어진다는 의미, additional은 단순히 주에 더해진다는 의미를 가집니다.

An auxiliary nurse is a job for compassionate individuals
interested in helping others.
간호조무사는 타인을 돕는 것에 관심이 있고
아픔에 공감하는 사람들을 위한 직업이다.

A woman's role in the family was considered subsidiary
in traditional society.
전통사회에서 가정 내 여성의 역할은 부수적으로 간주되었다.

We can make an extra charge for additional packages.
추가되는 짐에는 추가 요금을 부과할 수 있습니다.

'의복'이라고 할 때 대표 단어는 단어 clothes일 텐데요. 이와 관련해
clothing은 보통 특정 형태의 의복을 일컫습니다. 반면 이 인용문에서
사용된 garment는 다소 형식을 갖춘 의복 일체라는 뜻으로, 가격과 품
질을 논하는 의복이라는 문맥에 적절합니다. 그리고 outfit은 특별한
날이나 특정 활동을 위해 입는 의복을 말합니다.

He took off his clothes and jumped into the pool.
그는 옷을 벗고 수영장으로 점프했다.

They must wear protective clothing to enter the laboratory.
그들은 실험실에 들어가려면 반드시 방호복을 입어야 한다.

A male model is wearing a revealing and shapeless garment.
한 남자 모델이 속이 들여다보이는 형체 없는 옷을 입고 있다.

한편 이 인용문에는 '개인 소비 행위'에 personal이 등장하는데요. individual, private와 어떤 차이가 있을까요? 우선 personal은 개인이 가진 구별되는 특성으로, 인용문에서는 소비자 행동에 나타나는 개별 특징으로 이해할 수 있습니다. individual은 집단이 아닌 개별 개인을 말하며, private는 일반 대중이 아닌 특정 개인만 대상으로 한다는 뜻입니다.

Nonclergy were allowed to take personal interest in the Holy Scripture.
성직자가 아닌 사람도 성서에 개인적인 관심을 가질 수 있게 되었다.

Individual freedom is the backbone of a democratic system.
개인의 자유는 민주주의 제도의 근간이다.

We have three bedrooms, one with a private bathroom.
우리는 침실을 세 개 갖고 있고, 그중 하나에 개인 화장실이 있다.

마지막으로 '얻다'라는 뜻으로 쓰인 gain을 알아보죠. 인용문에서는 목적어가 social approval(사회적 인정)이니 gain은 적절한 선택으로 볼 수 있습니다. gain은 오랜 시간에 걸쳐 자신에게 도움이 되는 것을 얻어 낸다는 뜻입니다. 유의어인 acquire는 돈, 실력, 행위를 통해 얻어 낼 때, attain은 오랜 노력 끝에 마침내 얻어 냈을 때 각각 등장합니다.

He has gained an international reputation after years of hard work.
수년간의 노력 끝에 그는 국제적인 명성을 얻게 되었다.

She has acquired an excellent command of French.

그녀는 훌륭한 프랑스어 실력을 갖추었다.

This country attained independence in 1945.

이 나라는 1945년에 독립을 얻어 냈다.

1   추가되는 짐에는 추가 요금을 부과할 수 있습니다.

We can make an extra charge for **(supplementary / auxiliary / subsidiary / additional)** packages.

2   간호조무사는 타인을 돕는 것에 관심이 있고 아픔에 공감하는 사람들을 위한 직업이다.

An **(supplementary / auxiliary / subsidiary / additional)** nurse is a job for compassionate individuals interested in helping others.

3   학생들이 주제에 익숙하지 않을 때는 특히 보충 자료가 필요하다.

(Supplementary / Auxiliary / Subsidiary / Additional) materials are necessary especially when students are not familiar with a subject.

4   전통사회에서 가정 내 여성의 역할은 부수적으로 간주되었다.

A woman's role in the family was considered **(supplementary / auxiliary / subsidiary / additional)** in traditional society.

5   그들은 실험실에 들어가려면 반드시 방호복을 입어야 한다.

They must wear protective **(clothes / clothing / garment / outfit)** to enter the laboratory.

6   그는 옷을 벗고 수영장으로 점프했다.

He took off his **(clothes / clothing / garment / outfit)** and jumped into the pool.

7 핼러윈 최고의 의상은 무엇일까요?

What is the best **(clothes / clothing / garment / outfit)** for Halloween?

8 우리는 침실을 세 개 갖고 있고, 그중 하나에 개인 화장실이 있다.

We have three bedrooms, one with a **(personal / individual / private)**

bathroom.

9 성직자가 아닌 사람도 성서에 개인적인 관심을 가질 수 있게 되었다.

Nonclergy were allowed to take **(personal / individual / private)** interest

in the Holy Scripture.

10 그녀는 훌륭한 프랑스어 실력을 갖추었다.

She has **(gained / acquired / attained)** an excellent command of

French.

11 이 나라는 1945년에 독립을 얻어 냈다.

This country **(gained / acquired / attained)** independence in 1945.

12 수년간의 노력 끝에 그는 국제적인 명성을 얻게 되었다.

He has **(gained / acquired / attained)** an international reputation after

years of hard work.

퀴즈 정답 / 1 additional 2 auxiliary 3 Supplementary 4 subsidiary 5 clothing 6 clothes
7 outfit 8 private 9 personal 10 acquired 11 attained 12 gained

301 /////

33 행사하다 exert, exercise, assert, wield

Australian **Aboriginal** boxer Adrian Blair was one of three **Indigenous** Australians to compete in the 1964 Tokyo Olympic Games. To that point, no Indigenous Australians had ever participated in the Olympics, not for want of sporting talent but because the racist legislation that **stripped** them of their basic human rights extended to limited sporting opportunities. The state of Queensland, where Blair lived, had the most **repressive** laws governing Indigenous people of any state in Australia. The Cherbourg Aboriginal Settlement, a government reserve where Blair grew up as a ward of the state, epitomized the **oppressive** control **exerted** over Indigenous people.[33]

호주 원주민 출신의 권투 선수 아드리안 블레어(Adrian Blair)는 1964년 도쿄 올림픽에 출전한 세 명의 호주 원주민 중 하나였다. 그때까지 올림픽에 나간 원주민은 아무도 없었는데, 재능이 부족해서가 아니라 경기에 참여하는 기회를 제한할 만큼 원주민의 기본 인권을 박탈한 인종차별적인 법 때문이었다. 블레이어가 살던 퀸즐랜드주는 호주의 어느 주보다 원주민을 통제하는 가장 억압적인 법을 가지고 있었다. 그가 피보호자로 자란 정부 보호 구역인 셰르부르 원주민 거주지는 원주민에게 행해진 억압적 통제의 전형을 보여 준다.

원주민에게 행해진 억압적 통제에 exert가 등장합니다. '행사한다' 고 할 때 권력이나 영향력 등 강제적 수단을 이용한다면 exert가 필요하죠. 억압적 통제에 꼭 필요한 단어입니다. 이에 비해 유의어인 exercise는 권리나 능력을 행사한다는 의미를 가지고 있습니다.

The mayor exerted pressure on civic groups to support his plan.
시장은 시민단체들에 자신의 계획을 지지하라고 압력을 행사했다.

The landlord can exercise his right to renew the rent.
집주인은 집세를 올릴 자신의 권리를 행사할 수 있다.

한편 assert는 다른 사람이 자신의 주장에 관심을 갖도록 자신 있고 단호하게 무언가를 행사할 때 등장합니다. wield는 권력이나 영향력을 과도하게 휘두르듯 행사한다는 부정적 뉘앙스를 띕니다.

A good teacher should be able to assert
his or her authority when required.
좋은 선생님은 필요할 때 자신의 권위를 내세울 수 있어야 한다.

The prime minister wielded enormous power within the congress.
국무총리는 의회에서 엄청난 권력을 휘둘렀다.

이 인용문에는 '원주민'이라는 뜻의 두 단어가 보이네요. aboriginal은 호주에서만 사용되는 용어이지만, indigenous는 '이주한 것이 아닌 그곳에 원래 있었다'는 의미로 전 세계적으로 통용되는 단어입니다. 흔히 알려져 있는 native는 태어나고 자란 장소라는 의미를 가지고 있죠.

The indigenous population has suffered discrimination and segregation.
원주민들은 차별과 분리 정책에 고통받아 왔다.

They have maintained contact with their native Mexico.
그들은 자신이 태어나고 자란 멕시코와 연락을 유지하고 있다.

'박탈하다'고 할 때도 무엇을 박탈하는지에 따라 선택은 달라집니다. 인용문에 등장한 strip은 계급, 재산, 권리 등을 박탈한다는 뜻으로, 원주민의 인권은 권리이니 strip이 필요합니다. 일반적으로 알려진

deprive는 중요하고 필요한 것을 박탈할 때 주로 쓰이는 편이죠.

He was stripped of all his property after a communist revolution.
공산혁명 이후 그는 모든 재산을 박탈당했다.

The proposed water diversion project may deprive
local residents of water needed for crops.
지역 주민들은 상수 전환 계획 때문에 작물 재배 용수를 빼앗길지도 모른다.

앞서 살펴본 원주민과 마찬가지로, 인용문에는 '억압적이다'의 뜻으로 repressive와 oppressive가 둘 다 등장합니다. 어떤 차이가 있을까요? 먼저 repressive는 사람들의 행동을 강제로 통제한다는 뜻이라고 합니다. 반면 oppressive는 불공정하고 잔인한 방식으로 통제한다는 더욱 강력하고 폭력적인 뉘앙스를 띠고 있죠.

Thousands of people have taken to the streets to protest the
repressive measures taken by the military government.
수천 명의 사람이 군사정부의 억압적인 조치를 규탄하고자 거리에 몰려들었다.

Many women were forced to bear children
under the past oppressive patriarchy.
과거 억압적인 가부장제 하에서 많은 여성이 강제로 임신했다.

1 좋은 선생님은 필요할 때 자신의 권위를 내세울 수 있어야 한다.

A good teacher should be able to **(exert / exercise / assert / wield)** his or her authority when required.

2 국무총리는 의회에서 엄청난 권력을 휘둘렀다.

The prime minister **(exerted / exercised / asserted / wielded)** enormous power within the congress.

3 시장은 시민단체들에 자신의 계획을 지지하라고 압력을 행사했다.

The mayor **(exerted / exercised / asserted / wielded)** pressure on civic groups to support his plan.

4 집주인은 집세를 올릴 자신의 권리를 행사할 수 있다.

The landlord can **(exert / exercise / assert / wield)** his right to renew the rent.

5 원주민들은 차별과 분리 정책에 고통받아 왔다.

The **(indigenous / native)** population has suffered discrimination and segregation.

6 그들은 자신이 태어나고 자란 멕시코와 연락을 유지하고 있다.

They have maintained contact with their **(indigenous / native)** Mexico.

7 지역 주민들은 상수 전환 계획 때문에 작물 재배 용수를 빼앗길지도 모른다.

The proposed water diversion project may **(strip / deprive)** local residents of water needed for crops.

8 공산혁명 이후 그는 모든 재산을 박탈당했다.

He was **(stripped / deprived)** of all his property after a communist revolution.

9 수천 명의 사람이 군사정부의 억압적인 조치를 규탄하고자 거리에 몰려들었다.

Thousands of people have taken to the streets to protest the **(repressive / oppressive)** measures taken by the military government.

10 과거 억압적인 가부장제 하에서 많은 여성이 강제로 임신했다.

Many women were forced to bear children under the past **(repressive / oppressive)** patriarchy.

정답 및 해설 / 1 assert **2** wielded **3** exerted **4** exercise **5** indigenous **6** native **7** deprive **8** stripped **9** repressive **10** oppressive

///// 306

34 완화하다 alleviate, relieve, mitigate, assuage

The urban heat island (UHI) effect **denotes** the phenomenon that urban areas are significantly hotter than rural areas. This effect impacts city **dwellers**' comfort and has prompted a global public health issue: heat-related mortality. UHIs have also contributed to a series of environmental and ecological problems, including increased energy consumption, rising greenhouse gas emissions, and the frequent occurrence of extreme temperatures. **Alleviating** the UHI effect has become an **urgent** concern in the fields of climate change and sustainable development.[34]

도시 열섬(Urban Heat Island, UHI) 효과는 도시 지역이 농촌 지역보다 심하게 더 더운 현상을 의미한다. 이는 도시 거주자의 안위에 영향을 미치며, 전 지구적 공중 보건 문제인 더위 관련 사망을 촉진해 왔다. UHI는 또한 에너지 소비 증가, 온실가스 배출 증가, 극단적 날씨의 잦은 발생과 같은 일련의 환경 및 생태계 문제에 기여해 왔다. 열섬 효과의 완화는 기후 변화와 지속가능 발전 분야에서 시급한 관심을 요하는 문제가 되었다.

열섬 효과를 완화할 때 필요한 단어는 alleviate입니다. 이 단어는 특정한 문제나 고통을 누그러뜨리거나 약화한다는 뜻으로, 도시가 고온으로 힘들어하는 문제를 완화해야 하니 alleviate가 쓰인 것이죠. 흔히 많이 쓰이는 relieve는 완화하는 범위가 상대적으로 넓어서, 힘듦, 어려움, 불쾌감, 고통 등을 모두 포함합니다.

Coherent measures should be taken to alleviate poverty in an inner-city slum.
도시 내 빈민가의 빈곤을 완화하기 위한 일관성 있는 조치가 취해져야 한다.

I used to relieve boredom in country life by watching football games.
나는 축구 경기를 보면서 전원생활의 따분함을 덜곤 했다.

한편 mitigate는 주로 해로움이나 고통을 주는 것을 완화할 때 사용합니다. 또한 assuage는 주로 불쾌하거나 불편한 감정을 완화할 때 쓰이곤 하죠.

To mitigate environmental impact, the city council decided to release the contaminated water slowly.
시 의회는 환경에 미치는 영향을 낮추고자 오염수를 천천히 방출하기로 결정했다.

Nothing can assuage my suspicion that he had an affair with his secretary.
그가 비서와 불륜을 저질렀다는 나의 의심을 그 어떤 것도 누그러뜨릴 수 없다.

이 인용문에는 특이하게도 '의미하다'에 mean이 아니라 denote가 쓰였습니다. mean은 특정한 것을 의미한다는 뜻이고, denote는 직접적인 의미라기보다는 격식체로서 어떤 정보를 나타낼 때 쓰이는 편입니다. 도시 열섬 효과로 도시가 농촌보다 훨씬 더 덥다는 정보를 나타낸다는 의도로 이해할 수 있겠네요. 한편 imply는 직접적인 언급 없이 의미를 간접적으로 표현할 때 쓰입니다.

A red light means that you must stop.
빨간색 신호등은 반드시 멈춤을 의미한다.

His gruff manner denotes extreme discomfort.
그의 거친 행동은 매우 불편하다는 의미다.

My letter should not be taken to imply that I have admitted my mistake.
내 편지가 나의 실수를 인정했다는 의미로 받아들여져서는 안 된다.

이번에는 '거주자'의 뜻으로 쓰인 dweller를 알아보죠. dweller는 특정한 장소에서 거주하지만 안정적인 상태를 말하지 않습니다. 따라서 이동 가능성이 높은 도시(city) 지역을 수식하므로 dweller가 적절한 선택이죠. 이에 반해 resident는 자기 집에서 안정적으로 거주하는 것을 말합니다. 그리고 inhabitant는 특정 지역에 거주하는 사람과 동물을 모두 포함하는 범위가 넓은 단어랍니다.

Prehistoric humans were cave dwellers
who sought protection from harsh environments.
선사시대 인류는 혹독한 환경에서 보호를 받고자 했던 동굴 거주자였다.

The local residents are overwhelmingly in favor of
the extension of Highway 303.
지역 주민들은 303번 고속도로 확장 결정을 열렬히 지지하고 있다.

The island's original inhabitants are in danger of extinction.
이 섬에 살던 토착 동물들이 멸종 위기에 놓였다.

이 인용문에 사용된 urgent는 '시급하다'의 대표 단어죠. 이외에 pressing과 burning처럼 재미있는 단어도 있습니다. 우선 urgent는 즉각적인 관심이 필요한 중요한 사안을 일컫습니다. pressing은 즉각 처리해야 함을 나타낼 때 쓰입니다. 재미있게도 burning은 불타오르듯이 강렬하고 논쟁적인 성격이 강한 단어입니다.

Let's put it aside and talk about more urgent matters first.
일단 이것은 차치하고 더 시급한 문제를 먼저 논해 봅시다.

I was able to take care of his request

because I had some pressing business to attend to.

급히 처리해야 할 일이 있어서 그의 요청을 챙길 수가 없었다.

Another burning issue is the unfair treatment of female employees.

또 다른 화급한 사안은 여성 직원에 대한 불공평한 대우다.

1   도시 내 빈민가의 빈곤을 완화하기 위한 일관성 있는 조치가 취해져야 한다.

     Coherent measures should be taken to **(alleviate / relieve / mitigate / assuage)** poverty in an inner-city slum.

2   그가 비서와 불륜을 저질렀다는 나의 의심을 그 어떤 것도 누그러뜨릴 수 없다.

     Nothing can **(alleviate / relieve / mitigate / assuage)** my suspicion that he had an affair with his secretary.

3   나는 축구 경기를 보면서 전원생활의 따분함을 덜곤 했다.

     I used to **(alleviate / relieve / mitigate / assuage)** boredom in country life by watching football games.

4   시 의회는 환경에 미치는 영향을 낮추고자 오염수를 천천히 방출하기로 결정했다.

     To **(alleviate / relieve / mitigate / assuage)** environmental impact, the city council decided to release the contaminated water slowly.

5   그의 거친 행동은 매우 불편하다는 의미다.

     His gruff manner **(means / denotes / implies)** extreme discomfort.

6   빨간색 신호등은 반드시 멈춤을 의미한다.

     A red light **(means / denotes / implies)** that you must stop.

7   내 편지가 나의 실수를 인정했다는 의미로 받아들여져서는 안 된다.

     My letter should not be taken to **(mean / denote / imply)** that I have admitted my mistake.

8 이 섬에 살던 토착 동물들이 멸종 위기에 놓였다.

The island's original **(dwellers / residents / inhabitants)** are in danger
of extinction.

9 선사시대 인류는 혹독한 환경에서 보호를 받고자 했던 동굴 거주자였다.

Prehistoric humans were cave **(dwellers / residents / inhabitants)**
who sought protection from harsh environments.

10 지역 주민들은 303번 고속도로 확장 결정을 열렬히 지지하고 있다.

The local **(dwellers / residents / inhabitants)** are overwhelmingly in
favor of the extension of Highway 303.

11 또 다른 화급한 사안은 여성 직원에 대한 불공평한 대우다.

Another **(urgent / pressing / burning)** issue is the unfair treatment of
female employees.

12 일단 이것은 차치하고 더 시급한 문제를 먼저 논해 봅시다.

Let's put it aside and talk about more **(urgent / pressing / burning)**
matters first.

13 급히 처리해야 할 일이 있어서 그의 요청을 챙길 수가 없었다.

I was able to take care of his request because I had some **(urgent /
pressing / burning)** business to attend to.

35 정점 peak, climax, culmination, pinnacle

On January 19, 1960, the United States and Japan signed a revised alliance treaty that formally committed the United States to defend Japan from external **aggression**. This treaty, however, was the **culmination** of several years of negotiations and policy changes that began in June of 1957 and **accelerated** significantly in 1958. Although Japan was the focal point of US security strategy in Asia throughout the 1950s, American leaders did not extend a security guarantee to Japan until the end of the decade, and the US-Japan relationship was **plagued** by economic and diplomatic conflicts prior to that point.[35]

1960년 1월 19일 미국과 일본은 공식적으로 미국이 외부 공격으로부터 일본을 방어하도록 하는 개정 동맹 조약에 서명했다. 하지만 이 조약은 1957년 6월에 시작하여 1958년에 급격하게 진척된 수년간의 협상과 정책 수정의 완성작이었다. 비록 일본이 1950년대 내내 미국 아시아 안보 전략의 중심점이었지만 미국 지도자들은 1950년대 말까지 일본에 안보 보장을 제공하지 않았고, 미국과 일본의 관계는 그 지점 이전까지 경제적·외교적 분쟁으로 힘든 상황이었다.

정점의 단어에는 peak, climax, culmination, pinnacle가 있습니다. 이 인용문에 쓰인 culmination은 정점이 아니라 완성작으로 번역했죠. 이 단어는 최고 지점과 더불어 그 지점에 이르게 한 오랜 과정을 포함하기 때문입니다. 조약은 수년간 진행된 협상과 정책 수정으로 이뤄 낸 성취이므로 culmination이 적격입니다.

> This award is the culmination of years of her contribution.
> 이 상은 그녀가 수년간 기여한 것의 최종 결과물이다.

가장 많이 알려진 peak가 가치나 실력 등이 최고에 이른 지점을 일컫는다면, climax는 주로 어떤 이야기나 상황에서 가장 흥미진진하고 중요한 지점을 뜻합니다. 그리고 pinnacle은 가장 성공적인 지점을 나타 낸다고 할 수 있어요.

The oil price has fallen from a peak of 93.5 U.S. dollars per barrel.
유가가 배럴당 93.5달러로 정점을 찍고 떨어졌다.

His speech marked the climax of the election campaign.
그의 연설이 선거운동의 클라이맥스였다.

He has reached the pinnacle of his career as a lawyer.
그는 변호사로서 자신의 경력에 정점에 이르렀다.

외부 공격으로부터 일본을 방어한다고 할 때 '공격'이 attack이 아니고 aggression입니다. 왜 그럴까요? aggression은 주로 전쟁과 같은 방식 으로 국경을 침범해 이익을 얻으려는 의도나 시도를 뜻합니다. 따라서 이 인용문에서는 일본 국경을 침범하는 공격으로 이해할 수 있죠. 반면 attack은 상대방을 해치려는 의도의 폭력적인 행동을 뜻합니다.

Developing advanced weapons is meant to repel foreign aggressions.
선진 무기 개발은 외국의 침범을 막기 위한 의도다.

Russian forces made attacks on Ukrainian cities yesterday.
러시아군이 어제 우크라이나 도시를 공격했다.

이외에 raid나 onslaught처럼 구체적인 문맥에서 활용되는 '공격' 의 단어가 있습니다. raid는 소규모의 갑작스러운 공격을 말하고, onslaught는 매우 강력하고 폭력적인 공격을 일컫습니다.

Bombing raids have been conducted against military targets.
군사 공격 목표 지점에 대한 폭격이 있었다.

No one expected militia members could withstand the enemy onslaught.
그 누구도 민병대가 적의 잔인한 공격을 견뎌 내리라고 예상하지 못했다.

이 인용문에서 협상이 급격하게 진행되었다고 할 때 accelerate가 쓰였네요. accelerate는 속도를 내어 무언가를 빨리 '진행 또는 발생'하게 한다는 의미를 가집니다. 그래서 막판에 협상 속도가 붙어 조약이 일찍 마무리되었다고 이해할 수 있어요. 유의어인 expedite는 어떤 과정을 더 빨리 처리한다는 뜻입니다.

This chemical helps accelerate the growth of plants.
이 화학약품은 식물의 성장을 빠르게 하는 데 도움이 됩니다.

This ordering system will expedite delivery.
이 주문 시스템으로 배달이 신속히 처리될 것이다.

명사로 전염병을 뜻하는 plague는 동사로 쓰일 때는 전염병처럼 오랜 기간 누군가나 어떤 것을 지난하게 괴롭힌다는 뜻입니다. 이 인용문에서 동사 plague를 통해 양국 관계가 외교적·정치적 분쟁으로 오랜 기간 힘들었다는 것을 짐작할 수 있습니다. 유의어인 afflict는 어떤 문제나 질병 등이 괴롭힐 때, irritate는 반복해서 계속 괴롭힐 때 사용하는 단어입니다.

The nation's economy has been plagued by inflation.
이 나라의 경제는 인플레이션으로 어려움을 겪어 왔다.

The entire continent of Africa is afflicted with severe drought.

아프리카 대륙 전체가 심각한 가뭄에 시달린다.

The clicking sound began to irritate me intensely.

재깍거리는 소리가 나를 심하게 괴롭히기 시작했다.

1 유가가 배럴당 93.5달러로 정점을 찍고 떨어졌다.

The oil price has fallen from a **(peak / climax / culmination / pinnacle)**
of 93.5 U.S. dollars per barrel.

2 그는 변호사로서 자신의 경력에 정점에 이르렀다.

He has reached the **(peak / climax / culmination / pinnacle)** of his
career as a lawyer.

3 그의 연설이 선거운동의 클라이맥스였다.

His speech marked the **(peak / climax / culmination / pinnacle)** of the
election campaign.

4 이 상은 그녀가 수년간 기여한 것의 최종 결과물이다.

This award is the **(peak / climax / culmination / pinnacle)** of years of
her contribution.

5 군사 공격 목표 지점에 대한 폭격이 있었다.

Bombing **(attacks / aggressions / raids / onslaughts)** have been
conducted against military targets.

6 선진 무기 개발은 외국의 침범을 막기 위한 의도다.

Developing advanced weapons is meant to repel foreign **(attacks /
aggressions / raids / onslaughts)**.

7 그 누구도 민병대가 적의 잔인한 공격을 견뎌 내리라고 예상하지 못했다.

No one expected militia members could withstand the enemy **(attack / aggression / raid / onslaught)**.

8 러시아군이 어제 우크라이나 도시를 공격했다.

Russian forces made **(attacks / aggressions / raids / onslaughts)** on Ukrainian cities yesterday.

9 이 화학약품은 식물의 성장을 빠르게 하는 데 도움이 됩니다.

This chemical helps **(accelerate / expedite)** the growth of plants.

10 이 주문 시스템으로 배달이 신속히 처리될 것이다.

This ordering system will **(accelerate / expedite)** delivery.

11 재깍거리는 소리가 나를 심하게 괴롭히기 시작했다.

The clicking sound began to **(plague / afflict / irritate)** me intensely.

12 이 나라의 경제는 인플레이션으로 어려움을 겪어 왔다.

The nation's economy has been **(plagued / afflicted / irritated)** by inflation.

13 아프리카 대륙 전체가 심각한 가뭄에 시달린다.

The entire continent of Africa is **(plagued / afflicted / irritated)** with severe drought.

36 대부분 mostly, mainly, chiefly, largely

Taste perception occurs when people insert food products in the mouth. Taste receptor cells are **mostly** found in taste buds that are **distributed** over the tongue, where many can be found in structures called papillae. The taste receptor cells can only **distinguish** between a handful of taste qualities. The detection of each of these qualities can be linked to a number of **substances** that are directly relevant for human functioning.[36]

맛의 인지는 사람들이 식료품을 입안에 넣을 때 발생한다. 미각 수용체 세포(taste receptor cells)는 대부분 혀 전반에 분포된 미뢰(taste buds)에서 많은 수가 돌기라고 불리는 구조로 발견된다. 미각 수용체 세포는 단지 몇 개의 맛 특성만 구분할 수 있다. 이런 각각의 특성을 알아내는 작업은 인간 기능 작용과 직접적으로 관련된 몇 가지 물질들과 연결될 수 있다.

미각 수용체 세포 중 대부분이 미뢰에서 발견된다고 할 때 mostly가 등장합니다. mostly는 실질적인 범위, 빈도, 양적 측면에서의 대부분을 의미합니다. 따라서 범위와 양적 측면에서 세포 분포에 접근한다고 볼 수 있죠.

The group is mostly young people, ranging in age from 21 to 26 years.
이 그룹은 21세에서 26세의 대부분 젊은 사람들이다.

mainly는 '주된 역할을 뜻하는' 대부분이라고 할 수 있어요. chiefly는 '다른 어떤 것보다 중요하게' 라는 뉘앙스를 띠고 있습니다. 마지막으로 largely는 정도나 수준 측면에서의 '대부분'을 뜻하며, 가장 많은 문맥에서 사용되는 유의어입니다.

The rise in commodity prices is mainly due to
increasing production cost of goods.
상품 가격 상승은 대부분 제품 생산 비용이 증가했기 때문이다.

This novel is chiefly concerned with a midlife crisis.
이 소설은 중년의 위기를 주로 다루고 있다.

His contribution was largely ignored.
그가 기여한 점은 대부분 무시당했다.

distribute는 '배포하다', 즉 사람이나 단체들에게 나눠 준다는 의미로 알려져 있습니다. 하지만 특정 지역이나 구역에 분포한다는 의미도 갖고 있어요. 이 인용문에서 '혀 전반에 분포된다'고 할 때의 distribute는 후자에 해당한다고 볼 수 있습니다.

Lotion samples are distributed for free to
all the customers who answer the survey.
설문에 응한 모든 고객에게 로션 샘플을 무료로 나눠드립니다.

This plant is distributed across North America.
이 식물은 북미 대륙을 가로질러 분포하고 있다.

'배포하다'의 또 다른 단어로는 dispense, disseminate가 있습니다. dispense는 서비스, 제품, 돈 등을 나누어 준다는 문맥에서 많이 쓰이죠. 반면 disseminate는 특정 정보나 지식을 널리 퍼뜨린다는 뜻입니다.

There is a vending machine on the first floor
that dispenses a range of drinks.
1층에 다양한 음료를 살 수 있는 자동판매기가 있다.

The purpose of the journal is to foster innovation
by disseminating information.
이 저널의 목적은 정보를 퍼뜨려서 혁신을 육성하는 것이다.

이 인용문에서는 distinguish를 통해 맛의 특징을 감지하고 차이를 이해한다는 의미를 담았네요. distinguish는 '구별하다'의 단어로, 둘 사이의 차이를 감지하고 이해한다는 뜻입니다. 유의어인 differentiate는 '비교하기 위해' 구분한다는 의미이며, 이런 구분이 부정적인 방식으로 진행되면 discriminate로 바꿔 사용하게 됩니다.

She had difficulty distinguishing one twin from the other.
그녀는 쌍둥이를 구분하는 데 어려움을 겪었다.

The school should not differentiate
between students on the basis of their race and gender.
학교 측은 학생의 인종과 성별에 기초해 구분을 두어서는 안 된다.

The congress passed a law that outlaws all kinds of discrimination.
의회는 모든 종류의 차별을 불법으로 하는 법안을 통과시켰다.

'물질'의 substance는 특정한 물질적 성격을 지닌 대상을 일컫는 단어입니다. 이 인용문에서는 몸에서 작동하는 단백질, 탄수화물 등의 물질을 지칭한다고 볼 수 있죠. 반면 matter는 세상을 이루는 모든 물질을 통칭하거나, 특정한 물질을 구분해 명시할 때 사용됩니다.

This farm is well known to use only organic substances in its products.

이 농장은 농산품에 유기 물질만 사용하는 것으로 잘 알려져 있다.

My major is about studying the properties of matter.

내 전공은 세상 물질의 속성을 공부하는 것이다.

It is the process of eliminating waste matter from the body.

이것은 체내에서 노폐물을 제거하는 과정이다.

1 이 그룹은 21세에서 26세의 대부분 젊은 사람들이다.

The group is **(mostly / mainly / chiefly / largely)** young people, ranging in age from 21 to 26 years.

2 그가 기여한 점은 대부분 무시당했다.

His contribution was **(mostly / mainly / chiefly / largely)** ignored.

3 상품 가격 상승은 대부분 제품 생산 비용이 증가했기 때문이다.

The rise in commodity prices is **(mostly / mainly / chiefly / largely)** due to increasing production cost of goods.

4 이 소설은 중년의 위기를 주로 다루고 있다.

This novel is **(mostly / mainly / chiefly / largely)** concerned with a midlife crisis.

5 이 식물은 북미 대륙을 가로질러 분포하고 있다.

This plant is **(distributed / dispensed / disseminated)** across North America.

6 1층에 다양한 음료를 살 수 있는 자동판매기가 있다.

There is a vending machine on the first floor that **(distributes / dispenses / disseminates)** a range of drinks.

7 설문에 응한 모든 고객에게 로션 샘플을 무료로 나눠드립니다.

Lotion samples are **(distributed / dispensed / disseminated)** for free
to all the customers who answer the survey.

8 이 저널의 목적은 정보를 퍼뜨려서 혁신을 육성하는 것이다.

The purpose of the journal is to foster innovation by **(distributing /
dispensing / disseminating)** information.

9 그녀는 쌍둥이를 구분하는 데 어려움을 겪었다.

She had difficulty **(distinguishing / differentiating / discriminating)**
one twin from the other.

10 학교 측은 학생의 인종과 성별에 기초해 구분을 두어서는 안 된다.

The school should not **(distinguish / differentiate / discriminate)**
between students on the basis of their race and gender.

11 이것은 체내에서 노폐물을 제거하는 과정이다.

It is the process of eliminating waste **(substance / matter)** from the body.

12 내 전공은 세상 물질의 속성을 공부하는 것이다.

My major is about studying the properties of **(substance / matter)**.

정답 확인 / 1 mostly 2 largely 3 mainly 4 chiefly 5 distributed 6 dispenses 7 distributed
8 disseminating 9 distinguishing 10 differentiate 11 matter 12 matter

///// 324

37 인접하다 adjacent, contiguous, neighboring, proximate

> Agriculture is the most widespread use of land on Earth and one of the greatest drivers of biodiversity loss. In the **contiguous** United States, over half of the land is **devoted** to agricultural production. Globally, simplified and intensively **managed** agricultural landscapes have replaced diverse farming systems, **reducing** biodiversity and ecosystem services essential to agricultural productions such as pollination, pest control, and soil health.[37]
>
> 농업은 지구의 땅을 가장 광범위하게 이용하고 있으며 생물 다양성 상실을 이끄는 주범 중 하나다. 미국과 인접한 땅의 절반 이상이 농업 생산에 바쳐지고 있다. 전 세계적으로, 단순 집약적으로 관리되는 농경지가 다양한 형태의 농사 방식 자리를 빼앗으면서, 수분, 병충해 방제, 양질의 토양과 같은 농업 생산에 필수적인 생물 다양성과 생태계 혜택이 약화되고 있다.

미국과 인접한 땅에 contiguous라는 다소 생소한 단어가 쓰였습니다. '인접하다'의 대표 단어인 adjacent가 단순히 거리가 가깝다는 뜻이라면, contiguous는 바로 옆에 붙어 있다는 의미로 미국 옆에 바로 붙어 있는 지역임을 명시한다고 볼 수 있죠.

The delegation toured the Northern coastline and its adjacent islands.
대표단은 북쪽 해안과 인접한 섬들을 관광했다.

These two countries are contiguous with each other but they have different judicial systems.
이 두 나라는 서로 인접하지만 다른 사법제도를 가지고 있다.

다른 유의어도 살펴보죠. neighboring은 위치적인 의미뿐만 아니라 그곳에 살고 있는 대상이나 환경을 모두 포함할 수 있습니다.

proximate는 관계, 시간, 공간을 포괄하는 근접성을 의미합니다.

The conflict hastened the split of the neighboring regions.
그 분쟁은 인접하고 있는 이 지역 사람들의 분열을 앞당겼다.

Extreme weather can be the proximate cause of
wildfires in Europe this summer.
기상이변이 이번 여름 유럽 산불의 근인(近因)일 수 있다.

이 인용문은 농업 생산을 위해 땅이 활용된다는 것을 알리면서 '바치다'의 devote를 써서 극적인 느낌을 더했습니다. devote는 시간, 공간, 노력, 자원 등을 특정한 목적을 위해 쓴다는 뜻으로, 자원인 땅을 목적어로 잡기에 적절한 단어입니다. 이외에 사랑, 헌신, 열정 등을 자신이 확신하고 있는 일에 바친다는 뜻도 있습니다.

He decided to devote more time to his family.
그는 더 많은 시간을 가족과 보내기로 결심했다.

You deserve the credit for devoting your life to the care of orphans.
당신은 고아를 돌보는 데 인생을 헌신한 공을 마땅히 인정받아야 합니다.

devote의 유의어로는 commit와 dedicate가 있습니다. commit는 원칙, 사람, 활동 등에 충성, 금전, 시간을 바치겠다는 '약속된 헌신'이라고 할 수 있어요. 그런가 하면 이어지는 두 번째 예문처럼 불법이나 나쁜 짓을 저지른다는 뜻도 가지고 있죠. dedicate는 devote와 유사하지만 강조하는 뉘앙스가 강해서 특정인에 책이나 작품을 바칠 때 많이 쓰입니다.

The organization has committed itself to eradicating domestic violence.
이 조직은 가정폭력 근절을 위해 헌신해 왔다.

The penalty for littering is dependent upon where you commit the offence.
쓰레기 투기의 벌금은 어디에 버렸는지에 따라 다르다.

He dedicated the book to his son who recently died of AIDS.
그는 최근 에이즈로 죽은 아들에게 이 책을 바쳤다.

'관리하다'의 뜻으로 쓰인 manage는 보통 조직이나 일 등을 책임지고 관리한다는 의미로 이 인용문에 적합합니다. 더 나아가 어려운 일을 열악한 상황에서 해내다는 뜻도 가지고 있죠.

Here are the skills and qualities required to manage a large corporation.
여기에 큰 기업의 경영에 필요한 기술과 자질이 있습니다.

We barely managed to get to the airport before the plane left.
우리는 비행기가 떠나기 전에 간신히 공항에 도착했다.

'관리하다'의 단어에도 여러 유의어가 있습니다. 먼저 maintain은 수준이나 상태가 유지되도록 관리한다는 뜻이고, supervise는 사람이나 상황을 지켜보면서 관리한다는 뜻입니다.

Many actions have been taken to maintain a balanced birth rate.
균형 잡힌 출산율 관리를 위해 많은 조치가 취해졌다.

His job is to supervise the distribution of supplies.
그의 일은 공급물품의 배급을 관리하는 것이다.

'약화하다'에 reduce가 쓰인 것이 눈에 띄네요. 보통 '줄이다'고 알려진 단어이지만 크기, 양, 정도, 중요성이 낮아질 때도 쓰일 수 있습니다. 따라서 인용문에서 생물 다양성과 생태계 혜택이 약화된다는 의미를 충분히 전할 수 있죠. 반면 decrease는 주로 양, 크기, 가치 등이 줄어들 때 쓰입니다. 또한 앞서 살펴봤듯 decline은 감소가 점진적으로 진행될 때 사용됩니다.

Digital camera sales have significantly decreased over the past few years.
지난 몇 년간 디지털 카메라의 판매가 급격하게 감소했다.

Donations to charity projects have continued to decline.
자선 활동에 대한 기부가 계속 줄어들고 있다.

1   이 두 나라는 서로 인접하지만 다른 사법제도를 가지고 있다.

These two countries are **(adjacent / contiguous / neighboring / proximate)** with each other but they have different judicial systems.

2   그 분쟁은 인접하고 있는 이 지역 사람들의 분열을 앞당겼다.

The conflict hastened the split of the **(adjacent / contiguous / neighboring / proximate)** regions.

3   기상이변이 이번 여름 유럽 산불의 근인일 수 있다.

Extreme weather can be the **(adjacent / contiguous / neighboring / proximate)** cause of wildfires in Europe this summer.

4   대표단은 북쪽 해안과 인접한 섬들을 관광했다.

The delegation toured the Northern coastline and its **(adjacent / contiguous / neighboring / proximate)** islands.

5   이 조직은 가정폭력 근절을 위해 헌신해 왔다.

The organization has **(devoted / committed / dedicated)** itself to eradicating domestic violence.

6   그는 더 많은 시간을 가족과 보내기로 결심했다.

He decided to **(devote / commit / dedicate)** more time to his family.

7 쓰레기 투기의 벌금은 어디에 버렸는지에 따라 다르다.

The penalty for littering is dependent upon where you **(devote / commit / dedicate)** the offence.

8 여기에 큰 기업의 경영에 필요한 기술과 자질이 있습니다.

Here are the skills and qualities required to **(manage / maintain / supervise)** a large corporation.

9 그의 일은 공급물품의 배급을 관리하는 것이다.

His job is to **(manage / maintain / supervise)** the distribution of supplies.

10 우리는 비행기가 떠나기 전에 간신히 공항에 도착했다.

We barely **(managed / maintained / supervised)** to get to the airport before the plane left.

11 지난 몇 년간 디지털 카메라의 판매가 급격하게 감소했다.

Digital camera sales have significantly **(reduced / decreased / declined)** over the past few years.

12 자선 활동에 대한 기부가 계속 줄어들고 있다.

Donations to charity projects have continued to **(reduce / decrease / decline)**.

38 발생 occurrence, outbreak, incidence, appearance

Digital data have been **processed** primarily to either forecast or nowcast infectious disease **outbreaks**. Nowcasting is short-term **prediction** that attempts to track the present state of **incidence** in near real time, whereas forecasting aims to predict the future. The way in which the data are prepared for these purposes often requires substantial preprocessing of raw data. To use aggregate trend data from searches, data need to be **filtered** by keywords that correspond with disease incidence.[38]

디지털 데이터는 감염병 발생을 폴캐스트(forecast) 또는 나우캐스트(nowcast)할 목적으로 주로 처리되어 왔다. 나우캐스팅은 현재 발생 상황을 실시간에 가까운 속도로 추적하려는 단기 예측인 반면, 폴캐스팅은 미래 예측을 목적으로 한다. 이런 목적들을 달성하고자 데이터 준비 방식에는 미가공 데이터의 상당한 사전 처리 작업이 요구된다. 검색엔진에서 집계된 트렌드 데이터를 활용하려면 질병 발생과 상응하는 키워드로 데이터를 걸러 내야 한다.

이 인용문에는 감염병의 '발생'을 뜻하는 단어로 outbreak와 incidence 가 등장합니다. 가장 일반적으로 쓰이는 '발생'의 단어는 occurrence 이죠. 어떤 것이 발생한 사실 또는 발생한 것을 칭할 때 사용됩니다. 이에 비해 outbreak는 질병이나 전쟁 등 위험하고 나쁜 일의 갑작스러운 발생으로, 감염병의 발생을 뜻하는 이 인용문에 맞는 단어죠.

Violence is an everyday occurrence in this country.
이 나라에서 폭력은 일상적으로 발생한다.

The outbreak of the war has caused an unprecedented downturn of the nation's economy.
이 나라는 전쟁 발발로 인해 전례 없는 경기 침체를 겪게 되었다.

하지만 두 번째 문장에는 왜 incidence가 쓰였을까요? incidence는 발생 자체가 아니라 발생하는 규모나 속도를 뜻합니다. 인용문의 두 번째 문장은 전염병 발생 상황을 '추적'하는 내용이므로 그 규모와 속도를 뜻하는 단어가 필요한 거죠. 한편 appearance는 어떤 대상이 사용되거나 현상이 보이기 시작한다는 뜻입니다.

Sleep deprivation can explain a higher incidence of heart disease.
수면 부족으로 심장 질환 발생의 증가를 설명할 수 있다.

The electric car made its first appearance in the 1890s.
전기차는 1890년대에 처음 나타나기 시작했다.

그러고 보니 '처리하다'를 process가 담당하고 있네요. 명사로 '과정'을 뜻하는 process는 동사로는 '처리하다'는 뜻을 가집니다. 다만 문제나 사안을 처리할 때는 쓰이지 않아요. 주로 자료나 서류를 처리하거나(첫 번째 예문), 원재료나 식품을 가공 처리(두 번째 예문)할 때 쓰이죠. 디지털 데이터를 처리하는 것이니 이 인용문에는 반드시 process가 필요합니다.

Have you processed the business travel expenses
that I sent in last week?
지난주에 내가 보낸 출장비 서류 처리했나요?

The rise in obesity can be attributed to
the increasing consumption of processed food.
비만 증가는 가공처리 식품의 소비 증가가 원인일 수 있다.

문제나 사안을 처리한다고 할 때는 deal with, handle, address를 사용할 수 있어요. 먼저 deal with는 '문제를 처리하다'라고 표현할 때 가장 일반적으로 쓰입니다. handle은 주도적으로 책임지고 해결한다는 뉘앙스가 강하죠. address는 고심하고 분석해서 처리한다는 뉘앙스가 있어서, 아래 세 번째 예문을 보면 보안 문제 처리에 논의와 검토가 수반된다는 것을 짐작할 수 있습니다.

A special taskforce has been formed to deal with
environmental issues in the region.
이 지역의 환경문제를 처리하기 위해 특별 전담팀이 꾸려졌다.

Who is handling the televised advertising campaign in your camp?
당신 캠프에서 누가 TV 선전광고를 담당하고 있나요?

Security concerns must be addressed first.
보안 문제를 반드시 먼저 처리해야만 한다.

'예측'은 미래에 있을 일을 짐작한다는 뜻이죠. 이와 관련한 단어 prediction은 예측을 기술하거나 언급한 것을 말합니다. 인용문은 곧 질병의 미래 상황을 언급한 것이라고 볼 수 있죠. 예측의 또 다른 단어인 prophecy는 주관적인 믿음이나 느낌으로 인한 예측, projection은 정보를 기반으로 미래의 수치나 규모를 예측한 것을 뜻합니다.

He made a prediction that the current trend would continue.
그는 현재 경향이 계속되리라고 예측했다.

He was born with the gift of prophecy.
그는 탁월한 예측력을 타고났다.

This quarter's sales have already exceeded the last quarter's projections.
이번 분기 판매실적이 지난 분기 판매 예측치를 이미 앞섰다.

마지막으로 '걸러 내다'의 단어를 살펴보죠. filter는 단순히 체로 불순물을 걸러 낸다는 뜻과 컴퓨터의 불필요한 정보를 걸러 낸다는 뜻을 가지고 있습니다. 따라서 인용문처럼 디지털 자료를 걸러 낸다고 할 때 얼마든지 쓰일 수 있죠. sieve는 가루 등을 체로 거른다는 의미로만 쓰입니다.

This machine filters drinking water.
이 기계는 식수의 불순물을 걸러 낸다.

New spam filtering tools are available in the market.
시장에 새로운 스팸메일 차단 도구가 나와 있다.

Sieve flour into a bowl and add milk to make batter.
밀가루를 체로 걸러 용기에 두고 우유를 넣어 반죽을 만드세요.

1   이 나라에서 폭력은 일상적으로 발생한다.

Violence is an everyday **(occurrence / outbreak / incidence / appearance)** in this country.

2   전기차는 1890년대에 처음 나타나기 시작했다.

The electric car made its first **(occurrence / outbreak / incidence / appearance)** in the 1890s.

3   이 나라는 전쟁 발발로 인해 전례 없는 경기 침체를 겪게 되었다.

The **(occurrence / outbreak / incidence / appearance)** of the war has caused an unprecedented downturn of the nation's economy.

4   수면 부족으로 심장 질환 발생의 증가를 설명할 수 있다.

Sleep deprivation can explain a higher **(occurrence / outbreak / incidence / appearance)** of heart disease.

5   비만 증가는 가공처리 식품의 소비 증가가 원인일 수 있다.

The rise in obesity can be attributed to the increasing consumption of **(processed / dealt / handled / addressed)** food.

6   보안 문제를 반드시 먼저 처리해야만 한다.

Security concerns must be **(processed / dealt / handled / addressed)** first.

7 이 지역의 환경문제를 처리하기 위해 특별 전담팀이 꾸려졌다.

A special taskforce has been formed to **(process / deal / handle / address)** with environmental issues in the region.

8 이번 분기 판매실적이 지난 분기 판매 예측치를 이미 앞섰다.

This quarter's sales have already exceeded the last quarter's **(predictions / prophecies / projections)**.

9 그는 탁월한 예측력을 타고났다.

He was born with the gift of **(prediction / prophecy / projection)**.

10 그는 현재 경향이 계속되리라고 예측했다.

He made a **(prediction / prophecy / projection)** that the current trend would continue.

11 이 기계는 식수의 불순물을 걸러 낸다.

This machine **(filters / sieves)** drinking water.

12 밀가루를 체로 걸러 용기에 두고 우유를 넣어 반죽을 만드세요.

(Filter / Sieve) flour into a bowl and add milk to make batter.

정답 및 해설 / 1 occurrence 2 appearance 3 outbreak 4 incidence 5 processed 6 addressed 7 deal 8 projections 9 prophecy 10 prediction 11 filters 12 Sieve

///// 336

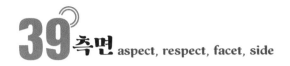

39 측면 aspect, respect, facet, side

Not only have methods of assessment been improved, but current socialization research includes a broader array of parenting attributes and focuses on a set of parenting processes that were not so clearly **delineated** in times past. One **aspect** of parental skill that has emerged in several recent studies as related to children's wellbeing is **household** organization; another concerns the ability of some parents to develop a **reciprocal** form of interaction with their children.[39]

오늘날 사회화 연구는 평가 방식이 개선되었을 뿐만 아니라, 부모의 자질을 더 폭넓게 보고, 과거에는 명확하게 기술되지 않았던 일련의 부모됨 과정에 집중한다. (예를 들어) 아이들의 안녕(安寧)과 관련하여 최근 몇몇 연구에 등장한 부모 기술의 한 측면이 집안 정리라는 점, 그리고 자녀와의 상호 호혜적 관계를 형성하는 부모의 능력이라는 점이다.

인용문에서 '측면'이라는 뜻으로 쓰인 aspect는 어떤 대상, 상황, 문제를 구성하는 한 부분을 말합니다. 부모가 되어 가는 과정에 요구되는 여러 가지 기술 중 집안 정리를 지목한다고 볼 수 있죠. '측면'의 또 다른 단어인 respect는 어떤 주제나 문제를 '접근할 때 취하는 측면'을 일컫습니다.

Which aspect of this artwork is most appealing to you?
이 예술 작품의 어떤 측면이 당신에게 가장 매력적인가요?

In most respects, his new book is much better than the previous one.
그의 새 책은 거의 모든 측면에서 이전 책보다 훨씬 우수하다.

'측면'의 다른 유의어도 살펴보죠. facet은 주로 가지고 있는 측면이 많을 때 등장합니다. side는 여러 개의 측면 중 특정 측면을 부각해 별도로 다룰 때 사용됩니다.

There are so many facets to his personality that no one knows who he is.
그의 인격은 너무 많은 측면을 가지고 있어 그가 누구인지 아무도 모른다.

Looking on the bright side of life helps improve your mental health.
삶의 긍정적인 면을 보면 당신의 정신 건강 개선에 도움이 됩니다.

'기술하다'고 할 때 delineate가 쓰였네요. 사전에서 검색해 보면 보통 describe나 depict가 나오는데, 인용문 저자는 왜 delineate를 선택했을까요? describe는 어떤 대상을 단순히 설명한다는 뜻입니다. 반면 delineate는 무언가를 매우 자세히 기술, 묘사한다는 뉘앙스를 가지고 있죠. 즉 저자는 매우 자세하고 구체적인 기술을 의도한 것으로 볼 수 있습니다.

The next chapter describes the post-war reconstruction
process in the country.
다음 장은 이 나라의 전후 재건 과정을 기술한다.

The lease carefully delineates the duties of tenants.
이 임대차 계약서에는 세입자의 의무가 세심히 기술되어 있다.

depict는 보통 '그림이나 글을 통해' 기술할 때 쓰입니다. 마지막으로 portray는 영화, 책, 예술 작품 등에서 특정 대상을 표현하거나 묘사한다는 의미가 있어요.

His paintings depict the everyday lives of ordinary people
in the late Joseon Dynasty.
그의 그림은 후기 조선 사회 일반인의 생활상을 묘사하고 있다.

His film vividly portrays the disastrous struggle of
the working class in the 19th century.
그의 영화는 19세기 노동계급의 처참한 투쟁을 생생하게 나타내고 있다.

'집안 정리'는 household organization이라고 하는군요. '가정'과 관련
된 단어로는 family, home, household가 있습니다. household는 함
께 사는 집단을 말하죠. 또한 family는 부모와 자식 관계로 연결된 집
단, home은 소속감이 부각되는 가정을 뜻합니다.

Household income has steadily increased since World War II.
2차 세계대전 이후 가구 소득은 꾸준히 증가해 왔다.

His father worked tirelessly to feed his large family.
그의 아버지는 대가족을 먹여 살리기 위해 쉼 없이 일하셨다.

I used to feel comfortable when I visited my home.
우리 집을 방문하면 편안함을 느끼곤 했다.

'상호'는 이 인용문에 쓰인 reciprocal, 그리고 mutual로 표현할 수 있
습니다. 비교적 널리 쓰이는 mutual은 동등함을 강조하는 '상호'를 의
미합니다. '공유하고 있다'의 뜻도 있죠. 그리고 reciprocal은 서로의
편의와 이익을 도모하는 '상호'의 의미를 가집니다.

Mutual respect is of great importance in any relationship.

어떤 관계에서도 상호 존중은 그 무엇보다 중요하다.

We quickly discovered a mutual interest in wildlife.

우리는 서로가 야생동물에 관심이 있다는 걸 바로 알아차렸다.

The two schools have a reciprocal arrangement,

so the students of both can attend either.

두 학교가 상호 협정을 맺었기 때문에

두 학교의 학생은 둘 중 어느 학교의 수업을 들을 수 있다.

1　삶의 긍정적인 면을 보면 당신의 정신 건강 개선에 도움이 됩니다.

Looking on the bright **(aspect / respect / facet / side)** of life helps improve your mental health.

2　그의 새 책은 거의 모든 측면에서 이전 책보다 훨씬 우수하다.

In most **(aspects / respects / facets / sides)**, his new book is much better than the previous one.

3　이 예술 작품의 어떤 측면이 당신에게 가장 매력적인가요?

Which **(aspect / respect / facet / side)** of this artwork is most appealing to you?

4　그의 인격은 너무 많은 측면을 가지고 있어 그가 누구인지 아무도 모른다.

There are so many **(aspects / respects / facets / sides)** to his personality that no one knows who he is.

5　그의 영화는 19세기 노동계급의 처참한 투쟁을 생생하게 나타내고 있다.

His film vividly **(depicts / portrays)** the disastrous struggle of the working class in the 19th century.

6　이 임대차 계약서에는 세입자의 의무가 세심히 기술되어 있다.

The lease carefully **(delineates / describes / depicts)** the duties of tenants.

7 다음 장은 이 나라의 전후 재건 과정을 기술한다.

The next chapter **(delineates / describes / depicts)** the post-war reconstruction process in the country.

8 우리 집을 방문하면 편안함을 느끼곤 했다.

I used to feel comfortable when I visited my **(family / home / household)**.

9 그의 아버지는 대가족을 먹여 살리기 위해 쉼 없이 일하셨다.

His father worked tirelessly to feed his large **(family / home / household)**.

10 2차 세계대전 이후 가구 소득은 꾸준히 증가해 왔다.

(Family / Home / Household) income has steadily increased since World War II.

11 우리는 서로가 야생동물에 관심이 있다는 걸 바로 알아차렸다.

We quickly discovered a **(reciprocal / mutual)** interest in wildlife.

12 어떤 관계에서도 상호 존중은 그 무엇보다 중요하다.

(Reciprocal / Mutual) respect is of great importance in any relationship.

정답 및 해석 **1** side **2** respects **3** aspect **4** facets **5** portrays **6** delineates
7 describes **8** home **9** family **10** Household **11** mutual **12** Mutual

///// 342

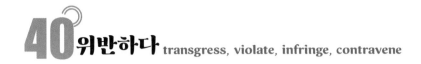

40 위반하다 transgress, violate, infringe, contravene

A third principle that connects different theoretical **perspectives** on human morality is the realization that this involves **deliberate** thoughts and ideals about right and wrong, as well as behavioral realities and emotional experiences people have when they **consider** that important moral guidelines are **transgressed** by themselves or by others.[40]

인간의 도덕성에 대한 상이한 이론적 입장과 관련된 세 번째 원칙은 옳고 그름에 대한 의도적 생각과 이상, 그리고 중요한 도덕적 지침이 자신 또는 타인에 의해 위반된다고 생각할 때 사람들이 가지는 행위적 현실과 감정적 경험이 도덕성과 결부된다는 깨달음이다.

이 인용문에서 '위반하다'에 transgress가 등장합니다. 위반의 대표 단어인 violate 말고 이 단어를 쓴 것을 보면 분명 어떤 이유가 있겠죠. transgress는 도덕적 또는 법적 기준을 넘어섰다는 뉘앙스를 띠는 위반을 말합니다. 따라서 인용문은 목적어인 도덕적 지침의 기준을 넘어선 위반으로 볼 수 있어요. 이에 비해 violate는 법, 합의, 원칙 등을 깬다는 뉘앙스가 있죠.

A fine will be levied on those who transgress work ethics.
노동윤리를 위반한 사람에게 벌금이 부과될 것이다.

Russia has violated the ceasefire agreement which was signed to evacuate citizens in embattled cities.
러시아는 교전 중인 도시 시민의 대피를 위해 합의된 정전 협정을 위반했다.

또 다른 '위반'의 단어인 infringe는 권리나 권한을 침해하는 위반을 뜻합니다. 그리고 contravene은 규칙이나 법이 정한 방향과 반대로 간다는 의미라고 할 수 있어요.

The organization was accused of infringing the members' privacy.
이 단체는 회원들의 사생활을 침해했다며 고발당했다.

Not allowing immigrants contravenes the constitutional principle of equality.
이민자의 입장을 막는 것은 헌법의 평등원리에 위배된다.

그런가 하면 이 인용문에서는 '이론적 입장'을 theoretical perspectives 라고 했네요. 입장이라면 position, stance, point of view 등 다양한 단어들이 있는데 말이죠. perspective는 특정 주제를 바라보거나 해석 하는 입장으로, 이론적 입장을 표현하기에 적절한 단어입니다. 한국인 이 선호하는 position은 특정 주제에 대해 '취하는 입장'을 뜻하죠.

This book sees childcare issues from a political perspective.
이 책은 육아 문제를 정치적인 입장에서 접근하고 있다.

She takes the position that children should take care of
their parents when they get old.
그녀는 부모가 나이가 들면 자식이 이들을 돌봐야 된다는 입장이다.

이어서 stance는 공공연하게 알리고 밝히는 입장을 말합니다. 마지막 으로 point of view는 perspective와 유사하지만 콕 집어 어떤 특정 입 장을 도드라지게 내세울 때 쓰이죠.

The Supreme Court's anti-abortion stance is tearing the nation apart
and hastening the decline of democracy.
대법원의 낙태 반대 입장은 국민을 양분하고 민주주의 쇠퇴를 앞당기고 있다.

From a purely personal point of view,
his plan is completely unworkable.
순전히 내 개인적인 입장에 봤을 때 그의 계획은 완전히 실행 불가능하다.

'옳고 그름에 대한 의도적 생각과 이상'에서 '의도적'이라는 뜻으로 deliberate가 쓰였습니다. 일반적으로 알려진 intentional은 특정 목적과 의도를 가진다는 의미입니다. 반면 deliberate는 의도나 목적이 선하지 않을 때를 뜻합니다. 따라서 이 인용문은 옳고 그름에 대한 입장이 그리 순수하지 않음을 암시하는 셈이죠.

Intentional exposure to extreme cold temperatures can help lose weight.
극도의 저온에 의도적으로 노출되는 것은 살을 빼는 데 도움을 줄 수도 있다.

His TV appearance was a deliberate attempt to embarrass his parents.
그의 TV 출연은 부모님을 당황하게 하려는 의도적 시도였다.

어느 정도 시간을 들여 생각한다고 할 때는 consider가 필요합니다. 많은 사람이 즐겨 쓰는 think는 이 인용문에서 최선의 선택이 아닙니다. 도덕적 지침이 위반되었다고 생각할 때는 어느 정도의 시간과 고민이 뒤따르므로, 이런 뉘앙스를 가진 consider가 필요한 것이죠. think는 단순히 특정한 생각을 가진다는 뜻입니다. 또 다른 '생각'의 단어인 wonder는 어떤 것을 알고 싶어 하는 생각, recall은 과거의 사실에 대한 생각을 말합니다.

I considered pursuing a higher degree,
but I eventually decided to continue my work.
상급 학위 과정을 들어가 볼까도 생각했지만 결국 계속 일하기로 결정했다.

What do you think of the plan he presented in yesterday's meeting?

그가 어제 회의에서 제시한 계획은 어떻게 생각하십니까?

She can't help wondering

if she did the right thing in accepting his proposal.

그녀는 그의 청혼을 받아들인 게 잘한 일인지 생각을 떨쳐 낼 수가 없다.

Can you recall the accident last night?

지난 밤 사건이 생각납니까?

1 노동윤리를 위반한 사람에게 벌금이 부과될 것이다.

A fine will be levied on those who **(violate / transgress / infringe / contravene)** work ethics.

2 이민자의 입장을 막는 것은 헌법의 평등원리에 위배된다.

Not allowing immigrants **(violates / transgresses / infringes / contravenes)** the constitutional principle of equality.

3 이 단체는 회원들의 사생활을 침해했다며 고발당했다.

The organization was accused of **(violating / transgressing / infringing / contravening)** the members' privacy.

4 러시아는 교전 중인 도시 시민의 대피를 위해 합의된 정전 협정을 위반했다.

Russia has **(violated / transgressed / infringed / contravened)** the ceasefire agreement which was signed to evacuate citizens in embattled cities.

5 그녀는 부모가 나이가 들면 자식이 이들을 돌봐야 된다는 입장이다.

She takes the **(perspective / position / stance / point)** that children should take care of their parents when they get old.

6 순전히 내 개인적인 입장에 봤을 때 그의 계획은 완전히 실행 불가능하다.

From a purely personal **(perspective / position / stance / point)** of view, his plan is completely unworkable.

7 이 책은 육아 문제를 정치적인 입장에서 접근하고 있다.

This book sees childcare issues from a political **(perspective / position / stance / point)**.

8 그의 TV 출연은 부모님을 당황하게 하려는 의도적 시도였다.

His TV appearance was a **(deliberate / intentional)** attempt to embarrass his parents.

9 극도의 저온에 의도적으로 노출되는 것은 살을 빼는 데 도움을 줄 수도 있다.

(Deliberate / Intentional) exposure to extreme cold temperatures can help lose weight.

10 지난 밤 사건이 생각납니까?

Can you **(consider / think / wonder / recall)** the accident last night?

11 상급 학위 과정을 들어가 볼까도 생각했지만 결국 계속 일하기로 결정했다.

I **(considered / thought / wondered / recalled)** pursuing a higher degree, but I eventually decided to continue my work.

12 그가 어제 회의에서 제시한 계획은 어떻게 생각하십니까?

What do you **(consider / think / wonder / recall)** of the plan he presented in yesterday's meeting?

정답 및 해설 / 1 transgress 2 contravenes 3 infringing 4 violated 5 position 6 point 7 perspective
8 deliberate 9 Intentional 10 recall 11 considered 12 think

///// 348

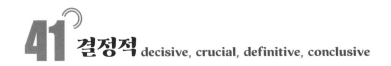

41 결정적 decisive, crucial, definitive, conclusive

We aim to shed light on how the state as an **apparatus**, effect and idea acts as arbiter and how this may come in many **guises**, as the state's position may be weak or fragile as well as limiting and **decisive**. The negotiation process may be unequal and **murky** or tough and restricting or mutually beneficial.[41]

우리는 하나의 장치, 효과, 그리고 신념으로서 국가가 어떻게 중재자 역할을 수행하는지, 국가의 위치가 약화 또는 위태로워지거나, 제한적 그리고 결정적일 때 국가가 어떻게 다양한 모습으로 나타나는지 밝히는 것을 목표로 한다. 그 협상 과정은 불공평, 불분명하거나 거칠고 제한적, 또는 상호 간 이익이 될 수도 있다.

국가의 위치가 '결정적'일 수 있다고 할 때, '결정적'에 decisive가 쓰였네요. decisive는 어떤 상황의 최종 결과를 결정하게 만든다는 의미로, 국가의 역할이나 기능을 수식하기에 적절합니다.

The cost of production is a decisive factor
that determines the location of new factories.
생산 비용은 새 공장 위치를 정하는 데 결정적인 요인이다.

'결정적'을 사전에서 찾아보면, decisive 외에도 crucial, definitive, conclusive가 나옵니다. 우선 crucial은 다른 것에 미치는 영향이 커서 결정적이라는 의미를 가지죠. definitive는 최종적이고 확정적이라는 뉘앙스가 강합니다. conclusive는 의심의 여지 없이 완전히 확실해서 결정적일 때 쓰이는 편입니다.

Eating right is crucial to your health.
제대로 먹는 것이 당신 건강에 결정적이다.

I am afraid that there are no definitive solutions to the current problem.
작금의 문제를 해결할 결정적인 방안은 없다고 생각한다.

His diary is conclusive evidence of his guilt.
그의 일기장은 그의 유죄를 밝히는 결정적인 증거다.

다음으로 '장치'의 단어에는 대표적으로 equipment가 있습니다. 이 단어는 특정 목적을 달성하기 위해 필요한 도구나 장비 등을 말합니다. 이 인용문에 쓰인 apparatus는 기계적 장치와 조직적 장치로 나뉩니다. 전자는 equipment와 비교해 다소 전문적이고 기술적인 장치나 장비를 일컫습니다. 후자는 시스템이나 단체의 활동을 움직이게 하는 조직적 장치를 말하죠. 따라서 국가를 하나의 장치로 설명하기에는 후자의 의미인 apparatus가 적합합니다.

She regularly sterilizes kitchen equipment before use.
그녀는 사용 전 주방 도구를 규칙적으로 살균한다.

Beakers are among the most commonly used laboratory apparatus
in chemistry lab.
비커는 화학 실험실에서 가장 일반적으로 쓰이는 실험실 장비 중에 하나다.

Research data was obtained from informants
in the city government apparatus.
연구 자료는 시 정부 기구의 정보 제공자로부터 얻었다.

국가가 다양한 모습으로 나타난다고 할 때, 왜 guise인지 설명이 필요합니다. guise는 '의도를 가진 꾸며진 모습'을 뜻합니다. 따라서 단순히 국가의 다양한 모습에 그치지 않고, 상황에 따라 특정 목적을 위해 꾸며진 모습이라는 의도를 이 단어를 통해 나타낼 수 있죠.

The man who visited in the guise of an office cleaner
was an undercover detective.
그 남자는 사무실 청소부의 모습으로 방문한 위장 탐정이었다.

'모습'의 대표 단어인 figure는 멀리서 보이는 분명치 않은 사람의 형체를 의미합니다. 또 다른 유의어인 appearance는 다른 사람에게 '보이는 모습'을 뜻하죠. 그리고 glimpse는 아주 짧은 시간 스쳐 지나가 제대로 보지 못하는 모습을 말합니다.

He saw a ghostly figure flashing by in the dark.
그는 어둠 속에서 귀신 같은 것이 휙 지나가는 것을 봤다.

A boy of smart appearance came up to a podium
and gave a brilliant speech.
똑똑한 모습의 한 아이가 단상에 올라서더니 멋진 연설을 했다.

Hundreds of fans have gathered in front of
a hotel to catch a glimpse of BTS.
BTS의 모습을 보기 위해 호텔 앞에 수백 명의 팬들이 모였다.

'불분명하다'고 하면 obscure, ambiguous가 가장 먼저 생각납니다. obscure는 이해하기 힘들어 모호할 때, ambiguous는 여러 가지 의미를 내포하고 있어 불분명할 때 쓰입니다. 인용문에 사용된 murky는 나쁜 의도의 불분명함을 뜻합니다. 많은 요소가 복잡하게 엉켜 있어 사실 규명이 힘든데, 이것이 다소 의도적일 때 사용되죠. 즉 이 인용문은 협상 과정의 불분명함에 murky를 사용해 부정적인 뉘앙스를 더하고 있습니다.

Your answer is obscure and confusing.
당신의 답변은 모호하고 혼란스럽다.

The instruction is so ambiguous that reasonable interpretation is required.
설명서 내용이 애매모호해서 합리적인 해석이 필요하다.

There has been murky rhetoric to deceive voters.
유권자들을 속이기 위한 혼탁한 언변이 있었다.

1 그의 일기장은 그의 유죄를 밝히는 결정적인 증거다.

His diary is **(decisive / crucial / definitive / conclusive)** evidence of his guilt.

2 생산 비용은 새 공장 위치를 정하는 데 결정적인 요인이다.

The cost of production is a **(decisive / crucial / definitive / conclusive)** factor that determines the location of new factories.

3 제대로 먹는 것이 당신 건강에 결정적이다.

Eating right is **(decisive / crucial / definitive / conclusive)** to your health.

4 작금의 문제를 해결할 결정적인 방안은 없다고 생각한다.

I am afraid that there are no **(decisive / crucial / definitive / conclusive)** solutions to the current problem.

5 그녀는 사용 전 주방 도구를 규칙적으로 살균한다.

She regularly sterilizes kitchen **(equipment / apparatus)** before use.

6 연구 자료는 시 정부 기구의 정보 제공자로부터 얻었다.

Research data was obtained from informants in the city government **(equipment / apparatus)**.

7 비커는 화학 실험실에서 가장 일반적으로 쓰이는 실험실 장비 중에 하나다.

Beakers are among the most commonly used laboratory **(equipment / apparatus)** in chemistry lab.

8 그는 어둠 속에서 귀신 같은 것이 휙 지나가는 것을 봤다.

He saw a ghostly **(guise / figure / appearance / glimpse)** flashing by in the dark.

9 그 남자는 사무실 청소부의 모습으로 방문한 위장 탐정이었다.

The man who visited in the **(guise / figure / appearance / glimpse)** of an office cleaner was an undercover detective.

10 똑똑한 모습의 한 아이가 단상에 올라서더니 멋진 연설을 했다.

A boy of smart **(guise / figure / appearance / glimpse)** came up to a podium and gave a brilliant speech.

11 당신의 답변은 모호하고 혼란스럽다.

Your answer is **(obscure / ambiguous / murky)** and confusing.

12 유권자들을 속이기 위한 혼탁한 언변이 있었다.

There has been **(obscure / ambiguous / murky)** rhetoric to deceive voters.

42 상황 situation, context, circumstance, condition

The tendency to perceive individuals as representatives of different social groups has been **documented** for a variety of groups in a range of **contexts**. Research has also revealed that the impact of such social categorization on the assignment of traits and features to members of particular groups can be quite **fluid** depending on the situation and the contrast with relevant comparison groups that seems most **salient.**[42]

개인이 여러 사회 집단의 대변인으로 인식되는 경향은 다양한 상황의 다양한 집단을 대상으로 기록되어 왔다. 연구들은 또한 특정 집단 구성원에 특성과 특징을 배정하는 데 있어 이런 사회적 범주화가 미치는 영향은 상황 그리고 가장 두드러진 관련 비교 그룹과의 차이에 따라 다소 유동적일 수 있다고 밝히고 있다.

'상황'이라고 하면 한국인의 머릿속에 가장 먼저 떠오르는 단어가 situation일 겁니다. 하지만 이 인용문에서는 context를 쓰고 있죠. 일반적인 상황이 아니라 전후 맥락 또는 상호 간 관련성에 초점을 둔 상황이기 때문입니다. 인용문의 저자는 맥락의 상황을 강조하고자 이 단어를 선택한 것으로 보입니다.

Immigration officers are instructed to consider the context of asylum seekers when judging their qualification.
출입국 관리관들은 망명 신청자의 자격을 판단할 때 이들의 상황을 고려하라는 지시를 받는다.

이에 반해 situation은 상황 그 자체를 일컫습니다. 또 다른 유의어인 circumstance는 당사자가 통제하지 못하는 어쩔 수 없는 상황, condition은 특정 대상이나 사람이 처한 물리적 상황을 각각 뜻하죠.

The new situation arose when I managed to get to the town.
마을에 간신히 도착했을 때 새로운 상황이 발생했다.

The new circumstances didn't allow me to continue my studies.
상황이 여의치 않아 학업을 계속할 수 없었다.

Nothing can grow properly under such appalling conditions.
이런 끔찍한 상황에서 그 어떤 것도 제대로 자랄 수 없다.

'기록하다'의 document도 눈에 띄네요. 일반적으로 알려진 단어인 record는 수기나 컴퓨터를 통해 정보를 보관한다는 뜻이지만, document는 '특정 사건이나 과정을 계획적으로 기록'해 나간다는 의미를 지닙니다. 사회적 경향들이 더욱 체계적으로 기록되어 왔다는 것을 나타내려면 document가 적절한 선택이겠네요. 이외에 특정한 문맥에서 사용되는 '기록'의 단어 중에 chronicle이 있습니다. 이 단어는 발생한 순서대로 기록한다는 뜻을 가지고 있죠.

She recorded everything that she had experienced during the war.
그녀는 전쟁 동안 자신이 겪을 것을 모두 기록으로 남겼다.

African history is not well documented in
comparison with East Asian history.
아프리카 역사는 동아시아 역사와 비교해 기록이 잘 정리되어 있지 않다.

This book chronicles events that happened
after the Japanese Invasion of Korea in 1592.
이 책은 임진왜란 이후로 발생한 사건을 연대기적으로 기록하고 있다.

'유동적'은 고정되지 않고 변한다는 뜻입니다. 인용문에 사용된 fluid 는 상황, 입장, 계획, 효과 등이 단순히 변할 수 있다는 의미로, 다양한 문맥에서 활용되는 편입니다. 하지만 flexible은 '상황에 따라'라는 전제가 붙죠. 그리고 mobile은 물리적 이동가능성을 뜻합니다.

The political situation is still fluid although the election is over.
비록 선거는 끝났지만 정치 상황은 여전히 유동적이다.

The flexible curriculum is not about changing the subjects
but modifying way the subjects are taught.
유동적인 학과 운영이란 과목을 바꾸는 것이 아니라
가르치는 방식을 바꾸는 것이다.

Do you have an idea on how to manage an increasing mobile workforce?
증가하는 유동 노동 인구를 어떻게 관리할지에 대한 아이디어가 있나요?

'두드러지다'의 뜻을 나타낼 수 있는 단어로는 salient, pronounced, marked, conspicuous 등이 있습니다. 인용문에 사용된 salient는 중요해서 두드러진다는 뜻으로, 이를 통해 주류 집단 또는 영향력 있는 집단과의 차이를 뜻한다고 이해할 수 있습니다.

He summarized the salient features of a new design.
그는 새로운 디자인의 두드러진 특징을 요약했다.

그 외에 pronounced는 쉽게 인식되어 두드러진다, marked는 차이가 두드러진다는 뉘앙스를 띱니다. 또한 conspicuous는 많은 관심을 끌어 두드러진다는 뉘앙스가 있죠.

They were certain that he was not an Englishman due to his pronounced French accent.

그들은 그의 두드러진 프랑스 악센트 때문에 그가 영국 남자가 아니라고 확신했다.

There are marked differences between prehistoric cave dwellers and today's urban residents.

선사시대 동굴에서 산 사람과 오늘날 도시에 사는 사람들 사이에 두드러진 차이가 있다.

Her red sports car was conspicuous and loud.

그녀의 빨강 스포츠카는 눈에 띄었고 시끄러웠다.

1 이런 끔찍한 상황에서 그 어떤 것도 제대로 자랄 수 없다.

Nothing can grow properly under such appalling **(situations / contexts / circumstances / conditions)**.

2 마을에 간신히 도착했을 때 새로운 상황이 발생했다.

The new **(situation / context / circumstance / condition)** arose when I managed to get to the town.

3 상황이 여의치 않아 학업을 계속할 수 없었다.

The new **(situations / contexts / circumstances / conditions)** didn't allow me to continue my studies.

4 이 책은 임진왜란 이후로 발생한 사건을 연대기적으로 기록하고 있다.

This book **(documents / records / chronicles)** events that happened after the Japanese Invasion of Korea in 1592.

5 아프리카 역사는 동아시아 역사와 비교해 기록이 잘 정리되어 있지 않다.

African history is not well **(documented / recorded / chronicled)** in comparison with East Asian history.

6 그녀는 전쟁 동안 자신이 겪을 것을 모두 기록으로 남겼다.

She **(documented / recorded / chronicled)** everything that she had experienced during the war.

7 비록 선거는 끝났지만 정치 상황은 여전히 유동적이다.

The political situation is still **(fluid / flexible / mobile)** although the election is over.

8 증가하는 유동 노동 인구를 어떻게 관리할지에 대한 아이디어가 있나요?

Do you have an idea on how to manage an increasing **(fluid / flexible / mobile)** workforce?

9 그는 새로운 디자인의 두드러진 특징을 요약했다.

He summarized the **(salient / pronounced / marked / conspicuous)** features of a new design.

10 그들은 그의 두드러진 프랑스 악센트 때문에 그가 영국 남자가 아니라고 확신했다.

They were certain that he was not an Englishman due to his **(salient / pronounced / marked / conspicuous)** French accent.

11 그녀의 빨강 스포츠카는 눈에 띄었고 시끄러웠다.

Her red sports car was **(salient / pronounced / marked / conspicuous)** and loud.

정답 및 해석 / 1 conditions 2 situation 3 circumstances 4 chronicles 5 documented 6 recorded
7 fluid 8 mobile 9 salient 10 pronounced 11 conspicuous

///// 360

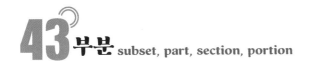

43 부분 subset, part, section, portion

Food products are a unique **subset** of consumer products in that sensory experiences during interaction with them can involve all of the senses: **vision**, touch, audition, smell, and taste. People smell **aromas** just before food enters their mouths; when the food is in the oral cavity, they perceive **taste** and food **flavors** that reach the olfactory epithelium in the nasal cavity via the retronasal pathway at the back of the mouth.[43]

음식과 소통하는 동안 경험하는 감각이 시각, 촉각, 청각, 후각, 미각 같은 모든 것과 관련될 수 있다는 점에서 음식 제품은 소비재의 독특한 하부 그룹(부분)이다. 사람들은 음식이 자신의 입안으로 들어가기 직전에 향을 맡는다. 음식이 구강에 자리하면, 입 뒤쪽에 있는 비후 통로를 통해 비강의 후각 상피에 닿은 음식의 맛과 풍미를 인식하게 된다.

인용문에서 '부분'을 담당하고 있는 subset은 큰 집합 내의 작은 집합으로, 수학에서 부분집합을 뜻하기도 합니다. 여기서는 소비재라는 큰 집합 내에 음식 제품이 부분집합으로 들어간다고 해석할 수 있죠.

Minimalist décor is a growing subset of contemporary urban interior.
미니멀리스트 실내 장식은 현대 도시 인테리어 사업에서 성장하는 분야다.

부분의 일반적인 단어인 part는 단순히 전체의 일부임을 뜻하거나(첫 번째 예문), 귀속성을 강조하기도 합니다(두 번째 예문). 또한 section은 전체에서 부분을 명확히 구분하고자 할 때, portion은 전체에서 '차지하는' 부분을 말할 때 등장합니다.

The lower part of the pillar has been broken.
기둥의 아랫부분이 부서졌다.

We are part of nature.
우리는 자연의 일부다.

The sports section of the newspaper provides sports news, analysis
and match reports, among others.
신문의 스포츠 면은 스포츠 뉴스, 분석, 경기 결과 등을 제공한다.

A significant portion of the population was reported to
be immune to chickenpox.
인구의 상당수가 수두에 면역성을 가진 것으로 보고되었다.

'눈'과 관련된 단어로는 vision, sight가 있습니다. 인용문에 사용된 vision은 볼 수 있는 능력을 뜻하죠. sight도 볼 수 있는 능력을 뜻하긴 하지만, 이외에 '보는 행동 자체(세 번째 예문)', '볼 수 있는 거리(네 번째 예문)'도 나타낼 수 있습니다.

Cats are known to have very good night vision.
고양이들은 야간에도 잘 볼 수 있다고 알려져 있다.

Syphilis might have affected his sight and hearing.
매독이 그의 시각과 청각에 영향을 미쳤을지도 모른다.

She always keeps sight of her baby.
그녀는 언제나 자신의 아기에게서 눈을 떼지 못한다.

The beach came into sight as we turned a corner.
우리가 모퉁이를 돌자 해변이 시야에 들어왔다.

'향'이라고 하면 perfume이 먼저 생각날 겁니다. perfume은 아래 첫 번째 예문처럼 향수라는 뜻으로 보통 쓰이는 편이지만, 두 번째 예문처럼 자연에서 오는 기분 좋은 향을 나타내기도 합니다. 인용문에서는 음식을 먹기 직전 맡는 향이기 때문에 aroma가 필요합니다. aroma는 주로 음식이나 음료에서 쉽게 맡을 수 있는 강력한 향을 뜻하니까요.

I love the perfume that you are wearing.
당신이 뿌린 향수가 너무 좋습니다.

The perfume of the lilies is filling the air.
백합향이 주변을 가득 채우고 있다.

This is fresh coffee with a delicate aroma.
이것은 섬세한 향이 나는 신선한 커피입니다.

'향'의 대표 단어인 scent도 기분 좋은 향을 뜻하지만, 동물들이 남기고 간 채취라는 뜻도 가지고 있습니다.

We are enjoying the sweet scent of flowers in the garden.
우리는 정원에 있는 꽃들의 향을 즐기고 있다.

My dog always leaves her scent on the bed.
내 강아지는 침대에 항상 자신의 채취를 남긴다.

이 인용문에서는 '맛'에 관한 단어로 taste, flavor가 각각 쓰였네요. 왜 두 단어가 등장했을까요? 먼저 taste는 음식이나 음료를 섭취했을 때 혀가 단순히 인식하는 어떤 것을 의미합니다. 이에 비해 flavor는 우리가 즐길 수 있는 향과 맛이 함께 있는 복합적인 맛이라고 할 수 있죠.

이런 뉘앙스를 살려 이 인용문을 번역할 때 맛과 풍미로 다르게 표현해 봤습니다.

> This wine has a sweet, fruity taste.
> 이 와인은 달콤한 과일 맛이 난다.

> This store sells ice creams of various flavor.
> 이 가게는 다양한 맛의 아이스크림을 판매한다.

즐기는 정도가 더 심해져 음미하는 수준에 이르면 savor를 쓸 수 있는데, 이 단어는 대체로 동사 품사로만 쓰입니다.

> The dish was so good that I savored every mouthful.
> 요리가 너무 맛있어서 한입 한입 음미했다.

1 기둥의 아랫부분이 부서졌다.

The lower **(subset / part / section / portion)** of the pillar has been broken.

2 인구의 상당수가 수두에 면역성을 가진 것으로 보고되었다.

A significant **(subset / part / section / portion)** of the population was reported to be immune to chickenpox.

3 신문의 스포츠 면은 스포츠 뉴스, 분석, 경기 결과 등을 제공한다.

The sports **(subset / part / section / portion)** of the newspaper provides sports news, analysis and match reports, among others.

4 우리는 자연의 일부다.

We are **(subset / part / section / portion)** of nature.

5 미니멀리스트 실내 장식은 현대 도시 인테리어 사업에서 성장하는 분야다.

Minimalist décor is a growing **(subset / part / section / portion)** of contemporary urban interior.

6 고양이들은 야간에도 잘 볼 수 있다고 알려져 있다.

Cats are known to have very good night **(sight / vision)**.

8 그녀는 언제나 자신의 아기에게서 눈을 떼지 못한다.

She always keeps **(sight / vision)** of her baby.

9 우리가 모퉁이를 돌자 해변이 시야에 들어왔다.

The beach came into **(sight / vision)** as we turned a corner.

10 매독이 그의 시각과 청각에 영향을 미쳤을지도 모른다.

Syphilis might have affected his **(sight / vision)** and hearing.

11 이것은 섬세한 향이 나는 신선한 커피입니다.

This is fresh coffee with a delicate **(perfume / aroma / scent)**.

12 백합향이 주변을 가득 채우고 있다.

The **(perfume / aroma / scent)** of the lilies is filling the air.

13 우리는 정원에 있는 꽃들의 향을 즐기고 있다.

We are enjoying the sweet **(perfume / aroma / scent)** of flowers in the
garden.

14 내 강아지는 침대에 항상 자신의 채취를 남긴다.

My dog always leaves her **(perfume / aroma / scent)** on the bed.

15 이 가게는 다양한 맛의 아이스크림을 판매한다.

This store sells ice creams of various **(taste / flavor)**.

16 이 와인은 달콤한 과일 맛이 난다.

This wine has a sweet, fruity **(taste / flavor)**.

정답 / 1 part 2 portion 3 section 4 subset 5 part 6 vision 7 vision 8 sight 9 sight
10 sight 11 aroma 12 perfume 13 scent 14 scent 15 flavor 16 taste

///// 366

44 성취 attainment, achievement, accomplishment, fulfillment

Recent research **shows** that despite the expansion of higher education, the association between social origin and educational **attainment** persists. Inequality is a feature of all education systems. However, the persistence of patterns of **disadvantage** linked to family background undermines the egalitarian **assumption** that all Australian students receive an education of similar quality.[44]

고등교육 확대에도 불구하고, 최근 연구들은 사회 출신과 학업 성취 간 관련성이 지속되고 있다고 밝히고 있다. 불평등은 모든 교육 시스템의 특징이다. 하지만 패턴화된 불우한 가정환경이 계속되면서 모든 호주 학생이 유사한 수준의 교육을 받아야 한다는 평화주의적 가정이 위협받고 있다.

'성취'는 목적한 것을 이뤄 냈다는 의미죠. 무엇을 어떻게 이뤄 내는지에 따라 다른 단어를 씁니다. 인용문에 사용된 attainment의 키워드는 '노력'입니다. 학업에 많은 시간과 열정을 투자해서 이뤄 냈다는 의미죠. 일반적으로 알려진 achievement는 '해내기 힘든 일을 성공적으로 성취'해 사람들의 주목을 받을 때 사용합니다.

Priority should be given to the attainment of your dream.
꿈을 이루는 데 우선순위를 두어야 한다.

Winning the Nobel Peace Prize is a remarkable achievement in his life.
노벨평화상 수상은 그의 인생에서 놀라운 성과다.

accomplishment는 '만족감과 자긍심이 수반되는 완성'입니다. 다시 말해 많은 노력과 수고를 들여 본인이 만족하는 결과를 얻는 경우죠. 이와 비슷하게 fulfillment도 '필요하거나 약속한 또는 원하는 일을 성공적으로 해냈을 때' 쓰이곤 합니다.

Cutting the budget is among his many accomplishments.
예산 삭감은 그가 해낸 많은 성과 중에 하나다.

He said that it was the fulfillment of his dream to marry a beautiful woman.
그는 아름다운 여성과의 결혼이 자신의 꿈을 이룬 것이라고 말했다.

연구 활동 등을 통해 새로운 사실을 드러내거나 알릴 때는 show, indicate, demonstrate, reveal 등의 단어가 가능합니다. 인용문에 사용된 show는 '증명해 내다'는 의미입니다. 다음 첫 번째 예문처럼 데이터를 통해 증명해 냈음을 알 수 있죠. indicate는 show와 유사한 기능을 하지만 다소 잠정적인 성격이 있습니다. 두 번째 예문에서 indicate는 아직 단정하기 힘들다는 뉘앙스를 줍니다.

Empirical studies have shown youth crimes are largely associated
with the perpetrators' family background.
실증연구는 청소년 범죄가 이들의 가정환경과 큰 관련이 있음을 밝혀냈다.

The survey indicates a general satisfaction with government performance.
여론조사는 정부의 국정 운영에 국민이 만족하고 있음을 보여 준다.

한편 demonstrate는 '구체적인 증거를 제공하는 명확하고 확실한' 증명을 뜻합니다. reveal은 지금까지 몰랐거나 가려져 있었던 사실을 밝힐 때 등장하죠.

Research has demonstrated that up to 80 percent of people
who seek medical attention are suffering from self-limiting ailments.
연구들은 치료를 받으려는 사람의 최고 80퍼센트가
자신이 한계 지은 질병에 고통받고 있다고 밝히고 있다.

The report reveals that hundreds of civilians were killed by armed soldiers.
보고서는 수백 명의 민간인이 무장한 군인에 의해
살해당했다고 밝히고 있다.

불우한 가정환경이라는 문구에 쓰인 disadvantage는 상대적으로 불리
한 조건이나 상황을 뜻합니다. 부유하고 교육 수준이 높은 집안의 사람
에 비해 가난한 노동자 출신의 사람은 상대적으로 불리한 조건에 있다
는 의미겠죠. 유사한 뜻을 가진 downside는 유리한 부분을 언급하면
서 그럼에도 겪을 수 있는 불리한 점을 이야기할 때 주로 등장합니다.
drawback은 문제점이나 결점을 나타내는 경향이 있습니다.

One disadvantage of living in the countryside is
the lack of public transportation.
시골살이의 한 가지 나쁜 점은 대중교통이 부족하다는 것이다.

The downside of being rich is you will have trouble trusting people.
당신이 부자가 되면 겪게 될 나쁜 점은 사람을 믿기 힘들어진다는 것이다.

The benefits of this plan outweigh its drawbacks.
이 계획의 득이 실을 앞선다.

인용문에 사용된 '가정'의 assumption은 유의어인 presumption과는
차이가 있습니다. 우선 assumption은 증거 없이 어떤 사실을 진실로

받아들인다는 뜻입니다. presumption은 assumption에 비해 확실성이 더 높은, 어느 정도 합리적인 근거를 갖춘 가정을 말합니다.

The project is going as planned with the assumption that everyone will do his or her own part.
각자가 제 역할을 하리라 믿고 프로젝트는 계획대로 진행 중이다.

There is a general presumption that parents influence their children's behavior.
부모가 아이의 행동에 영향을 미친다는 일반적인 함의가 있다.

1   그는 아름다운 여성과의 결혼이 자신의 꿈을 이룬 것이라고 말했다.

     He said that it was the **(achievement / attainment / accomplishment / fulfillment)** of his dream to marry a beautiful woman.

2   노벨평화상 수상은 그의 인생에서 놀라운 성과다.

     Winning the Nobel Peace Prize is a remarkable **(achievement / attainment / accomplishment / fulfillment)** in his life.

3   예산 삭감은 그가 해낸 많은 성과 중에 하나다.

     Cutting the budget is among his many **(achievements / attainments / accomplishments / fulfillments)**.

4   꿈을 이루는 데 우선순위를 두어야 한다.

     Priority should be given to the **(achievement / attainment / accomplishment / fulfillment)** of your dream.

5   연구들은 치료를 받으려는 사람의 최고 80퍼센트가 자신이 한계 지은 질병에 고통 받고 있다고 밝히고 있다.

     Research has **(shown / indicated / demonstrated / revealed)** that up to 80 percent of people who seek medical attention are suffering from self-limiting ailments.

6 여론조사는 정부의 국정 운영에 국민이 만족하고 있음을 보여 준다.

The survey **(shows / indicates / demonstrates / reveals)** a general satisfaction with government performance.

7 보고서는 수백 명의 민간인이 무장한 군인에 의해 살해당했다고 밝히고 있다.

The report **(shows / indicates / demonstrates / reveals)** that hundreds of civilians were killed by armed soldiers.

8 이 계획의 득이 실을 앞선다.

The benefits of this plan outweigh its **(disadvantages / downsides / drawbacks)**.

9 당신이 부자가 되면 겪게 될 나쁜 점은 사람을 믿기 힘들어진다는 것이다.

The **(disadvantage / downside / drawback)** of being rich is you will have trouble trusting people.

10 부모가 아이의 행동에 영향을 미친다는 일반적인 함의가 있다.

There is a general **(assumption / presumption)** that parents influence their children's behavior.

11 각자가 제 역할을 하리라 믿고 프로젝트는 계획대로 진행 중이다.

The project is going as planned with the **(assumption / presumption)** that everyone will do his or her own part.

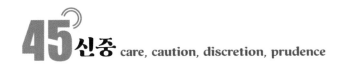

45 신중 care, caution, discretion, prudence

In sum, decisions that help people to begin, advance, and maintain romantic relationships may feel easier than decisions that **curtail** those relationships. The emerging research on relationship decision process suggests that decisions to pursue new romantic partners tend to be made with less **discretion** than previous theorizing has suggested, decisions to invest in relationships tend to be made rapidly and **intuitively**, and decisions to end relationships tend to be **effortful** and painful.[45]

결론적으로 사람들이 로맨틱한 관계를 시작, 발전, 유지하도록 내리는 결정이 이 관계를 그만두기로 한 결정보다 쉽게 느껴질 수 있다. 관계 결정 과정에 대한 최근 연구들은 새로운 연애 파트너를 찾겠다는 선택이 예전 이론화 연구들이 제안한 것보다 덜 신중하게 진행되는 경향이 있고, 관계에 투자하겠다는 판단이 빠르고 직관적으로 정해지는 경향이 있으며, 관계를 그만두겠다는 결정이 힘들고 고통스러운 경향이 있다고 제시한다.

새로운 연애를 신중하게 또는 그렇지 않게 시작한다고 할 때 왜 discretion을 써야 할까요? '신중'이라고 하면 care나 caution이 먼저 생각날 겁니다. 두 단어는 어떤 대상이나 상황의 구체적인 부분까지 관심을 둔다는 의미입니다. care가 '잘하기 위해 또는 실수하지 않기 위해서'라면, caution은 주로 '위험한 상황이나 문제가 발생하지 않도록' 신중할 때 등장합니다.

He chooses his words with great care.
그는 매우 신중하게 단어를 선택한다.

Extreme caution must be exercised when digging up land mines.
지뢰를 파낼 때 극도의 신중함이 요구된다.

반면 인용문에 사용된 discretion은 난처한 상황이 발생하지 않도록 비밀을 지켜 가며 신중하게 행동한다는 뜻입니다. 연애 파트너를 선택함에 있어 나에게 적절한 사람인지 살펴보고 난처한 상황이 발생하지 않도록 행동하는 것이니 discretion이 필요하죠. 이밖에 prudence는 판단이나 결정에 있어 보이는 신중함을 뜻합니다.

> You can trust her—she is the soul of discretion.
> 그녀를 믿어도 됩니다. 그녀는 정말 신중한 사람이에요.

> We have learnt prudence and self-restraint
> while going through difficult times.
> 어려운 시간을 보내면서 우리는 신중함과 자제력을 배웠다.

'관계를 그만둔다'고 할 때 curtail이 쓰인 것도 흥미롭네요. 그만둔다고 하면 stop, leave, give up 등을 쓸 수 있습니다. stop은 행동이나 작동을 그만둘 때, leave는 학교나 회사를 그만둘 때, give up은 힘들어서 하던 일을 그만둘 때 쓰이죠.

> He stopped laughing and looked directly at me.
> 그는 웃음을 멈추고 나를 바로 쳐다봤다.

> They left college and started a new business.
> 그들은 학교를 그만두고 새로운 사업을 시작했다.

> He has given up trying to persuade his daughter.
> 그는 자신의 딸을 설득하려는 시도를 그만뒀다.

인용문에 사용된 curtail은 삭감 또는 제한을 뜻합니다. 이외에 아래 두 번째 예문처럼 '끝나기 전에 중간에 그만두다'는 뜻도 가지고 있죠. 즉 연애를 하다가 이 사람이 아닌 것 같아 중간에 그만둔다고 하려면 curtail이 필요합니다. 결과적으로는 연애 기간이 줄어든 것이니 삭감과 제한의 curtail과도 연결되네요.

You had better curtail the time you spend using a computer.
너는 컴퓨터 사용 시간을 제한하는 것이 좋겠다.

The meeting was curtailed because many left early.
많은 사람이 일찍 자리를 떠서 미팅이 중간에 끝났다.

'직관적'의 intuitive는 사실이나 증거가 아니라 느낌에 의지한다는 뜻으로, 따라서 인용문은 연애의 지속 여부를 정확한 사실이나 정보보다는 느낌과 직감으로 결정한다고 봐야 할 겁니다. 유의어인 instinctive도 훈련이나 사고를 통해 획득한 것이 아닌 타고난 직감이나 본능에 따른다는 뜻입니다.

Mothers seem to have intuitive knowledge of how their babies feel.
어머니들은 자신의 아기가 어떻게 느끼는지에 대한
직관적인 지식이 있는 것 같다.

Blinking is an instinctive reaction to protect your eyes.
눈을 깜빡이는 것은 눈을 보호하는 본능적인 반응이다.

'힘들다'고 할 때 demanding, laborious, arduous, effortful을 주로 사용하곤 합니다. 당연히 힘든 이유에 따라 다르게 써야겠죠. 먼저 demanding은 요구하는 강도가 세서 힘들 때, laborious는 시간이나 노력이 많이 들어 다소 고통스럽고 따분할 때, arduous는 특정 기간에 겪게 되는 지난한 과정이 버거울 때 각각 등장합니다. 인용문에 사용된 effortful은 노력하고 애써야 해서 힘들다는 의미죠. 따라서 남녀가 헤어질 때 겪는 감정적인 소모나 충돌이 힘들다는 것을 표현하기에 적절합니다.

We found this work physically demanding and stressful.
우리는 이 일이 신체적으로 힘들고 스트레스가 많다는 것을 알게 되었다.

Collecting all the litter in such a large area is a long and laborious task.
이 넓은 구역에서 쓰레기를 모두 줍는 것은 시간이 걸리는 힘든 일이다.

It is a part of the arduous process of applying for graduate school.
이것은 대학원 진학을 위한 힘든 과정 중 일부다.

1   지뢰를 파낼 때 극도의 신중함이 요구된다.

Extreme **(care / caution / discretion / prudence)** must be exercised
when digging up land mines.

2   그는 매우 신중하게 단어를 선택한다.

He chooses his words with great **(care / caution / discretion /
prudence)**.

3   그녀를 믿어도 됩니다. 그녀는 정말 신중한 사람이에요.

You can trust her—she is the soul of **(care / caution / discretion /
prudence)**.

4   많은 사람이 일찍 자리를 떠서 미팅이 중간에 끝났다.

The meeting was **(curtailed / stopped / left / gave)** because many left
early.

5   너는 컴퓨터 사용 시간을 제한하는 것이 좋겠다.

You had better **(curtail / stop / leave / give)** the time you spend using a
computer.

6   그는 웃음을 멈추고 나를 바로 쳐다봤다.

He **(curtailed / stopped / left / gave)** laughing and looked directly at
me.

7 그들은 학교를 그만두고 새로운 사업을 시작했다.

They **(curtailed / stopped / left / gave)** college and started a new business.

8 그는 자신의 딸을 설득하려는 시도를 그만뒀다.

He has **(curtailed / stopped / left / given)** up trying to persuade his daughter.

9 어머니들은 자신의 아기가 어떻게 느끼는지에 대한 직관적인 지식이 있는 것 같다.

Mothers seem to have **(intuitive / instinctive)** knowledge of how their babies feel.

10 눈을 깜빡이는 것은 눈을 보호하는 본능적인 반응이다.

Blinking is an **(intuitive / instinctive)** reaction to protect your eyes.

11 이것은 대학원 진학을 위한 힘든 과정 중 일부다.

It is a part of the **(demanding / laborious / arduous / effortful)** process of applying for graduate school.

12 이 넓은 구역에서 쓰레기를 모두 줍는 것은 시간이 걸리는 힘든 일이다.

Collecting all the litter in such a large area is a long and **(demanding / laborious / arduous / effortful)** task.

정답 및 해설 / 1 caution 2 care 3 discretion 4 curtailed 5 curtail 6 stopped
7 left 8 given 9 intuitive 10 instinctive 11 arduous 12 laborious

///// 378

46 상기하다 recall, remind, evoke, conjure up

Theorists and philosophers have long **grappled** with the **concept** of life stress. In early Greek Mythology, for example, Sisyphus was condemned to eternally push a boulder up a hill only to have it roll back down every time he neared the top, thus **conjuring up** images of how a relentless stressor can cause endless **frustration**.[46]

이론가들과 철학자들은 삶의 스트레스라는 개념을 가지고 오랫동안 씨름해 왔다. 예를 들어, 초기 그리스 신화에서도 시시포스(Sisyphus)는 큰 바위를 언덕 위로 끊임없이 밀어 올려야 하는 형벌을 받았고, 그가 정상에 가까워질 때마다 이 바위는 다시 굴러 내려갔다. 이는 결국 가차 없는 스트레스 요인들이 어떻게 끝없는 좌절을 가져올 수 있는지에 대한 그림을 머릿속에 떠오르게 한다.

'머릿속에 떠오르게 한다'는 다른 말로 '상기하다'라고 할 수 있습니다. 그런데 recall, remind, evoke 같은 많은 후보 중에서 왜 conjure up이 등장했을까요? conjure up은 원래 마법을 통해 어떤 형상을 불러낸다는 뜻입니다. 여기서 더 나아가 아이디어나 이미지를 머릿속에 그려 낸다는 의미를 가지게 되었죠. 이 인용문에서는 '그림'을 목적어로 잡고 있네요.

She conjured up the face of her dead son under hypnosis.
그녀는 최면에 걸려 죽은 아들의 얼굴을 떠올렸다.

다른 유의어도 살펴보죠. recall은 과거의 기억을 떠오르게 한다는 뜻, remind는 중요하고 잊어버리면 안 되는 사실을 머릿속에 떠올린다는 뜻이 있습니다. 그리고 evoke는 특정한 기억이나 감정을 떠올린다는 의미로 쓰입니다.

My grandmother recalled a small town
where she had lived in her childhood.
할머니는 어린 시절 자신이 살던 작은 동네의 기억을 떠올렸다.

Members have been reminded that their membership fee is
due at the end of the month.
회비 납부 기한이 이번 달 말이라는 사실을 회원들에게 상기시켰다.

This novel evokes the nostalgia for their schooldays.
이 소설은 이들의 학창시절의 향수를 불러일으킨다.

'씨름하다'는 스포츠의 일종인 씨름 경기를 한다는 뜻 외에 '어떤 문제를 해결하고자 지속적으로 노력하다'라는 뜻도 있습니다. 영어에서는 '붙잡고 싸우다'라는 뜻의 grapple로 문제 해결을 위한 지속적인 노력을 나타냅니다. wrestle도 유사하게 활용되지만 문제 해결보다는 분투에 더 초점에 맞춰져 있어요.

The government has been grappling with the problem of unemployment.
정부는 실업 문제를 해결하기 위해 씨름하고 있다.

He is wrestling with math questions.
그는 수학 문제와 씨름하고 있다.

이 인용문에서는 '개념'을 concept로 표현했습니다. 개념의 대표 단어라고 볼 수 있죠. 많은 학생이 concept와 notion을 혼동하곤 하는데요. concept는 사고나 경험을 통해 머릿속에 갖게 된 어떤 사물에 대한 '이해'라 할 수 있습니다. 반면 notion은 이해라기보다는 '의견'인 경우가 많습니다.

The concept of beauty varies depending on
cultural background and historical experience.
아름다움의 개념은 문화적 배경과 역사적 경험에 따라 다르다.

You have only a vague notion of what love is.
당신은 사랑이 무엇인지에 대한 애매모호한 개념만 가지고 있다.

'좌절'은 어떤 일이나 계획이 제대로 되지 않아 괴로운 상태를 의미하죠. 이는 frustration, exasperation, resentment 등으로 표현할 수 있어요. 인용문에 쓰인 frustration은 '원하는 것을 성취하지 못해' 괴로운 상태를 말합니다. 큰 바위를 정상에 올려놓아야 하는데 그것을 이루지 못하는 데에서 오는 감정이니 frustration이 필요하죠.

He used to feel frustration at not being able to
get good grades in school.
그는 학교 다닐 때 성적이 좋지 않아 좌절하곤 했다.

exasperation은 문제를 해결하거나 상황을 개선하고 싶은데 '어떤 것도 할 수 없는 현실'에서 느끼는 괴로움을 말합니다. 그리고 resentment는 원하지 않는 것을 강제로 했을 때 느끼는 괴로움이라고 할 수 있습니다.

After hours of insults, he clenched his fist in exasperation.
몇 시간 동안의 모욕적인 언사에 그는 부아가 치밀어 주먹을 꽉 쥐었다.

He harbored a deep resentment against his father.
그는 자신의 아버지에 대한 깊은 반감을 품고 있었다.

1 회비 납부 기한이 이번 달 말이라는 사실을 회원들에게 상기시켰다.

Members have been **(recalled / reminded / evoked / conjured)** that

their membership fee is due at the end of the month.

2 이 소설은 이들의 학창시절의 향수를 불러일으킨다.

This novel **(recalls / reminds / evokes / conjures)** the nostalgia for

their schooldays.

3 그녀는 최면에 걸려 죽은 아들의 얼굴을 떠올렸다.

She **(recalled / reminded / evoked / conjured)** up the face of her

dead son under hypnosis.

4 할머니는 어린 시절 자신이 살던 작은 동네의 기억을 떠올렸다.

My grandmother **(recalled / reminded / evoked / conjured)** a small

town where she had lived in her childhood.

5 정부는 실업 문제를 해결하기 위해 씨름하고 있다.

The government has been **(grappling / wrestling)** with the problem of

unemployment.

6 그는 수학 문제와 씨름하고 있다.

He is **(grappling / wrestling)** with math questions.

7 당신은 사랑이 무엇인지에 대한 애매모호한 개념만 가지고 있다.

You have only a vague **(concept / notion)** of what love is.

8 아름다움의 개념은 문화적 배경과 역사적 경험에 따라 다르다.

The **(concept / notion)** of beauty varies depending on cultural

background and historical experience.

9 몇 시간 동안의 모욕적인 언사에 그는 부아가 치밀어 주먹을 꽉 쥐었다.

After hours of insults, he clenched his fist in **(frustration / exasperation

/ resentment)**.

10 그는 자신의 아버지에 대한 깊은 반감을 품고 있었다.

He harbored a deep **(frustration / exasperation / resentment)** against

his father.

11 그는 학교 다닐 때 성적이 좋지 않아 좌절하곤 했다.

He used to feel **(frustration / exasperation / resentment)** at not being

able to get good grades in school.

6 wrestling 7 notion 8 concept 9 exasperation 10 resentment 11 frustration
퀴즈 정답 / 1 reminded 2 evokes 3 conjured 4 recalled 5 grappling

383 /////

47 온화하다 temperate, mild, moderate, gentle

The seasonal cycle of respiratory viral disease has been **widely** recognized for thousands of years, as annual **epidemics** of the common cold and influenza disease hit the human population like clockwork in the winter season in **temperate** regions. Moreover, epidemics caused by viruses such as **severe** acute respiratory syndrome coronavirus (SARS-CoV) and the newly emerging SARS-CoV-2 occur during the winter months.[47]

계절에 따른 바이러스성 호흡기 질환의 주기적 발생은 수천 년 동안 널리 인식되어 왔는데, 이는 온화한 지역의 겨울철 일반 감기나 독감 질환과 같이 매년 발생하는 전염병이 시계처럼 정해진 시간에 인간을 정확히 공격했기 때문이다. 더불어, 심각한 급성 호흡기 증후군인 코로나 바이러스(SARS-Cov)와 새롭게 등장한 SARS-CoV-2와 같은 바이러스로 인한 전염병도 겨울철에 발생한다.

겨울철 '온화한' 지역에 감기가 발생한다고 합니다. 이때 '온화하다'를 temperate가 담당하고 있죠. 날씨가 온화하기 때문입니다. 다시 말해 temperate는 날씨가 너무 덥거나 춥지 않은 상태를 뜻합니다. 이외에 행동이 잘 통제되거나 절제된다는 뜻도 있죠.

Temperate climates occur in the middle latitude of the earth.
온화한 기후대는 지구의 중위도에서 발생한다.

He is known to be temperate in his consumption of drink.
그는 음주를 잘 절제한다고 알려져 있다.

mild로도 '온화하다'를 나타낼 수 있습니다. 하지만 mild는 성격, 날씨, 맛, 행위, 질병 등 설명하는 대상이 광범위하며, 이러한 대상들이 극단적이거나 강하지 않다는 뜻으로 쓰이죠. 한편 moderate는 크기, 양, 정도, 강도 등이 너무 크거나 작지 않음을 뜻하지만, 정치적 입장이 온건하다는 뜻으로도 쓰이곤 합니다. 한편 gentle은 사람의 성품이 온화하거나, 상태가 부드럽고, 폭력적이지 않다는 뉘앙스를 가지죠.

He is so sensitive that he cannot accept even mild criticism of his work.
그는 너무 민감해서 자신의 일에 대한 심하지 않은 비판도 수용하지 못한다.

There has been a moderate improvement
in his academic performance.
그의 학업 성취에 약간의 개선이 있었다.

Gentle breeze and shady trees cool the heat of summer days.
부드러운 산들바람과 그늘을 드리운 나무가 여름날의 더위를 식혀 준다.

'널리' 또는 '폭넓게'라는 의미를 나타낼 때는 widely, extensively, broadly 등을 쓸 수 있습니다. 인용문에 사용된 widely는 다양한 장소나 사람들 간의 '널리'를 뜻합니다. 따라서 바이러스성 호흡기 질환의 주기적 발생이 전 세계 많은 사람과 지역들 간에 널리 인식된다는 문맥에 적합하다고 볼 수 있죠.

Spanish is widely spoken in South America.
스페인어는 남미에서 널리 사용된다.

이에 반해 extensively는 '넓은 범위나 영역을 포함'한다는 의미입니다. broadly는 성격이 많이 달라 눈여겨볼 만합니다. 형용사인 broad는 '넓은'의 뜻이 있지만, 부사 broadly는 '자세한 사례가 아니다'라는 전제가 붙은 '널리'로서 '대체로'의 뜻을 가집니다.

Inequality has been extensively studied in the field of social science.
불평등은 사회과학 분야의 다양한 영역에서 널리 연구되어 왔다.

Working conditions are broadly similar between the two companies.
이 두 회사의 노동 조건은 대체로 비슷하다.

'전염병'이라고 하면 contagious disease나 infectious disease와 같이 종종 형용사로 표현합니다. 하지만 이 인용문에 쓰인 epidemic을 비롯해 endemic, pandemic처럼 특정 용어를 쓸 때도 많습니다. epidemic은 특정 질병이 특정 지역에서 급속히 증가하는 것을 말합니다. 인용문에서는 날씨가 온화한 특정 지역에 호흡기 질환이 급격히 발생한다는 문맥을 표현하고 있죠. endemic은 한 지역에서 오랜 기간 지속되는 전염병을, pandemic은 전 세계에 퍼진 전염병을 말합니다. 즉 코로나는 대표적인 pandemic이라고 볼 수 있죠.

Yellow fever, a prime example of an epidemic,
is caused by a virus spreading through mosquito bites.
유행병의 대표적인 예인 황열병은 모기를 통한 바이러스 전파로 발생한다.

Malaria, considered endemic in tropical Africa,
develops in children younger than five years old.
열대 아프리카 지역에서 풍토병으로 간주되는 말라리아는
5세 이하의 유아에게서 발병한다.

The coronavirus pandemic has triggered
serious social and economic disruption.
코로나는 심각한 사회적·경제적 혼란을 촉발했다.

'심각하다'고 하면 serious, severe가 보통 생각나죠. 당연히 두 단어에도 차이가 있습니다. serious는 신중하게 생각할 만큼 매우 중대하다는 의미, 또는 위험하고 상태가 좋지 못해 심각하다는 의미를 나타낼 수 있죠. 인용문에 사용된 severe는 고통, 어려움, 걱정, 손상을 야기하기 때문에 심각한 것으로, 코로나 바이러스를 꾸며 주는 문맥에서 필요한 단어입니다.

He felt a sudden urge to run away upon seeing
his mother's serious facial expression.
엄마의 심각한 표정을 보자마자 달아나야 한다는 갑작스러운 충동을 느꼈다.

The number of serious injuries and
fatal incidents has been on the decline.
심각한 부상과 사망 사고 수가 조금씩 감소해 왔다.

Environmentalists have called attention to
a severe water shortage in Africa.
환경운동가들은 아프리카의 심각한 식수 부족에 주목했다.

1   그는 너무 민감해서 자신의 일에 대한 심하지 않은 비판도 수용하지 못한다.

He is so sensitive that he cannot accept even **(mild / moderate / temperate / gentle)** criticism of his work.

2   부드러운 산들바람과 그늘을 드리운 나무가 여름날의 더위를 식혀 준다.

(Mild / Moderate / Temperate / Gentle) breeze and shady trees cool the heat of summer days.

3   온화한 기후대는 지구의 중위도에서 발생한다.

(Mild / Moderate / Temperate / Gentle) climates occur in the middle latitude of the earth.

4   그의 학업 성취에 약간의 개선이 있었다.

There has been a **(mild / moderate / temperate / gentle)** improvement in his academic performance.

5   그는 음주를 잘 절제한다고 알려져 있다.

He is known to be **(mild / moderate / temperate / gentle)** in his consumption of drink.

6   이 두 회사의 노동 조건은 대체로 비슷하다.

Working conditions are **(widely / extensively / broadly)** similar between the two companies.

7 불평등은 사회과학 분야의 다양한 영역에서 널리 연구되어 왔다.

Inequality has been **(widely / extensively / broadly)** studied in the field of social science.

8 코로나는 심각한 사회적·경제적 혼란을 촉발했다.

The coronavirus **(epidemic / endemic / pandemic)** has triggered serious social and economic disruption.

9 열대 아프리카 지역에서 풍토병으로 간주되는 말라리아는 5세 이하의 유아에게서 발병한다.

Malaria, considered **(epidemic / endemic / pandemic)** in tropical Africa, develops in children younger than five years old.

10 심각한 부상과 사망 사고 수가 조금씩 감소해 왔다.

The number of **(serious / severe)** injuries and fatal incidents has been on the decline.

11 환경운동가들은 아프리카의 심각한 식수 부족에 주목했다.

Environmentalists have called attention to a **(serious / severe)** water shortage in Africa.

12 엄마의 심각한 표정을 보자마자 달아나야 한다는 갑작스러운 충동을 느꼈다.

He felt a sudden urge to run away upon seeing his mother's **(serious / severe)** facial expression.

퀴즈 정답 / 1 mild 2 Gentle 3 Temperate 4 moderate 5 temperate 6 broadly 7 extensively 8 pandemic 9 endemic 10 serious 11 severe 12 serious

389 /////

48 목적 purpose, aim, objective, end

The **purpose** of this research was to provide a critical review of key research areas within the social psychology of dress. The review addresses published research in two broad areas: (1) dress as a **stimulus** and its influence on attributions by others, attribution about self, and on one's behavior and (2) relationships between dress, the body, and the self. We identify theoretical approaches used in **conducting** research in these areas, provide an **abbreviated** background of research in these areas highlighting key findings, and identify future research directions and possibilities.[48]

이 연구의 목적은 의복 사회심리학 내 주요 연구 분야들에 대한 비판적 검토를 제공하는 것이다. 이 글은 대략 두 가지 영역에서 출판된 연구물을 다루는데, 첫 번째는 의상을 자극제로 보고 타인에 의한 귀인(歸因), 자신에 대한 귀인(歸因), 그리고 특정인의 행동 등에 의상이 미친 영향을 연구한 분야이며, 두 번째는 의상, 몸, 자아 사이의 관계를 연구한 분야다. 우리는 이 영역에서 연구를 실시할 때 사용한 이론적 접근을 확인하고, 주요 연구 결과를 중점으로 해당 영역의 축약된 연구 배경을 제공하며, 차후 연구의 방향과 가능성을 알아본다.

연구 목적이라고 할 때 이 인용문에는 purpose가 등장합니다. 이외에 aim, objective, end와 같은 단어도 있는데, 왜 purpose를 사용했을까요? purpose는 어떤 것을 하는 이유나 어떤 것이 존재하는 이유를 밝힌다는 의미입니다. 따라서 인용문에서는 연구하는 이유가 비판적 검토를 제공하는 것이라는 의도를 읽을 수 있죠. aim은 계획이나 활동을 통해 결과적으로 성취하려는 목적을 말합니다.

The purpose of business is to make money.

사업 활동의 목적은 돈을 버는 것이다.

The aim of their movement is the independence of their motherland.
그들이 하는 운동의 목적은 조국의 독립이다.

한편 objective는 자신이 현재 성취하려고 하는 단기적이며 직접적인 대상을 뜻합니다. end는 수단과 대비되는 종국에 이루려는 궁극적인 목적을 일컫습니다.

The company's financial objectives include
increasing sales, growing profit, and economic stability.
회사가 이루고자 하는 재정 목적은
판매 향상, 이익 증가, 경제적 안정성이다.

There must be some means to achieve our ends.
우리의 목적을 달성하기 위한 어떤 수단이 반드시 있을 것이다.

인용문에는 '자극제'라는 뜻으로 stimulus가 쓰였습니다. stimulus는 활동이나 성장이 더 잘 되도록 자극할 때 사용됩니다. 다시 말해 이 인용문은 세련되고 깔끔하며 전문가다운 의상을 계약 성사에 기여하는 자극제로 해석한 셈이죠. '자극'을 뜻하는 또 다른 단어인 incitement 는 폭력적이고 불법적인 일을 하도록 자극하는 것을 말합니다.

The pay raise will act as a stimulus for production.
임금을 올리면 생산 증가에 자극제가 될 것이다.

The incitement of ethnic hatred is criminalized in many countries.
인종 혐오를 자극하는 행위는 많은 나라에서 위법 행위로 처벌된다.

'실시하다'는 특정 행동을 행한다는 뜻이죠. 인용문에 사용된 conduct 는 이 의미를 전달하는 가장 일반적인 단어라고 할 수 있습니다. 반면 carry out은 어떤 일을 완수해 낸다는 뉘앙스가 강하며, 하겠다고 했거 나 하라는 지시를 받아 행할 때 주로 쓰입니다.

The survey has been conducted to find out
how people think of the new government.
국민이 새 정부에 대해 어떻게 생각하는지 알기 위해 설문조사를 실시했다.

The troops landed in enemy territory
and carried out a successful attack on its military base.
병력은 적의 영역에 착륙해 군사 기지에서 성공적인 공격을 수행했다.

또한 implement는 공식적으로 하기로 한 약속이나 계획을 수행한다 는 의미이고, perform은 주어진 특정 업무나 해야 하는 작업을 수행한 다는 뜻으로 쓰입니다. 뉘앙스를 잘 기억해 두세요.

The changes to drug abuse prevention programs have been
implemented over the last two months.
약물 남용 방지 프로그램에서 바뀐 내용이 지난 두 달에 걸쳐 실시되었다.

The students performed some simple tasks to test their aptitudes.
학생들은 적성 테스트를 위해 몇 가지 간단한 과제를 수행했다.

마지막으로 '축약되다'의 단어로는 abbreviated, abridged가 있습니 다. abbreviated는 첫 글자만 나열하여 축약된다거나(첫 번째 예문), 단순히 예상보다 짧다는 의미의 축약(두 번째 예문)을 뜻합니다. 이 인 용문에서는 후자에 해당한다고 볼 수 있죠. 이에 비해 abridged는 구체적이고 중요하지 않은 내용을 제거한 축약을 뜻합니다.

"Let me know" is abbreviated as LMK.
"나에게 알려줘"는 LMK로 축약된다.

He just took an abbreviated vacation and left the resort after a few days.
그는 짧은 휴가를 보내고 며칠 만에 리조트를 떠났다.

The abridged version is not as good as the original one.
축약본이 원본만큼 좋지 않다.

1   그들이 하는 운동의 목적은 조국의 독립이다.

The **(purpose / aim / objective / end)** of their movement is the
independence of their motherland.

2   회사가 이루고자 하는 재정 목적은 판매 향상, 이익 증가, 경제적 안정성이다.

The company's financial **(purposes / aims / objectives / ends)**
include increasing sales, growing profit, and economic stability.

3   우리의 목적을 달성하기 위한 어떤 수단이 반드시 있을 것이다.

There must be some means to achieve our **(purposes / aims /
objectives / ends)**.

4   사업 활동의 목적은 돈을 버는 것이다.

The **(purpose / aim / objective / end)** of business is to make money.

5   인종 혐오를 자극하는 행위는 많은 나라에서 위법 행위로 처벌된다.

The **(stimulus / incitement)** of ethnic hatred is criminalized in many
countries.

6   임금을 올리면 생산 증가에 자극제가 될 것이다.

The pay raise will act as a **(stimulus / incitement)** for production.

7 학생들은 적성 테스트를 위해 몇 가지 간단한 과제를 수행했다.

The students (**conducted / carried / implemented / performed**) some simple tasks to test their aptitudes.

8 국민이 새 정부에 대해 어떻게 생각하는지 알기 위해 설문조사를 실시했다.

The survey has been (**conducted / carried / implemented / performed**) to find out how people think of the new government.

9 약물 남용 방지 프로그램에서 바뀐 내용이 지난 두 달에 걸쳐 실시되었다.

The changes to drug abuse prevention programs have been (**conducted / carried / implemented / performed**) over the last two months.

10 병력은 적의 영역에 착륙해 군사 기지에서 성공적인 공격을 수행했다.

The troops landed in enemy territory and (**conducted / carried / implemented / performed**) out a successful attack on its military base.

11 그는 짧은 휴가를 보내고 며칠 만에 리조트를 떠났다.

He just took an (**abbreviated / abridged**) vacation and left the resort after a few days.

12 축약본이 원본만큼 좋지 않다.

The (**abbreviated / abridged**) version is not as good as the original one.

퀴즈 정답 / 1 부탁 2 objectives 3 ends 4 purpose 5 incitement 6 stimulus 7 performed 8 conducted 9 implemented 10 carried 11 abbreviated 12 abridged

395 /////

49 분류하다 classify, categorize, rank, sort

Racism is an organized social system in which the dominant racial group, based on an ideology of inferiority, **categorizes** and **ranks** people into social groups called "races" and uses its power to **devalue**, disempower, and differentially **allocate** valued societal resources and opportunities to groups defined as inferior. Race is primarily a social category, based on nationality, ethnicity, phenotypic, or other markers of social difference, which captures differential **access** to power and resources in society.[49]

인종차별은 조직화된 사회적 시스템으로, 그 안에서 지배적인 인종 집단이 열등함의 이데올로기에 근거하여 사람들을 '인종'으로 부르는 사회적 집단으로 분류하여 등급을 매기고, 자신의 권력을 이용해 열등하다고 규정된 집단을 폄하하고, 이들에게서 권력을 빼앗고, 가치 있는 사회적 자원과 기회를 차등 할당한다. 인종은 기본적으로 국적, 민족성, 표현형(表現型), 사회적 차이의 다른 표시에 근거한 사회적 범주로, 이것은 사회의 권력과 자원에 대한 차등적인 접근을 담고 있다.

특정 대상을 분류할 때는 분명한 기준과 방법에 따릅니다. 일반적으로 알려진 classify는 형태에 따라 분류한다는 뜻을 가지죠. 이에 비해 categorize는 나눈다는 개념보다는 공통된 특징을 가진 특정 집단을 묶어 목적이나 이름을 부여한다는 뜻으로 쓰입니다. 즉 인용문에 categorize가 쓰인 것은 공통된 특징을 가진 특정 사람들을 집단으로 만들어 그들에게 '특정 인종'이라는 이름을 부여했기 때문입니다.

All the bags here are classified according to their color.
여기 있는 모든 가방은 색깔에 따라 구분된다.

His book is categorized as a non-fiction novel.
그의 책은 논픽션 소설로 분류된다.

한편 rank는 분류 기준이 '등위'입니다. 다시 말해 무엇이 더 우수한지, 누가 더 잘하는지를 기준으로 구분하죠. 반면 sort는 정리 정돈을 위해 구분할 때 쓰입니다.

The performances are ranked in order of popularity.
공연들은 인기 순으로 등급이 매겨진다.

These old books have been sorted by the author's name.
이 오래된 책들은 저자 이름별로 정리됐다.

다음으로 살펴볼 '폄하'는 어떤 대상의 가치나 수준을 깎아 내린다는 뜻입니다. 대표 단어로는 devalue, belittle, disparage 등이 있죠. 인용문에 사용된 devalue는 'value'가 포함된 것에서 알 수 있듯 '가치를 낮게 평가'한다는 뜻입니다. 여기서는 특정 인종을 열등하다고 낙인찍고 그들의 가치를 깎아 내리는 것을 말합니다. devalue는 화폐 가치를 평가절하한다는 뜻도 있어, 경제 관련 글에서도 종종 볼 수 있습니다.

His boss devalued his work unjustly.
그의 상사는 그의 작업을 부당하게 폄하했다.

The South Korean won was devalued against the U.S. dollar.
한국 원화가 미국 달러화에 평가절하되었다.

또한 belittle은 어떤 일이나 대상을 대수롭지 않게 취급한다는 뉘앙스를 띱니다. disparage는 특정 대상에 대해 가치가 없다고 '무례하게 비판하거나 주장하는 행위'를 뜻하죠.

Her husband belittles her efforts to pursue higher education.
그녀의 남편은 공부를 계속하려는 그녀의 노력을 하찮게 여긴다.

His devotion to the church was disparaged
as a deliberate attempt to accumulate wealth.
그의 교회에 대한 헌신이 부를 축적하기 위한 의도라며 폄하되었다.

이 인용문에서는 일정한 양이나 수를 각각 나누어 준다는 뜻의 '할당'을 allocate가 맡고 있네요. allocate는 전체 중 일정한 몫을 특정 목적을 위해 공식적으로 나눠 준다는 뜻입니다. 즉 사회의 중요한 자원과 기회 중 특정한 몫을 특정 인종에게 불공평하게 나눠 준다는 의도로 해석될 수 있죠.

The school has allocated a large sum
to create spaces for students to rest.
이 학교는 학생들의 휴식 공간을 조성하고자 많은 예산을 할당했다.

유의어인 allot은 allocate와 유사하지만, '당장 이용 가능한 것'을 나눠줄 때 주로 쓰입니다. 또한 assign은 일이나 과제를 나눠 주는 것을 말합니다.

The overall cost of office supplies has been allotted to
each department according to the number of its members.
전체 사무용품 비용은 부서별 인원수에 따라 각 부서에 할당되었다.

Our team has been assigned the task of organizing advertising campaigns.
우리 팀에게 광고 캠페인을 조직하는 업무가 주어졌다.

인용문에서는 '접근'의 단어로 approach가 아닌 access가 쓰였습니다. 어떤 것을 사용할 수 있는 권리나 기회에 대한 접근을 나타내기 때문이죠. 두 번째 예문처럼 access는 가까이 가는 방식이나 가능성을 뜻하기도 합니다. 한편 approach는 특정 사안이나 주제에 대한 접근으로, 네 번째 예문처럼 거리나 시간 측면의 접근도 나타낼 수 있습니다.

This program aims to provide older people
with easy access to medical service.
이 프로그램은 노인들이 의료서비스에
쉽게 접근할 수 있도록 하는 것을 목적으로 한다.

The only access available to this island is by airplane.
이 섬으로 가는 이용 가능한 접근 수단은 비행기밖에 없다.

This book has an unusual approach to ethical issues of cyberspace.
이 책은 사이버 공간의 윤리 문제에 독특하게 접근하고 있다.

The leaves have turned red or yellow at the approach of winter.
겨울이 다가오자 나뭇잎이 붉거나 노랗게 변했다.

1   공연들은 인기 순으로 등급이 매겨진다.

The performances are **(classified / categorized / ranked / sorted)** in order of popularity.

2   이 오래된 책들은 저자 이름별로 정리됐다.

These old books have been **(classified / categorized / ranked / sorted)** by the author's name.

3   여기 있는 모든 가방은 색깔에 따라 구분된다.

All the bags here are **(classified / categorized / ranked / sorted)** according to their color.

4   그의 책은 논픽션 소설로 분류된다.

His book is **(classified / categorized / ranked / sorted)** as a non-fiction novel.

5   그의 교회에 대한 헌신이 부를 축적하기 위한 의도라며 폄하되었다.

His devotion to the church was **(devalued / belittled / disparaged)** as a deliberate attempt to accumulate wealth.

6   한국 원화가 미국 달러화에 평가절하되었다.

The South Korean won was **(devalued / belittled / disparaged)** against the U.S. dollar.

7 그의 상사는 그의 작업을 부당하게 폄하했다.

His boss **(devalued / belittled / disparaged)** his work unjustly.

8 우리 팀에게 광고 캠페인을 조직하는 업무가 주어졌다.

Our team has been **(allocated / allotted / assigned)** the task of
organizing advertising campaigns.

9 이 학교는 학생들의 휴식 공간을 조성하고자 많은 예산을 할당했다.

The school has **(allocated / allotted / assigned)** a large sum to create
spaces for students to rest.

10 이 섬으로 가는 이용 가능한 접근 수단은 비행기밖에 없다.

The only **(access / approach)** available to this island is by airplane.

11 겨울이 다가오자 나뭇잎이 붉거나 노랗게 변했다.

The leaves have turned red or yellow at the **(access / approach)** of
winter.

12 이 책은 사이버 공간의 윤리 문제에 독특하게 접근하고 있다.

This book has an unusual **(access / approach)** to ethical issues of
cyberspace.

퀴즈 정답 / 1 ranked 2 sorted 3 classified 4 categorized 5 disparaged 6 devalued
7 devalued 8 assigned 9 allocated 10 access 11 approach 12 approach

401 /////

50 배제하다 exclude, rule out, discount, alienate

To make **way** for large-scale open-pit coal mines in central Mozambique, multinational coal mining companies have resettled thousands of residents and built new villages that depend on the **compensations** and services provided by these companies. About 2000 km south in Durban, South Africa, uniformed (armed) private security officers patrol the streets, **guard** buildings and determine who is included and **excluded** from a particular space.[50]

다국적 석탄 채굴 회사들은 모잠비크 중부 지역에 대규모의 석탄 노천 광산을 만들고자 수천 명의 주민을 이주시켜, 이 회사들이 제공하는 보상과 서비스에 의존하는 새로운 마을들을 만들었다. 남아프리카공화국의 더반에서 남쪽으로 약 2,000킬로미터 떨어진 이곳에서는 제복을 입은 (무장한) 사설 보안 경찰들이 거리를 순찰하고 건물을 보호하며 특정 공간에 누구를 포함하고 배제할지 결정한다.

'배제'는 수용하거나 포함하지 않고 제외한다는 뜻이죠. 주로 exclude, rule out, discount, alienate 등으로 표현할 수 있습니다. 인용문에 사용된 exclude는 어떤 범주, 활동, 장소에서 특정 대상을 배제한다는 뜻입니다. 이 인용문에서는 특정 공간에 특정인의 출입을 막는 것이니 exclude가 필요합니다.

Black players used to be excluded
from participation in Major League Baseball.
흑인 야구선수들은 메이저리그 참가에서 배제되곤 했다.

rule out은 가능성을 배제하거나, 적절한 대상에서 배제하는 것을 뜻하죠. discount는 '생각해 볼 만한 가치가 없다'고 배제할 때 쓰입니다. 꽤 흥미롭네요. 마지막으로 alienate는 개인이 특정 집단에서 배제된다고 느낄 때 사용됩니다.

A large-scale earthquake is less likely to happen,
but we would not rule out the possibility.
대규모 지진이 일어날 확률은 낮지만, 가능성을 배제하지는 않을 것이다.

His proposed plan was ruled out as impracticable.
그가 제시한 계획이 실행 불가능하다는 이유로 배제되었다.

It should not be discounted that she could come back.
그녀가 돌아올 수도 있다는 사실을 간과해서는 안 된다.

Segregation can alienate aboriginal people
from the mainstream of Australian society.
분리정책은 원주민이 주류 호주 사회로부터 배제되었다고 느끼게 할 수 있다.

'길'이라고 하면 way, path, route, street 등 많은 단어가 있습니다. 간략하게 살펴보면, 인용문에 사용된 way는 찾아가는 길을 말합니다. 다시 말해 인용문에서는 광산 건립을 할 수 있는 길을 찾아간다는 상징적인 의도로 쓰였습니다. 그리고 path는 코스가 있는 길, route는 두 장소를 이어 주는 길을 일컫죠. 마지막으로 street는 도시의 건물 사이에 있는 길을 뜻합니다.

We have lost our way in the middle of the desert.
우리는 사막 한 중간에서 길을 잃었다.

The path to happiness is not complicated.
행복으로 가는 길은 복잡하지 않다.

This is the quickest route from Seoul to Busan.
이것이 서울에서 부산으로 가는 가장 빠른 길이다.

You should look both ways before crossing the street.
길을 건너기 전에 양방향을 살펴야 한다.

한편 인용문에는 '보상'의 단어로 compensation이 쓰였습니다. 이 단어는 어떤 문제로 인해 해를 입어 받은 보상을 말합니다. 인용문에서는 강제 이주로 인한 손실에 대한 보상으로 사용되었죠. 유의어인 recompense는 compensation에 비해 경미한 손해나 손실에 대한 보상을 뜻하며, 때로는 도움을 준 것에 대한 감사의 표시로도 사용할 수 있습니다.

Many people have been displaced due to the dam project
but their compensation is insufficient to replace lost housing.
댐 공사로 많은 사람이 살던 곳에서 쫓겨났지만 이들에 대한
주택 보상금은 충분하지 않다.

He received $2,000 from her in recompense for the damage to his car.
그는 차 파손에 대한 보상으로 그녀로부터 2,000달러를 받았다.

'보상'의 단어에는 우리에게 친숙한 reward도 있죠. reward는 잘한 일에 대한 보상을 일컫습니다. 또한 reimbursement는 지불할 사람을 대신해 먼저 지불한 금액에 대해 차후 그 부담을 보상하게 한다는 의미로 사용됩니다.

You deserve a reward for helping people in danger.
당신은 위험에 빠진 사람을 도와준 일에 보상을 받을 만하다.

마지막으로 살펴볼 단어는 '보호'를 뜻하는 protect, preserve,
conserve, guard입니다. 앞선 단어들과 마찬가지로 무엇을 보호하느
냐에 따라 다른 단어를 사용해야 합니다. 차례로 protect는 안전하도
록 보호한다, preserve는 원래 모습 그대로를 유지하도록 보호한다,
conserve는 바뀌거나 훼손 또는 낭비되지 않도록 보호한다, guard는
도난이나 공격으로부터 보호한다는 의미가 있습니다. 인용문은 건물
을 도난이나 공격으로부터 보호하는 것이니 guard가 필요하네요.

Sunglasses protect your eyes from ultraviolet light.
선글라스는 당신의 눈을 자외선으로부터 보호한다.

Many actions have been taken to preserve the environment.
환경 보호를 위해 많은 조치가 취해졌다.

There have been continuous efforts to conserve energy at home.
가정 내 에너지 낭비를 막기 위한 지속적인 노력이 있어 왔다.

Armed security officers were hired to guard the embassy.
대사관 보호를 위해 무장한 보안 요원들이 고용되었다.

1 분리정책은 원주민이 주류 호주 사회로부터 배제되었다고 느끼게 할 수 있다.
   Segregation can **(exclude / rule / discount / alienate)** aboriginal
   people from the mainstream of Australian society.

2 그녀가 돌아올 수도 있다는 사실을 간과해서는 안 된다.
   It should not be **(excluded / ruled / discounted / alienated)** that she
   could come back.

3 흑인 야구선수들은 메이저리그 참가에서 배제되곤 했다.
   Black players used to be **(excluded / ruled / discounted / alienated)**
   from participation in Major League Baseball.

4 그가 제시한 계획이 실행 불가능하다는 이유로 배제되었다.
   His proposed plan was **(excluded / ruled / discounted / alienated)**
   out as impracticable.

5 길을 건너기 전에 양방향을 살펴야 한다.
   You should look both **(ways / paths / routes / streets)** before crossing
   the street.

6 행복으로 가는 길은 복잡하지 않다.
   The **(way / path / route / street)** to happiness is not complicated.

7 이것이 서울에서 부산으로 가는 가장 빠른 길이다.
   This is the quickest **(way / path / route / street)** from Seoul to Busan.

8 그는 차 파손에 대한 보상으로 그녀로부터 2,000달러를 받았다.

He received $2,000 from her in **(compensation / recompense / reward / reimbursement)** for the damage to his car.

9 직원들은 자신의 출장비 상환을 신청하도록 되어 있다.

Employees are supposed to apply for **(compensation / recompense / reward / reimbursement)** of their travel expenses.

10 당신은 위험에 빠진 사람을 도와준 일에 보상을 받을 만하다.

You deserve a **(compensation / recompense / reward / reimbursement)** for helping people in danger.

11 가정 내 에너지 낭비를 막기 위한 지속적인 노력이 있어 왔다.

There have been continuous efforts to **(protect / preserve / conserve / guard)** energy at home.

12 환경 보호를 위해 많은 조치가 취해졌다.

Many actions have been taken to **(protect / preserve / conserve / guard)** the environment.

13 선글라스는 당신의 눈을 자외선으로부터 보호한다.

Sunglasses **(protect / preserve / conserve / guard)** your eyes from ultraviolet light.

퀴즈 정답 / 1 alienate 2 discounted 3 excluded 4 ruled 5 ways 6 path 7 route 8 recompense 9 reimbursement 10 reward 11 conserve 12 preserve 13 protect

407 /////

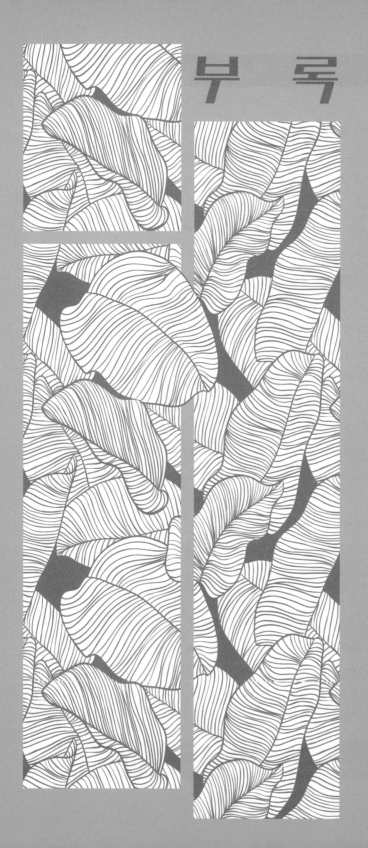

부 록

100% 활용하는
필수 전치사 20

1. about: 관련, 주제, 대략, 예정

전치사	관련	People don't seem worried **about** their future. 사람들은 자신의 미래를 걱정하는 것 같지 않다.
	주제	This movie is **about** women's struggle to overcome prejudice and oppression. 이 영화는 편견과 핍박을 이겨 내는 여성들의 투쟁에 대한 것이다.
	주변	I wandered **about** downtown with my friends all night. 나는 친구들과 시내 여기저기를 밤새도록 돌아다녔다.
부사	대략	Can you believe that this little bag costs **about** 10,000 dollars? 이 작은 가방이 약 1만 달러라는 게 믿기나요?
	거의	We are **about** ready to leave, so you'd better pack right now. 우리는 거의 떠날 준비가 되었으니 지금 당장 짐을 싸는 것이 좋겠네요.
	주변	Crazy boys are running **about** and making a lot of noise. 흥분한 아이들이 여기저기 뛰어다니며 소란을 피우고 있다.
형용사	예정	I am **about** to call you back. 당신에게 전화를 다시 하려던 참이었어요.

2. above: (~보다) 위에, 우위, 초월, 이전

전치사	위치	There was an old painting **above** the TV. TV 위에 오래된 그림이 있었다.
	수준	His driving skill is **above** average. 그의 운전 실력은 평균 이상이다.
	중요	Safety is **above** most other factors. 안전이 대부분의 다른 요인들보다 중요하다.
	초월	They are not **above** lying to put you in jail. 그들은 너를 감옥에 넣으려고 거짓말이라도 할 사람들이다.
부사	위치	I put the scissors back on the shelf **above**. 나는 가위를 저기 선반 위에 다시 갖다 놓았다.
	수준	Anyone can get an A if they score 90 or **above**. 90점 이상이면 누구든지 A를 받을 수 있다.
	이전	For more information, you should see **above**, page 23. 더 많은 정보를 알고 싶으면 이 글 앞 23페이지를 보세요.
형용사	이전	If you have a question, you can send an email to the **above** address. 질문이 있으면 위의 명시한 주소로 이메일을 보내 주세요.

3. after: 뒤에, 다음, 따옴, 순서

전치사	시간	She is going to open her own business **after** graduation. 그녀는 졸업하고 자신의 사업을 할 예정이다.
	순서	Who is the richest person, **after** Bill Gates? 빌 게이츠 다음으로 부자인 사람은 누구인가요?
	위치	He has been chasing **after** Mary every since he first saw her. 그는 메리를 처음 본 순간부터 쫓아다니고 있다.
	따옴	He was named Martin **after** his grandfather. 그는 자신의 할아버지 이름을 따서 마틴이라고 했다.
부사	시간	I got on a crowded bus but, soon **after**, a half-empty one arrived. 복잡한 버스에 올라탔는데 곧바로 반쯤 비어 있는 버스가 왔다.
접속사	시간	The baby began to cry immediately **after** his mother left. 아기 엄마가 떠나자 아기가 바로 울기 시작했다.

4. back: 뒤쪽, 대응, 지지, 과거

부사	원래 장소	Remember to put the weights **back** after you finish exercising. 운동이 끝나면 역기는 있던 자리에 다시 두세요.
	뒤쪽	She combed her hair **back** and tied it up high. 그녀는 머리를 뒤로 빗어서 하나로 높게 묶었다.
	대응	If you hit him, he would hit you **back**. 네가 만약 그를 친다면, 그도 너를 칠 거야.
	과거	This tradition dates **back** to the early 17th century. 이 전통은 17세기 초까지 거슬러 올라간다.
형용사	뒤쪽	Why don't we escape by the **back** door? 뒷문으로 탈출하는 것이 어떨까요?
	과거	Where can I buy the **back** issues of this magazine? 이 잡지의 과거 판을 어디서 살 수 있을까요?
	체납	You should pay the **back** rent first and buy some food. 체납된 월세부터 내고 먹을 것을 사야 합니다.
명사	등뼈	She always sleeps on her **back**. 그녀는 항상 등을 대고 누워 잔다.
	뒤쪽	Noisy boys tend to sit at the **back** of the school bus. 시끄러운 아이들은 스쿨버스 뒤쪽에 앉는 경향이 있다.
	뒷면	Please write your name on the **back** of an envelope. 편지봉투 뒷면에 당신 이름을 써주세요.

동사	지지	My coworkers are enthusiastically **backing** the new working conditions. 나의 직장동료들은 새로운 근로 조건을 열렬히 지지하고 있다.
	재정 지원	This project is going to be **backed** by the Student Aid Foundation. 이 프로젝트는 장학재단의 재정 지원을 받을 예정입니다.
	뒤로 이동	He is **backing** his car nicely into the garage. 그는 차를 후진해서 훌륭하게 차고에 집어넣고 있다.

5. before: 이전, 앞에, 과거, 직면

전치사	이전	You'd better confirm the reservation **before** departure. 출발 전에 예약을 확인하는 게 좋을 거예요.
	순서	The company must put safety **before** profit. 기업들은 반드시 이윤보다 안전을 먼저 생각해야 한다.
	위치	The king was forced to kneel down **before** the invaders. 왕은 침략자들 앞에서 강제로 무릎을 꿇었다.
	직면	The world **before** us is full of fantasy and adventure. 우리가 직면할 세상은 환상과 모험으로 가득하다.
부사	과거	I don't think we have met **before**. 우리는 이전에 만난 적이 없는 것 같은데요.
접속사	이전	Make a habit of jotting down your idea **before** you forget it. 아이디어를 잊어버리기 전에 적어 두는 습관을 가지세요.
	까지	It was several days **before** he came home safely. 그가 안전하게 집에 돌아올 때까지 수일이 걸렸다.

6. behind: (가려진) 뒤쪽, 부진, 지지, 지체

전치사	뒤쪽	He hid himself **behind** a tree and waited for us to catch him. 그는 나무 뒤쪽에 숨어 우리가 찾아내기를 기다리고 있었다.
	부진	His performance was far **behind** the rest of the competition. 그의 성적은 나머지 경쟁자들보다 훨씬 뒤쳐졌다.
	지지	Whatever you try, I will always be **behind** you. 네가 무엇을 시도하든, 나는 항상 너를 지지할 것이다.
	원인	We wondered what was **behind** his happy marriage. 우리는 그의 행복한 결혼 생활 이면에 무엇이 있는지 궁금했다.
	책임	Reporters questioned who was **behind** all the changes in the organization. 기자들은 조직의 모든 변화를 이끈 사람이 누구인지 질문했다.

부사	뒤쪽	I led the group and Jack followed **behind**. 내가 무리를 이끌었고, Jack이 뒤에서 따라왔다.
	남기	We didn't know why the teacher told us to stay **behind** after school. 선생님이 방과 후 남으라고 하는 이유를 우리는 알지 못했다.
	지체	Why is the builder **behind** on the project? 건설사가 왜 이 프로젝트를 지체하고 있는 거죠?
	체납	Are you **behind** on the rent again? 당신 또 집세 밀렸어요?
명사	엉덩이	Something bit me on my **behind** and it is still sore. 무언가 나의 엉덩이를 물었는데 아직도 아프다.

7. down: 아래, 하락, 거리, 우울

부사	아래	She always looks **down** at me because she is taller than me. 그녀는 나보다 키가 커서 항상 나를 내려본다.
	하락	Experts expect the housing price to go **down** this year. 전문가들은 주택 가격이 하락하리라고 예상한다.
	거리	Little boys go **down** to the river every morning to get water. 어린아이들은 물을 얻으려고 매일 아침 저 멀리 강까지 간다.
	고정	The officers tried to hold him **down** but he escaped. 경찰들이 그를 제압하려고 했으나 그는 도망갔다.
	쓰기	He always writes his feelings **down** for fear of losing his memory. 그는 기억을 잃어버릴까 두려워 항상 자신의 감정을 종이에 적는다.
전치사	아래	A ball is bound to roll **down** a hill. 공은 언덕 아래로 굴러 내려가게 되어 있다.
	따라감	He drove **down** the road until he saw the monument. 그는 기념비가 보일 때까지 길을 따라 차를 몰았다.
형용사	우울	My daughter has been really **down** since she screwed up the exam. 시험을 망친 이후로 내 딸의 기분이 정말 좋지 않다.
	작동 중지	The network was **down** after its server caught fire. 서버에 불이 나서 네트워크가 작동되지 않았다.
명사	털	How much does that duck **down** jacket cost? 저기 거위 털 재킷은 얼마인가요?
	우울	Life is full of ups and **downs**. 삶은 즐거움과 고난으로 가득하다.
동사	넘어 뜨림	The heavy storm has **downed** trees and utility poles in the city. 엄청난 태풍이 불어 도심의 나무와 전신주가 넘어졌다.
	급히 먹음	He had **downed** a huge hamburger before I had set up the table. 그는 내가 상을 차리기 전에 햄버거 하나를 먹어 치웠다.

8. due: 이유, 예정, 마감, 적절

부사	정방향	His troop went **due** north until they found their military camp. 그의 군대는 아군의 주둔지를 발견할 때까지 정북 방향으로 이동했다.
형용사	이유	His failure is mainly **due** to his laziness. 그의 실패는 그의 게으름 때문이다.
	예정	When is your baby **due**? 출산 예정일이 언제입니까?
	마감	The books you have borrowed today are **due** on April 1st. 오늘 빌린 책들은 4월 1일까지 반납해야 합니다.
	마땅함	Thanks are **due** to all members of my team. 우리 팀의 모든 멤버가 마땅히 감사를 받아야 한다.
	적절	We decided to dismiss him after **due** consideration. 우리는 적절한 심사숙고 끝에 그를 해고하기로 결정했다.
명사	회비	All members should pay their **dues** at the end of each month. 모든 회원은 매달 말에 회비를 내야 합니다.
	마땅함	This reward is more than his **due**. 이런 보상은 그에게 과분하다.

9. fast: 빨리, 바로, 고정, 금식

부사	속도	He was driving so **fast** that I could not enjoy the surrounding view. 그가 너무 빨리 차를 몰아서 주변 광경을 즐길 수가 없었다.
	시간	She always takes care of problems as **fast** as she can. 그녀는 항상 문제를 가능한 빨리 처리한다.
	단단	You have to be careful because this super glue sticks **fast**. 이 강력 접착제는 접착력이 대단하기 때문에 주의해야 한다.
형용사	속도	**Fast** pulse can be a sign of a health problem. 맥박이 빨리 뛰면 건강 이상 신호일 수 있다.
	능력	Employers generally prefer **fast** learners to slow learners. 고용주들은 보통 늦게 배우는 직원보다는 빨리 배우는 직원을 선호한다.
	단단	He was holding me so **fast** that I was not able to move at all. 그가 나를 너무 단단히 안고 있어서 전혀 움직일 수가 없었다.
명사	금식	Labor union leaders began a **fast** in protest of the new legislation. 노동조합 지도부는 새로운 법률 제정에 저항해 단식에 들어갔다.
동사	금식	This program encourages participants to **fast** one day a week. 이 프로그램은 참가자들에게 일주일에 한 번 금식할 것을 권한다.

10. in: 안에, 속함, 기한, 통해

전치사	안에	공간	They used to live **in** a small cozy cottage. 그들은 아늑한 작은 시골집에서 살곤 했었다.
		조건	Rescue dogs help people **in** danger. 구조견은 위험에 빠진 사람을 돕는다.
		영역	I am looking for a job **in** medical service. 나는 의료 서비스 분야에서 직업을 찾고 있다.
		시간	We are moving to a small town **in** December. 우리는 12월에 작은 도시로 이사 갈 것이다.
	속함		I have dreamed of becoming a member **in** a famous band. 나는 유명한 밴드의 멤버가 되는 꿈을 꿔왔다.
	기한		He promised to get it finished **in** two days. 그는 이틀 내에 이것을 끝내겠다고 약속했다.
	표현 수단		Can you write your essay **in** English? 에세이를 영어로 쓸 수 있겠어요?
	연령/ 연대		She looks **in** her twenties but she is much older. 그녀는 20대로 보이지만 나이가 훨씬 많다.
	착용		The guy **in** the black suit moved slowly along the back of the room. 검은 양복을 입은 남자가 방 뒤쪽에서 천천히 움직였다.
	원인		She exercised every morning and, **in** doing so, became slim. 그녀는 매일 아침 운동을 해서 날씬해졌다.
부사	안에	공간	They took **in** more refugees than any other country in the world. 이들은 전 세계 어떤 나라들보다 많은 난민을 받았다.
		물질	He doesn't eat soup with pepper **in.** 그는 후추를 친 수프는 먹지 않는다.
		가정 일터	Jack is not **in** today because he is attending an outside conference. Jack은 외부 회의가 있어 오늘 출근하지 않았다.
	제출		She reminded me to get my application **in** by Friday. 그녀는 금요일까지 신청서를 제출해야 한다고 알려 주었다.
	완성		Could you tell me how to fill **in** the form? 이 양식을 어떻게 작성하는지 알려 주세요.
	도착		The train bound for London is due **in** at seven this morning. 런던행 열차가 오전 7시에 도착할 예정입니다.
형용사	인기		Which color is **in** this season? 이번 시즌에는 어떤 컬러가 인기 있나요?
명사	연줄		I have an **in** with someone at the bank. 나는 은행에 있는 사람과 연줄이 있습니다.

11. inside: 내부, 마음, 기한, 원칙

전치사	공간	No one was **inside** the car when it was hit by the lorry. 대형 트럭이 차를 들이받았을 때 버스 안에 아무도 없었다.
	마음	I don't know what is going on **inside** her. 나는 그녀가 무슨 생각을 하는지 모르겠다.
	시간	Can you finish this job **inside** a month? 이 일을 한 달 안에 끝낼 수 있나요?
	원칙	We tried to deal with this matter with measures that stay **inside** the rules. 우리는 원칙에 따른 조치를 통해 이 문제를 해결하려고 했다.
부사	공간	I opened his lunch box and looked **inside**. 나는 그의 도시락을 열어 안쪽을 살펴봤다.
	마음	She looked outwardly happy, but **inside** she was in the depths of despair. 그녀는 겉으로는 행복해 보였지만 속은 깊은 절망에 빠져 있었다.
명사	공간	The **inside** of the old building was in surprisingly good condition. 이 오래된 빌딩의 내부는 놀랍게도 상태가 좋았다.
	측면	He ran on the **inside** and caught up with the other players. 그는 안쪽으로 달려서 다른 선수들을 따라잡았다.
	부분	This donut is crispy but the **inside** is soft and moist. 이 도넛은 바삭하지만 안은 부드럽고 촉촉하다.
	배 속	I suddenly felt pain in my **insides** and rushed to the toilet. 나는 갑자기 속이 불편해 화장실로 뛰어갔다.
형용사	안쪽	He used to put the wallet in his **inside** pocket. 그는 지갑을 안주머니에 넣어 놓곤 했다.
	내부	What if the **inside** information is made public? 내부 정보가 공개되면 어떻게 될까요?

12. near: 근처, 거의, 가까움, 다가옴

전치사	거리	Let's sit **near** a window—it has a great view. 창 가까이에 앉읍시다. 풍경이 좋아요.
	상태	He has worked tirelessly, so he looks **near** exhaustion. 그는 쉬지 않고 일해서 거의 기진맥진해 보인다.
부사	거리	He was standing so **near** that I could feel his breath. 그가 너무 가까이 서 있어서 나는 그의 숨소리도 느낄 수 있었다.
	시간	As the wedding date drew **near**, I became more nervous. 결혼식 날이 점점 다가오자 나는 더욱 긴장되었다.

형용사	거리	Where is the **nearest** bus stop? 가장 가까운 버스 정류장이 어디에 있나요?
	상태	We don't have any butter—what is the **nearest** thing we could find? 우리는 버터가 없어. 무엇이 우리가 발견할 수 있는 버터와 가장 가까울까?
동사	시간	As the date of his operation **neared**, he couldn't concentrate on his work. 수술 날짜가 다가오자 그는 일에 집중할 수 없었다.
	상태	I have heard that their project was **nearing** completion. 그들의 프로젝트가 거의 마무리되어 가고 있다고 들었어요.

13. off: 분리, 제거, 끄기, 멀리

	분리	All the leaves have fallen **off** the trees in the garden. 정원에 있는 나무의 잎이 모두 떨어졌다.
전치사	중지	I have been **off** food for medical reasons. 저는 의료적인 이유로 음식을 먹지 않고 있습니다.
	근처	Udo is an island **off** the east coast of Jeju-do. 우도는 제주도 동쪽 해안 근처에 있는 섬이다.
부사	분리	탈의	He took his jacket **off** and jumped into the river. 그는 재킷을 벗고 강으로 뛰어 들었다.
		할인	Can you take some money **off** if I pay cash? 현금으로 지불하면 좀 깎아 줄 수 있나요?
		휴무	He is going to take some time **off** because he is very sick. 그는 매우 아파서 얼마간 회사에 나오지 않을 것이다.
	단절		All streets have been closed **off** since the riot swept the city. 폭동이 시가지를 휩쓴 이후로 길이 모두 봉쇄되었다.
	끄기		You should turn the mobile phone **off** before the movie starts. 영화가 시작하기 전에 핸드폰을 꺼야 합니다.
	멀리		I ran **off** as soon as screams were heard. 비명 소리가 들리자마자 나는 내달렸다.
	완전	소비	Exercise is the best way to burn **off** your calories. 운동은 칼로리를 태워 없애 버리는 최고의 방법이다.
		죽임	It is not cold enough to kill **off** all mosquitoes. 모기를 모두 죽여 없앨 만큼 충분히 춥지 않다.
		특정 행동	Why did she get her hair cut **off**? 왜 그녀가 머리를 싹둑 잘랐을까요?

형용사	취소	The baseball game was called **off** due to bad weather. 날씨가 좋지 않아 야구 경기가 취소되었다.
	저조	I think we are having an **off** day today—let's do it again tomorrow. 오늘은 상태가 좋지 않은 듯하니 내일 다시 하자.
명사	떠남	We are fully ready for the **off**. 우리는 떠날 준비가 다 되었습니다.
동사	살해	Terrorists took him to the camp and **offed** him. 테러리스트들은 그를 캠프에 데려가서 살해했다.

14. on: (표면의) 위에, 상태, 수단, 시간

전치사	위에	Could you keep your eye on the bag I put **on** the table? 테이블 위에 올려놓은 제 가방 좀 봐줄 수 있나요?
	시간	We are still deciding what we are going to do **on** Sunday. 우리는 아직 일요일에 무얼 할지 결정하지 못하고 있다.
	주제	Don't you have any comment to add **on** this matter? 이 문제에 대해서 덧붙일 말씀은 없습니까?
	상태	He is **on** vacation and he will come back next week. 그는 휴가 중이고 다음 주에 돌아옵니다.
	수단	They are traveling **on** the train across the continent. 그들은 열차로 대륙을 횡단하고 있다.
	소속	How many members are **on** this committee? 이 위원회의 위원은 몇 명인가요?
부사	위에	They put a coat **on** and left right after. 그들은 코트를 입고 바로 나갔다.
	커기	Who has turned the TV **on**? TV 누가 켰어요?
	계속	The noise went **on** and **on**, making it difficult for us to get to sleep. 소음이 계속 나서 우리는 잠들기가 어려웠다.
형용사	작동	Don't worry, all of the lights are **on**! 걱정하지 마세요. 전등이 모두 작동됩니다!
	유효	Is our wedding still **on**? 우리 결혼식 아직 유효한가요?

15. outside: 바깥, 제외, 걸면, 희박

전치사	장소	You are only allowed to smoke **outside** the building. 빌딩 밖에서만 흡연할 수 있습니다.
	범위	They questioned matters **outside** the scope of the presentation. 그들은 발표 범위 밖의 내용을 질문했다.
	제외	Do you think we have to work **outside** working hours? 근무시간이 아닌 데도 우리가 일을 해야 한다고 생각하나요?
부사	장소	They are decorating trees **outside** to celebrate Christmas. 그들은 크리스마스를 기념하기 위해 밖에서 나무를 장식하고 있다.
형용사	장소	Many houses in the countryside still have **outside** toilets. 시골의 많은 집에는 아직도 옥외 화장실이 있다.
	외부	**Outside** experts will be in charge of the new project. 외부 전문가가 새로운 프로젝트를 담당할 것입니다.
	바깥쪽	The **outside** wall needs painting. 벽 바깥쪽에 페인트칠을 해야 합니다.
	희박	You have only an **outside** chance of winning her love. 당신이 그녀의 사랑을 쟁취할 가능성은 희박합니다.
명사	장소	The **outside** of this house is among well-established old trees. 이 집 밖은 오래된 거목으로 둘러싸여 있다.
	바깥쪽	This window is bolted on the **outside**. 이 창문은 밖에서 빗장을 질러 잠급니다.

16. over: 위에, 덮음, 넘김, 이동

전치사	위에	The sign **over** the door said, "Minors are not allowed." 문 위에 걸린 표시판에 '미성년자 출입금지'라고 쓰여 있었다.
	덮기	He told me how to install carpet **over** concrete. 그는 나에게 콘크리트 위에 카펫을 설치하는 법을 알려 주었다.
	가로 지름	We saw a small squirrel running **over** the grass. 우리는 작은 다람쥐가 잔디밭을 가로질러 달려가는 것을 봤다.
	반대	There is a big tree **over** the road, which was planted a century ago. 길 건너편에 큰 나무가 있는데, 100년 전에 심은 것입니다.
	시간	She is so busy that we can have talks only **over** dinner. 그녀가 너무 바빠서 우리는 저녁 먹을 때만 대화를 나눌 수 있다.
	제압	No one has control **over** me. 그 누구도 나를 통제하지 못한다.

부사	**주제**		We used to argue **over** who loved whom more. 누가 누구를 더 사랑하는지 논쟁을 벌이곤 했다.
	넘기		I am wondering if we are going **over** budget. 나는 우리가 예산을 초과했는지 궁금하다.
	넘어짐		Lightning struck the tree and it fell **over**. 벼락이 떨어져 나무가 쓰러졌다.
	이동		Why don't you come **over** for dinner? 저녁 먹으러 올 거죠?
	방향 전환		He rolled **over** onto his back to see the sky. 그는 등을 대고 돌아누워 하늘을 봤다.
	교환		They handed **over** their weapons to the enemy. 그들은 무기를 적에게 넘겼다.
	위에	**위치**	Planes frequently fly **over**, which causes a lot of noise. 비행기들이 자주 지나가서 소음이 너무 심합니다.
		수준	This program was designed for old people, namely 70 and **over**. 이 프로그램은 노인, 즉 70대 이상을 위해 설계되었습니다.
	끝남		How will you take care of your kids when the maternity leave is **over**? 육아휴직이 끝나면 아이를 어떻게 돌보나요?

17. though: 관통, 통과, 수단, 원인

전치사	**처음 부터 끝까지**	**공간**	I used to stroll **through** the park behind my office. 나는 사무실 뒤에 있는 공원을 거닐곤 했다.
		시간	It is difficult for him to sit **through** the lecture. 강의 내내 앉아 있는 것은 그에게 힘든 일이다.
	통과		She got **through** the exam and became a lawyer. 그녀는 시험에 통과하고 변호사가 되었다.
	수단		The information will be provided **through** call centers. 그 정보는 콜센터를 통해 제공될 겁니다.
	원인		He lost opportunities **through** his lack of effort. 노력 부족으로 그는 기회를 놓쳤다.
부사	**처음 부터 끝까지**	**공간**	Now, you only have to let the water run **through**. 지금 물이 빠지게 그냥 두기만 하면 됩니다.
		시간	The boys were crying **through** until midnight. 그 아이들은 자정이 될 때까지 내내 울었다.
	통과		He ran straight **through** despite a stop sign on the gate. 게이트의 멈춤 신호에도 불구하고 그는 바로 달려 지나갔다.

| 형용사 | 끝냄 | Are you **through** with that book?
그 책 다 보셨나요? |
| | 직통 | Take a **through** train and you can travel without changing trains.
직통 열차를 이용하세요. 그러면 환승하지 않고 여행할 수 있어요. |

18. under: 위치, 수준, 상황, 통제

전치사	위치	He saw something flash by **under** the table. 그는 테이블 아래 무언가 획 지나가는 것을 봤다.
	상황	Companies are **under** pressure to hire more workers. 회사들은 더 많은 직원을 고용하라고 압력을 받고 있다.
	통제	All people in this country have equal rights **under** the law. 이 나라의 모든 사람은 법에 따라 평등한 권리를 가진다.
	연령/정도	This year's expenditure should be **under** 100 million won. 올해 지출은 1억 원이 넘어서는 안 됩니다.
부사	표면	How could you put your head **under** when you first learn to swim? 수영을 처음 배울 때 물 아래로 머리를 어떻게 집어넣었나요?
	연령/정도	The benefit only applies to members aged sixty and **under**. 이 혜택은 60세 이하 회원들에게만 적용된다.
형용사	아래	If you look at the **under**surface of a leaf, you can see the labyrinth of veins. 잎 아래 표면을 보면, 미로 같이 얽힌 잎맥들을 볼 수 있다.

19. up: 상승, 발생, 완성, 대등

부사	상승	Don't put your feet **up** on the desk—it is considered rude. 책상 위에 발을 올려놓지 마세요. 무례한 행동입니다.
	근접	He walked **up** to her and demanded an apology. 그는 그녀에서 다가가서 사과를 요구했다.
	발생	Has something unexpected come **up**? 예상치 못한 일이 발생했나요?
	대등	Once he sets his mind to it, he will be able to catch **up** with everyone. 그는 마음만 먹으면 다른 사람을 모두 따라잡을 수 있을 것이다.
	완전	He tied **up** the top of the garbage bag and put it on the doorstep. 그는 쓰레기 봉지를 꽁꽁 묶어 문 앞에 두었다.

전치사	상승	The toddler climbed **up** the stairs and found his favorite doll. 아기가 계단을 기어 올라가 자기가 좋아하는 인형을 발견했다.
	따라감	A motorcycle was shooting off **up** the road and startled away nearby birds. 오토바이가 도로를 따라 내달리자 주변 새들이 놀라 날아갔다.
형용사	상승	Is this an **up** elevator? 이 엘리베이터 위로 올라가나요?
	작동	We have to wait for the current system to be **up** again. 우리는 현 시스템이 다시 작동할 때까지 기다려야 합니다.
	활력	Do you know why he has been **up** these days? 그가 요즘 기분이 좋은 이유를 알고 있나요?
명사	증가	Business confidence has improved as sales are finally on the **up**. 판매 실적이 마침내 호조를 보이면서 기업 신뢰도가 개선되었다.
동사	상승	Without **upping** the price, we should go bankrupt. 가격을 올리지 않는다면 우리는 파산할 겁니다.

20. well: 만족, 양호, 적절, 강조

부사	만족	The festival was **well** organized and drew millions of visitors. 축제가 훌륭하게 조직되어 수백 명의 방문객이 이곳을 찾았다.
	충분	We are **well** aware of the importance of education. 우리는 교육의 중요성을 충분히 알고 있다.
	강조	Your performance was **well** above what I had expected. 당신의 실적은 우리 기대보다 훨씬 좋았다.
	당연	He may **well** be right but I don't regret my choice. 그가 당연히 맞을 수 있지만 나의 선택을 후회하지 않는다.
형용사	건강	You can be **well** through regular exercise and healthy foods. 좋은 음식과 규칙적인 운동으로 당신은 건강해질 수 있다.
	상태 양호	Everything was not **well** when I was back home. 내가 집에 왔을 때 모든 것이 엉망이었다.
명사	우물	They lowered a bucket on a rope into a **well**. 그들은 밧줄을 단 양동이를 우물 안으로 내렸다.
동사	액체 나옴	Tears **welled** from his eyes as soon as he saw his lost son. 잃어버린 아들을 보는 순간 그의 눈에서 눈물이 났다.
감탄사	화제 전환	**Well**, there is nothing you can do to help us now. 어쨌든, 당신이 지금 우리를 도울 수 있는 것은 없다.

1 Little, Laura M. Major, Virginia Smith Hinojosa, Amanda S. Nelson, Debra L. "Professional Image Maintenance: How Women Navigate Pregnancy in the Workplace," *Academy of Management Journal*, 2015, 58, p. 8

2 Robert Ford and Will Jennings, "The Changing Cleavage Politics of Western Europe," *Annual Review of Political Science*, 2020, 23, p. 298

3 Tessa Diphoorn and Nikkie Wiegink, "Corporate Sovereignty: Negotiating Permissive Power for Profit in Southern Africa," *Anthropological Theory*, 2021, 1-21, p. 2

4 Naomi Ellemers, "Gender Stereotypes," *Annual Review of Psychology*, 2018, 69, p. 285

5 Aliza A. Le et al., "Prepubescent Female Rodents Have Enhanced Hippocampal LTP and Learning Relative to Males, Reversing in Adulthood as Inhibition Increases," *Nature Neuroscience*, 2022, 25, p.180

6 David R. Williams, Jourdyn A. Lawrence, and Brigette A. Davis, "Racism and Health: Evidence and Needed Research," *Annual Review of Public Health*, 2019, 40, p.105

7 Eva-Maria Muschik, "Special Issue Introduction: Towards a Global History of International Organizations and Decolonization," *Journal of Global History*, 2022, p.1

8 Robert Przybylo and Ben C. Sheldon, and Juha Merila, "Climate Effects on Breeding and morphology: Evidence for Phenotypic Plasticity," *Journal of Animal Ecology*, 2000, 69, p. 395

9 David R. Williams, Jourdyn A. Lawrence, and Brigette A. Davis, "Racism and Health: Evidence and Needed Research," *Annual Review of Public Health*, 2019, 40, p.115

10 Ora Oudgenoeg-Paz, Sanne van der Ven, and Paul Leseman, "Social Robots for Language Learning: A Review," *Review of Educational Research*, 2019, 89:2, p. 259

11 Miyu Moriyama, Walter J. Hugentobler, and Akiko Iwasaki, "Seasonality of Respiratory Viral Infections," *Annual Review of Virology*, 2020, 7, p. 84

12 Naomi Ellemers, Jojanneke van de Toorn, Yavor Paunov, and Thed van Leeuwen, "The Psychology of Morality: A Review and Analysis of Empirical Studies Published From 1940 Through 2017," *Personality and Social Psychology Review*, 2019 24:4, p. 333

13 Marsha L. Richins, Lan Nguyen Chaplin, "Material Parenting: How the Use of Goods in Parenting Fosters Materialism in the Next Generation," *Journal of Consumer Research*, 2015, 41, p. 1334

14 Allison E. Aiello, Audrey Renson, and Paul N. Zivich, "Social Media-and Internet-Based Disease Surveillance for Public Health," *Annual Review of Public Health*, 2020, 41, p. 101

15 Samantha Joel and Geoff MacDonald, "We're Not That Choosy: Emerging Evidence of a Progression Bias in Romantic Relationships, *Personality and Social Psychology Review*, 2021, 25:4, p. 317

16 Rachel Mazac, Jelena Meinilä, Liisa Korkalo, Natasha Järviö, Mika Jalava, and Hanna L. Tuomisto, "Incorporation of Novel Foods in European Diets can Reduce Global Warming Potential, Water Use, and Land Use by Over 80%," *Nature Food*, 2022, 3, p. 286

17 Emma Griffin, "Diets, Hunger and Living Standards During the British Industrial Revolution," *Past and Present*, 2018, 239, p. 71

18 Joseph O Baker, Gerardo Marti, Ruth Braunstein, Andrew L. Whitehead, and Grace Yukich, "Religion on the Age of Social Distancing: How COVID-19 Presents New Directions for Research," *Sociology of Religion: A Quarterly Review*, 2020, 81, p. 360

19 Livia Bizikova, et al., "A Scoping Review of the Contributions of Farmers' Organizations to Smallholder Agriculture," *Nature Food*, 2020, 1 p. 621-2

20 John Sides, Lynn Vavreck, and Christopher Warshaw, "The Effect of Television Advertising in United States Elections," *American Political Science Review*, 2022, 116, 2, p. 702

21 Eleanor E. Maccoby, "Parenting and Its Effects on Children: On Reading and Misreading Behavior Genetics," *Annual Review of Psychology*, 2000, 51, p.1-2

22 Yassine Khoudja, "Religious Trajectories of Immigrants in the First Years after Migration," *Journal for the Scientific Study of Religion*, 2022, p. 7

23 Ruud. J. R, Den Hartigh, et al., "Resilience in Sports: A Multidisciplinary, Dynamic, and Personalized Perspective, *International Review of Sport and Exercise Psychology*, 2022, p.1

24 Yun Xia, Miao Wang, Fengying Gao, Maixin Lu, and Gang Chen, "Effects of Dietary Probiotic Supplementation on the Growth, Gut Health and Disease Resistance of Juvenile Nile Tilapia," *Animal Nutrition*, 2020, 6, p. 69

25 Deni Mazrekaj, Kristof DE Witte, and Sofie Cabus, "School Outcomes of Children Raised by Same-Sex Parents: Evidence from Administrative Panel Data," *American Sociological Review*, 2020, 85(5), p. 830

26 Jennifer S. Lerner, Ye Li, Piercarlo Valdesolo, and Karim S. Kassam, "Emotion and Decision Making," *Annual Review of Psychology*, 2015, 66, p. 799

27 Agustina S. Paglayan, "Education or Indoctrination? The Violent Origins of Public School Systems in an Ear of State-Building," *American Political Science Review*, 2022, p. 1

28 W. H. Eugenie Maiga, et al., "A Systematic Review of Employment Outcomes from Youth Skills Training Programs in Agriculture in Low- and Middle-Income Countries," *Nature Food*, 2020, 1, p. 605

29 George M. Slavich, "Social Safety Theory: A Biologically Based Evolutionary Perspective on life Stress, Health, and Behavior," *Annual Review of Clinical Psychology*, 2020, 16, p. 270

30 Peter Potapov, et al., "global Maps of Cropland Extend and Change Show Accelerated Cropland Expansion in the Twenty-First Century, *Nature Food*, 2022, 3, p. 19

31 Kim Johnson, Sharron J Lennon and Nancy Rudd, "Dress, Body and Self: Research in the Social Psychology of Dress, *Fashion and Textiles*, 2014, 1:20, p. 11

32 Kaisa Vehmas, et al., "Consumer Attitudes and Communication in Circular Fashion," *Journal of Fashion Marketing and Management*, 2018, 22:3, p. 288

33 Gary Osmond, Murray g. Phillips and Alistair Harvey, "Fighting Colonialism: Olympic Boxing and Australian Race Relations," *Journal of Olympic Studies*, 2002, 3(1), p.72

34 Jing Gao, Jian Gong, Jianxi Yang, Jigye Li and Shicheng Li, "Measuring Spatial Connectivity between Patches of the Heat Source and Sink (SCSS): A New Index to Quantify the Heterogeneity Impacts of Landscape Patterns on Land Surface Temperature," *Landscape and Urban Planning*, 2022, 217, p. 2

35 Michael Beckeley, Yusaku Horiuchi and Jennifer M. Miller, "America's Role in the Making of Japan's Economic Miracle, *Journal of East Asian Studies*, 2018, 18, p. 3

36 Hendrik N.J. Schifferstein, Barry M. Kudrowitz and Carola Breuer, "Food perception and Aesthetics—Linking Sensory Science to Culinary Practice," *Journal of Culinary Science & Technology*, 2022, 20:4, p. 296

37 Henning Nottebrock, Emily K. Burchfield and Charles B. Fenster, "Farmers' Delivery of Floral Resources: to "Bee" or Not to "Bee", *American Journal of Botany*, 2022: 109, p. 4

38 Allison E. Aiello, Audrey Renson, and Paul N. Zivich, "Social Media-and Internet-Based Disease Surveillance for Public Health," *Annual Review of Public Health*, 2020, 41, p. 104

39 Eleanor E. Maccoby, "Parenting and Its Effects on Children: On Reading and Misreading Behavior Genetics," *Annual Review of Psychology*, 2000, 51, p. 8

40 Naomi Ellemers, Jojanneke van de Toorn, Yavor Paunov, and Thed van Leeuwen, "The Psychology of Morality: A Review and Analysis of Empirical Studies Published From 1940

Through 2017," *Personality and Social Psychology Review*, 2019 24:4, p. 335

41 Tessa Diphoorn and Nikkie Wiegink, "Corporate Sovereignty: Negotiating Permissive Power for Profit in Southern Africa," *Anthropological Theory*, 2021, 1-21, p. 7

42 Naomi Ellemers, "Gender Stereotypes," *Annual Review of Psychology*, 2018, 69, p. 277

43 Hendrik N.J. Schifferstein, Barry M. Kudrowitz, and Carola Breuer, "Food Perception and Aesthetics—Linking Science to Culinary Practice," *Journal of Culinary Science & Technology*, 2022, 20: 4, p. 294

44 Jenny Chesters, "Egalitarian Australia? Associations between Family Wealth and Outcomes in Young Adulthood," *Journal of Sociology*, 2019, 55:1, p.72

45 Samantha Joel and Geoff MacDonald, "We're Not That Choosy: Emerging Evidence of a Progression Bias in Romantic Relationships, *Personality and Social Psychology Review*, 2021, 25:4, p. 323

46 George M. Slavich, "Social Safety Theory: A Biologically Based Evolutionary Perspective on life Stress, Health, and Behavior," *Annual Review of Clinical Psychology*, 2020, 16, p. 267

47 Miyu Moriyama, Walter J. Hugentobler, and Akiko Iwasaki, "Seasonality of Respiratory Viral Infections," *Annual Review of Virology*, 2020, 7, p. 83

48 Kim Johnson, Sharron J Lennon and Nancy Rudd, "Dress, Body and Self: Research in the Social Psychology of Dress, *Fashion and Textiles*, 2014, 1:20, p. 1

49 David R. Williams, Jourdyn A. Lawrence, and Brigette A. Davis, "Racism and Health: Evidence and Needed Research," *Annual Review of Public Health*, 2019, 40, p.106

50 Tessa Diphoorn and Nikkie Wiegink, "Corporate Sovereignty: Negotiating Permissive Power for Profit in Southern Africa," *Anthropological Theory*, 2021, 1-21, p. 2